Inge Hansen

VERERBUNG
BEIM HUND

DAS HANDBUCH
für Züchter und Halter

Alles über Erbgesetze, Zuchtkriterien und Erbkrankheiten

Inge Hansen

VERERBUNG BEIM HUND

DAS HANDBUCH für Züchter und Halter

Alles über Erbgesetze, Zuchtkriterien und Erbkrankheiten

Müller
Rüschlikon

Impressum

Einbandgestaltung: Luis Dos Santos

Titelbild: Louis Riederer

Die Illustrationen auf den Seiten 18, 20, 23 und 166 stammen von Maya Delaquis.

> Alle Angaben in diesem Buch wurden nach bestem Wissen und Gewissen gemacht. Für einen eventuellen Missbrauch der Informationen in diesem Buch können weder die Autorin noch der Verlag oder die Vertreiber des Buches zur Verantwortung gezogen werden. Eine Haftung für Personen-, Sach- und Vermögensschäden ist ausgeschlossen.

ISBN 978-3-275-01652-5

Copyright © 2008 by Müller Rüschlikon Verlag
Postfach 103743, 70032 Stuttgart
Ein Unternehmen der Paul Pietsch Verlage Gmbh+Co. KG
Lizenznehmer der Bucheli Verlags AG, Baarerstr. 43, CH-6304 Zug

2. Auflage 2014

> Sie finden uns im Internet unter www.mueller-rueschlikon-verlag.de

Nachdruck, auch einzelner Teile, ist verboten. Das Urheberrecht und sämtliche weiteren Rechte sind dem Verlag vorbehalten. Übersetzung, Speicherung, Vervielfältigung und Verbreitung, einschließlich Übernahme auf elektronische Datenträger wie CD-ROM, Bildplatte usw. sowie Einspeicherung in elektronische Medien wie Bildschirmtext, Internet usw. sind ohne vorherige schriftliche Genehmigung des Verlages unzulässig und strafbar.

Lektorat: Dr. Gabriele Lehari
Innengestaltung und Reproduktion: Medienfabrik GmbH, 70174 Stuttgart
Druck und Bindung: Druck- und Medienzentrum Gerlingen GmbH, Gerlingen
Printed in Germany

Inhaltsverzeichnis

Vorwort — 8

1. Die Abstammung des Hundes — 10
Die verschiedenen Hunderassen — 11

2. Die Grundeinheit Zelle — 16
Chromosomen — 17
DNS — 18
Zellteilung — 19
  Mitose – Teilung von Körperzellen — 19
  Meiose – Teilung von Fortpflanzungszellen — 22
Gene – Träger der Erbanlagen — 25
Dominanz und Rezessivität — 27
Reinerbigkeit und Mischerbigkeit — 27

3. Vererbungsgesetzmäßigkeiten — 34
Mendelsche Regeln — 35
  1. Mendelsche Regel: Uniformitätsregel — 35
  2. Mendelsche Regel: Spaltungsregel — 35
  3. Mendelsche Regel: Unabhängigkeits- und Kombinationsregel — 36

Penetranz — 39
Multiple Allele — 40
Kopplung — 40
Epistasie und Hypostasie — 40
Geschlechtsgebundene Vererbung — 41
Polygenie — 42
Normalverteilung — 43
Schwellenwerte — 46
Mutationen — 49
Heritabilität — 50

4. Vererbung — 52
Vererbung von äußeren Körpermerkmalen — 53
Vererbung von Haarfarbe und Haarart — 54
  Haarart — 55
  Haarfarben — 57
Vererbung von Fortpflanzungsmerkmalen — 71
Vererbung von Wesenseigenschaften und Verhaltensmerkmalen — 74

Inhaltsverzeichnis

5. Genforschung und Molekulargenetik — 84

- Hundegenom — 85
- Biobanken — 86
- Molekulargenetische Identifikationsmöglichkeiten — 87
  - Genetischer Fingerabdruck — 88
  - Abstammungsnachweis — 88
- Genetische Variabilität in Hunderassen — 90

6. Ziele und Methoden der Zuchtwahl — 92

- Selektion — 93
- Stammbaum — 97
- Bewertung der Erbanlagen — 99
  - Eigenleistungen/Eigenbewertungen — 100
- Bewertung der Vorfahren — 107
- Bewertung verwandter Tiere — 110
- Bewertung der Nachzucht — 111
- Verfahren zur Erbwertermittlung — 113
  - Selektionsindex Mindestleistungen — 113
  - Zuchtwertschätzung/BLUP-Methode — 114
  - Geschätzte Genotypwahrscheinlichkeiten — 120

7. Verpaarungssysteme — 122

- Inzestzucht — 123
- Inzucht — 123
  - Inzuchtkoeffizient — 124
  - Ahnenverlustkoeffizient — 127
  - Auswirkungen und Gefahren der Inzucht — 128
- Linienzucht — 132
- Fremdzucht oder Out-Crossing — 132
- Merkmalszucht — 134

8. Erbfehler — 136

- Ursachen, Einteilung und Bedeutung von Erbfehlern — 137
- Diagnose der Erbfehler — 140
- Erbkrankheiten und Molekulargenetik — 142
  - DNS-Tests — 145
  - Disposition — 147

9. Vererbbare Erkrankungen — 148

- Augenerkrankungen — 149
  - Standardbedingte Augenanomalien — 149
  - Grauer Star — 151
  - Progressive Retina-Atrophie — 151
  - Augenanomalie des Collies — 153
  - Retina-Dysplasie — 153
- Hauterkrankungen — 154
  - Pigmentmangelerscheinungen — 155
  - Allergien — 156
  - Sebadenitis — 156
  - Cushing-Syndrom — 157

Inhaltsverzeichnis

Skeletterkrankungen 158
  Verkürzung des Ober- oder Unterkiefers 158
  Gebissfehler 159
  Zwerg- und Riesenwuchs 160
  Dackellähme 160
  Patella-Luxation 161
  Calve-Perthes-Erkrankung 161
  Ellbogengelenksdysplasie 161
  Osteochondrosis dissecans 163
  Hüftgelenksdysplasie 164
  Weitere Skeletterkrankungen 167

Weichteilerkrankungen 169
  Diabetes mellitus 170
  Hypothyreose 171
  Lebershunt 173
  Muskelschwund 174

Neurologische Erkrankungen 175
  Epilepsie 175
  Wasserkopf 177
  Periodische Tetanie 177
  Schwimmer-Syndrom 177

Blut- und Herz-Kreislauf-Erkrankungen 178
  Loch im Herzen 178
  Stenosen 180
  Herzmuskelschwäche 181
  Hämatopoese 182
  Hämophilie 182
  Von-Willebrand-Krankheit 183

Erkrankungen der Geschlechts- und Fortpflanzungsorgane 184

Andere Erbkrankheiten 185

10. Bekämpfung von Erbkrankheiten 187

Sammeln von Zuchtinformationen 188
  Checkliste 1: Quellen für Zuchtinformationen 191

Auswertung der gewonnenen Zuchtinformationen 192

Mindestanforderungen an Hundezuchten 192
  Checkliste 2: Mindestvoraussetzungen für die Zucht 193

Möglichkeiten der Zuchtvereine 194

Schlusswort und Danksagung 197

Glossar 198

Literaturverzeichnis 200
  Bücher 200
  Zeitschriften 201

Sachregister 201

Vorwort

Wissenschaftliche Bücher über die Vererbung beim Hund sind einige auf dem Buchmarkt erschienen. Ich habe mich beim Lesen dieser Bücher oft genug über die komplizierte Fachsprache und die nicht ausreichend erklärten Fachbegriffe geärgert. Für Hundebesitzer oder Züchter, die nur Rüstzeug benötigen und leicht verständliche Antworten auf häufige Fragen zur Genetik suchen, sind solche Bücher oft nicht geeignet.

Dieses Buch versucht, das Thema Vererbung und genetische Gesetzmäßigkeiten so darzustellen, dass jeder Hundebesitzer, Deckrüdenbesitzer oder Züchter Zusammenhänge erkennen und notwendiges Wissen erhalten kann.

Die Abstammung des Hundes und der vielen heute bestehenden Hunderassen wird neben den biologischen Gegebenheiten ebenso erklärt wie die wichtigsten Vererbungsgesetzmäßigkeiten. Die Frage, ob Körpermerkmale oder Fellfarben sich genauso vererben wie Fortpflanzungsmerkmale oder Wesenseigenschaften, wird ebenso besprochen wie die Ziele und Methoden der Zuchtwahl.

Die Genforschung und die Molekulargenetik haben in den letzten Jahren rasante Entwicklungen zu verzeichnen. In dieser Neuauflage des Buches sind deshalb die Entschlüsselung des Hundegenoms, die Frage der Biobanken und der DNS-Einlagerung, der molekulargenetischen Identifikationsmöglichkeiten, des Abstammungsnachweises und der genetischen Variabilität in Hunderassen behandelt und auf den derzeitigen Forschungsstand gebracht worden.

Die Vorteile der Zuchtwertschätzung sind heute für Züchter und Vereine unverzichtbar ebenso wie die geschätzten Genotypwahrscheinlichkeiten, die neu in das Buch aufgenommen wurden. Im Bereich der Farbvererbung hat die Genforschung viele neue Erkenntnisse gebracht, die in diese Auflage eingearbeitet wurden.

Vorwort

Viele Erkrankungen des Hundes haben neben möglichen genetischen Dispositionen – ein neues Kapitel über Rassendispositionen wurde eingefügt – Haltungs- und Fütterungsfaktoren als Ursache, welche die Ausbildung und Schwere der Erkrankung beeinflussen können.

Hundebesitzer, Hundesportler und Züchter, die möglichst lange Freude an ihrem Familienmitglied Hund haben möchten, sollten sich mit diesen Fragen, den Zusammenhängen zwischen Belastung, Ernährung und genetischer Veranlagung sowie Möglichkeiten zu deren Verhinderung beschäftigen. Auch hier hat die Genforschung viele Sichtweisen verändert und durch Gentests völlig neue Möglichkeiten geschaffen. Bei den Einzelerkrankungen bin ich daher auf direkte und indirekte Gentests eingegangen.

In dieser Neuauflage des Buches werden zusätzlich durch umfangreiches Bildmaterial viele Darstellungen im Text anschaulicher. Da auch in diesem Buch eine Reihe von Fachbegriffen erwähnt werden muss, werden diese Begriffe im Anhang in einem Glossar zusammengefasst und kurz erklärt.

Inge Hansen, im Juli 2008

Zuchtleiterin der Hovawart Zuchtgemeinschaft Deutschland e. V.
Kleintierpraxis für Tiernaturheilkunde und Tierhomöopathie

1. Die Abstammung des Hundes

■ *Wölfe weisen eine große Variabilität in Größe, Farbe und Gewicht auf. Wölfe eines Wurfes, wie hier drei europäische Jungwölfe, lassen diese Variabilität kaum erahnen, obwohl sie doch das Erbgut für Farbvarianten wie Weiß, Grau- und Brauntöne sowie Schwarz in sich tragen.*

Der Hund ist das älteste Haustier des Menschen und begleitet diesen seit mindestens 15.000 Jahren, vielleicht sogar schon viel länger, wie manche wissenschaftliche Untersuchungen vermuten lassen. Da der Wolf über die ganze Erde verteilt anzutreffen ist, muss man davon ausgehen, dass die **Haustierwerdung** des Wolfes unabhängig voneinander an verschiedenen Orten stattgefunden hat. Haustiere sind als Populationen von Wildarten zu definieren, bei denen unter den veränderten Umweltbedingungen des Hausstandes im Laufe von Generationen ein unerwarteter Reichtum an erblich gesteuerten Entwicklungsmöglichkeiten zur Entfaltung kommt, der von Menschen in von ihnen gewünschte Bahnen gelenkt wird.

Der domestizierte Wolf wurde von Menschenfrauen zusammen mit ihren Kindern aufgezogen. Er leckte die Exkremente der Babys auf, vertilgte die Abfälle und wärmte und begleitete Frauen und Kinder der Urzeit. Erst im Laufe der langen **Entwicklungsgeschichte** unseres Haushundes entstanden auf bestimmte Aufgaben abgestellte Rassengruppen wie Hüte- und Treibhunde, Laufhunde, Vorstehhunde, Terrier, Windhunde oder Gesellschafts- und Begleithunde, um nur einige zu nennen.

Lange Zeit wurde über die Abstammung des Hundes gestritten. Heute ist diese Frage eindeutig geklärt. Durch Paarungsversuche und die Beobachtung der genauen Verhaltensentwicklung von Wölfen, Hunden und Haushund-Wolfs-Mischlingen (so genannte Puwos = Pudel-Wolfs-Kreuzungen) am Institut für Haustierkunde in Kiel wurde, zuerst durch Prof. Dr. Wolf Herre und danach durch Frau Dr. Dorit Feddersen-Petersen begründet, belegt, dass als Vorfahr der heutigen Haushunde ausschließlich der **Wolf** (Canis lupus) in Betracht kommt. Diese Meinung ist zwischenzeitlich durch **Genanalysen** bestätigt worden.

Der Wolf hat sich in vielen verschiedenen Rassen (wie Polarwolf/Arktiswolf, Europäischer Wolf, Timberwolf) an seine jeweilige Umwelt angepasst. Er zeigt sich in sehr unterschiedlichen Größen (von etwa 20 kg Gewicht in Spanien/Italien bis über 85 kg Gewicht in der Arktis) und erstaunlich vielen Farbvarianten (von fast Weiß über alle Grau- und Brauntöne bis zu Schwarz). Die **Variationsbreite** in Körpergröße, Gewicht und Farbe ist erstaunlich.

Der Wolf lebt wie der Mensch in einer Gemeinschaft aus Artgenossen mit einer festen **sozialen und hierarchischen Struktur**. Alle seine Verhaltensmuster entspringen den Notwendigkeiten, die sich aus diesem engen Zusammenleben ergeben. Im Laufe der Jahrtausende haben diese sich weiterentwickelt und verfeinert. Kaum ein in Gemeinschaft lebendes Tier hat eine so breit gefächerte **Mimik** wie der Wolf. Sie dient der Kommunikation im Rudel und ist erforderlich, um das Zusammenleben unmissverständlich zu regeln.

Warum aber ist es wichtig, wer der Vorfahr unserer Haushunde ist? Zeigen Hunde auch heute noch Verhaltensmerkmale, Fortpflanzungsmodalitäten oder anatomische Ähnlichkeiten, die vom Stammvater Wolf auf unsere Hunde »vererbt« wurden? Diesen Fragen wollen wir in diesem Buch nachgehen und Antworten darauf finden.

Die verschiedenen Hunderassen

Zur Vielfalt der Hunderassen schrieb der Verhaltensforscher Erik Zimen einmal: »*Es gibt keinen einzigen Hinweis, kein anatomisches, physiologisches, ethologisches oder ökologisches Merkmal, das nicht für den Wolf als Stammform des Hundes spricht. Er allein ist der Stammvater von Windspiel, Schweißhund, Pinscher, Jagdhund und Bullenbeißer ...*«.

Die ungeheure Hunderassenvielfalt vom Chihuahua bis zum Bernhardiner bei nur einer Ausgangsform als Stammart war durch

Die verschiedenen Hunderassen

die große **Variationsbreite** im **Genmaterial** des Wolfes möglich. Als Beispiel möchte ich das Haarkleid wählen. Dem Wolf dient die Färbung des Haarkleides zur Tarnung. Die weiße Färbung des Polarwolfes schützt ihn im Eis der Arktis und die Grau- oder Braunfärbung des Europäischen Wolfes ermöglicht auf den freien Steppen und in den Wäldern die zur Jagd notwendige Unauffälligkeit. Das Fell des Wolfes wird der Aguti-Serie zugerechnet. Dies ist eine Wildfärbung, die ihren Namen dem südamerikanische Nagetier Aguti mit einer entsprechenden Färbung verdankt. Der Wolf besitzt Stockhaar mit langen Grannen, die alle Farbmöglichkeiten unserer Haushunde im Genmaterial enthalten, und feines Wollhaar als Unterwolle.

Die Kreuzungen zwischen schwarzen Großpudeln und Wölfen am Institut für Haustierkunde der Universität Kiel zeigten in der ersten Paarungskreuzung, also der F1-Generation, ein fast einheitliches Fellbild. Alle Nachkommen hatten ein identisches grau-braun-schwarzes, eher langes Stockhaar, das an französische Briards erinnert. In der zweiten Generation oder F2-Generation, der Paarung zweier Nachkommen der F1-Generation untereinander, entstanden fast alle denkbaren **Haushundtypen** mit Lang-, Kurz- oder Stockhaar und viele Farbvarianten.

Erik Zimen schreibt hierzu: »*Jede nur denkbare Formen- und Farbenkombination (F2-Generation) ist dabei: stehohrige und langhaarige ›Schäferhunde‹ oder schlappohrige, kurzhaarige ›Jagdhunde‹, ›Terrier‹ und ›Doggen‹, ›Spitze‹ und ›Spaniel‹. Nur die wildfarbene Färbung des Wolfes ist nicht darunter und natürlich auch nicht die vielen Merkmale der heutigen Degenerationszuchten wie das abgeflachte Gesicht der Bulldogge oder die haarlose Haut der Nackthunde.*«

Rassehundzucht als **gezielte Auslese** aus der großen Fortpflanzungsgemeinschaft aller Hunde in **genetischer Isolation** mit gewissen Zielvorstellungen erfolgte erstmals Mitte des 19. Jahrhunderts. Die erste Hundeausstellung fand 1859 in England statt und 1873 wurde der British Kennel Club gegründet, der als erster Rassehunde-Club Rahmenbedingungen für Rassenzugehörigkeit, Zucht und Ausstellungsgeschehen festlegte.

Heute gibt es schätzungsweise um die 400 verschiedene Hunderassen, wobei zurzeit 355 Rassen von der **FCI** (Fédération Cynologique Internationale) – zum Teil noch vorläufig – anerkannt sind. Manche davon sind nur Farbvarianten oder Untergruppierungen anderer Rassen. Deshalb ist die populationsgenetische, also für eine Weiterzucht geeignete Rassengröße mancher Rassen heute nicht optimal. Durch Inzucht oder zu häufigen Einsatz einiger weniger Spitzenrüden werden wichtige Grundlagen für die Gesundheit einer Rasse wie ausreichendes Genmaterial vernachlässigt und der Fortbestand und die Erbgesundheit der Rassen gefährdet.

Die FCI teilt die Hunderassen in zehn Gruppen ein. Nach diesem Standard richten sich die Hundeausstellungen auf der ganzen Welt:

Die verschiedenen Hunderassen

■ Verhaltensforschung am Hund wird in verschiedenen Stationen oder an Universitäten betrieben. Oft werden – wie hier eine Gruppe von 25 persischen Wildhunden – die Hunde in ihrem Verhalten mit Wolfspopulationen verglichen.

Gruppe 1
Sektion 1: Schäferhunde
Sektion 2: Treibhunde (ausgenommen Schweizer Sennenhunde)

Gruppe 2
Sektion 1: Pinscher und Schnauzer
Sektion 2: Molossoide
Sektion 3: Schweizer Sennenhunde

Gruppe 3
Sektion 1: Hochläufige Terrier
Sektion 2: Niederläufige Terrier
Sektion 3: Bullartige Terrier
Sektion 4: Zwerg-Terrier

Gruppe 4
Sektion 1: Dachshund

Die verschiedenen Hunderassen

Gruppe 5
Sektion 1: Nordische Schlittenhunde
Sektion 2: Nordische Jagdhunde
Sektion 3: Nordische Wach- und Hütehunde
Sektion 4: Europäische Spitze
Sektion 5: Asiatische Spitze und verwandte Rassen
Sektion 6: Urtyp-Hunde
Sektion 7: Urtyp-Hunde zur jagdlichen Verwendung
Sektion 8: Jagdhunde vom Urtyp mit einem Ridge auf dem Rücken

Gruppe 6
Sektion 1: Laufhunde
Sektion 2: Schweißhunde
Sektion 3: Verwandte Rassen

Gruppe 7
Sektion 1: Kontinentale Vorstehhunde
Sektion 2: Britische und Irische Vorstehhunde

Gruppe 8
Sektion 1: Apportierhunde
Sektion 2: Stöberhunde
Sektion 3: Wasserhunde

Gruppe 9
Sektion 1: Bichons und verwandte Rassen
Sektion 2: Pudel
Sektion 3: Kleine belgische Hunderassen
Sektion 4: Haarlose Hunde
Sektion 5: Tibetanische Hunderassen
Sektion 6: Chihuahueño
Sektion 7: Englische Gesellschaftsspaniel
Sektion 8: Japanische Spaniel und Pekingesen
Sektion 9: Kontinentaler Zwergspaniel und Russischer Zwerghund
Sektion 10: Kromfohrländer
Sektion 11: Kleine doggenartige Hunde

Gruppe 10
Sektion 1: Langhaarige oder befederte Windhunde
Sektion 2: Rauhaarige Windhunde
Sektion 3: Kurzhaarige Windhunde

■ *Der Berger des Pyrénées ist ein kleiner Vertreter der Rassegruppe 1.*

Die verschiedenen Hunderassen

Diese Einteilung der Hunderassen in Gruppen ist für Ausstellungen sinnvoll. Eine Einteilung rein nach der Funktion des Hundes wäre sehr schwierig, da viele Hunde mehrere Aufgaben erfüllen. Der Lappenspitz etwa, der den Samen im Norden Skandinaviens ursprünglich als Jagdhund zum Stöbern von Flugwild und Verbellen von Elchen diente, fand auch als Hütehund für ihre Rentiere, als Wachhund für ihre Häuser und natürlich als geliebter Begleithund für die Familie Verwendung. Es lässt sich sehr schwer zwischen einer Gebrauchs- und Gesellschaftsfunktion eines Hundes unterscheiden, da jeder Hund neben seiner wichtigen Hauptaufgabe als Hüte-, Jagd- oder Schutzhund auch Partner, Spielgefährte, Wanderkamerad, Statussymbol, Tröster und Freund ist.

Mehr als die Hälfte aller heutigen Hunderassen wurden erstmals als Jagdhunde verwendet. Der Einfluss menschlicher Gesellschaftsformen und Wirtschaftsstrukturen auf **Rassenbildung und Rassenförderung** ist enorm. Bereits in Altägypten vor etwa 5000 Jahren entwickelten sich erste Rassen als Ergebnis systematischer Hundezucht der wohlhabenden Oberschicht (Jagdhunde und Mastiffs sowie kleine Gesellschaftshunde). Die Römer kannten bereits eine Vielzahl von Hunderassen, die heutigen Rassen sehr ähnlich waren. Hunderassen entstanden und entstehen neu oder sterben wieder aus, um in ähnlicher Erscheinungsform an anderen weit entfernten Orten aus völlig unterschiedlicher Abstammung erneut ins Leben zu treten. Tiere ohne Fell sind unabhängig voneinander in Mexiko, Südostasien und Afrika aufgetaucht. Hunde mit extrem verkürzter Schnauze wurden in Peru, China und Europa gezüchtet. Auch Zwergformen treten überall auf der Welt auf. Solche abartigen und der Gesundheit nicht gerade förderlichen Modifikationen des Hundes sprachen den Menschen zu allen Zeiten an – auch heute noch. Wo immer die kulturellen Voraussetzungen wie Geld, Zeit und gesellschaftlicher Anreiz gegeben waren, wurde versucht, auffallende **Extremformen** weiter auszuprägen. Diese Lust am Abnormen gerät nicht zum Vorteil des Hundes. In freier Wildbahn würden solche Merkmale wie beispielsweise Nacktheit, offene Fontanelle oder Minizwergwuchs zum frühen Tod des Hundes führen und damit schnell ausgemerzt werden. Die Vielfalt der Hunderassen ist allerdings durch diese »Spielereien« enorm angewachsen.

2. Die Grundeinheit Zelle

■ Ein hervorragender Kopf und vorzüglicher Ohrenansatz werden genetisch weitergegeben, also sehr stark vererbt, wie hier bei Mutter und Tochter zu sehen ist.

Jedes Lebewesen ist nach einem ganz bestimmten Bauplan und genauen Gesetzmäßigkeiten aufgebaut. Der **Grundbaustein** jedes Lebens ist die Zelle. Die kleinsten Lebewesen sind Einzeller, die nur aus einer einzigen Zelle bestehen. Aus diesen hat sich alles Leben entwickelt – bis hin zu so komplizierten Organismen.

Die Zellen höher entwickelter Lebewesen wie Mensch und Hund haben sich zu Zellverbänden und Organen zusammengeschlossen. Um funktionieren und effizient arbeiten zu können, gibt es für die verschiedensten Aufgaben der Vielzeller verschiedene Zelltypen, die alle wesentlichen Grundfunktionen des Lebens wie Stoffwechsel, Wachstum und Fortpflanzung erfüllen. Die Struktur aller Zellen ist jedoch im Wesentlichen gleich und besteht immer aus einem **Zellleib, dem Zytoplasma,** und einem **Zellkern, dem Nukleus,** die von einer **Zellmembran** von ihrer Umgebung abgegrenzt werden.

Die Zellen haben je nach ihrer Funktion im Körper unterschiedliche Größen und Formen. Muskelzellen sind spindelförmig, Knochen- und Nervenzellen sind durch lange Fortsätze gekennzeichnet, Blutzellen und Eizellen sind kugelförmig oder oval und passen sich dem umgebenden flüssigen Milieu an.

Die **Lebensdauer der Zellen** ist genetisch festgelegt und beträgt bei Hautzellen etwa 20 bis 30 Tage, bei weißen Blutzellen zwei Stunden bis zwei Tage und bei Eizellen nur etwa zwölf Stunden.

Der Zellkern enthält alle Erbinformationen und ist somit der Träger der Erbanlagen. Jede Körperzelle enthält die gleichen Erbinformationen und ist damit Koordinations- und Regulationszentrale zur Steuerung aller Vorgänge im Körper. Deshalb können auch Individuen zweifelsfrei aus allen Körperzellen wie Speichel- oder Mundschleimhautzellen und Blut- oder Spermazellen durch einen einfachen Test identifiziert werden. Die Einzigartigkeit jedes Individuums wird also durch diesen Test wie beim Fingerprint bewiesen. Die Natur hat damit etwas Einmaliges, nämlich das Einzelwesen, geschaffen.

Alle für die Vermehrung notwendigen Informationen sind in allen Zellen des Körpers gespeichert und abrufbar.

Chromosomen

Der Zellkern enthält die **Kernfäden** oder **Chromosomen**, die Träger aller lebens- und vererbungsnotwendigen Informationen sind. Sie bestimmen alle Eigenschaften und das Aussehen des jeweiligen Individuums und tragen das gesamte von den Vorfahren übernommene Genmaterial in sich. Jede Tierart besitzt eine für diese Art charakteristische Anzahl von Chromosomen in ihrem Zellkern.

Die Chromosomen sind bei Organismen, die komplex gebaut sind, immer paarweise vorhanden, daher spricht man von einem **diploiden Chromosomensatz.**

Der Hund besitzt 78 Chromosomen, also 39 Chromosomenpaare, der Mensch dagegen nur 23 Chromosomenpaare.

Die **Weitergabe** der **genetischen Informationen** an die nächste Generation ist jedoch nur über die Geschlechtszellen, also die Eizellen bei der Hündin und die Samenzellen beim Rüden möglich.

DNS

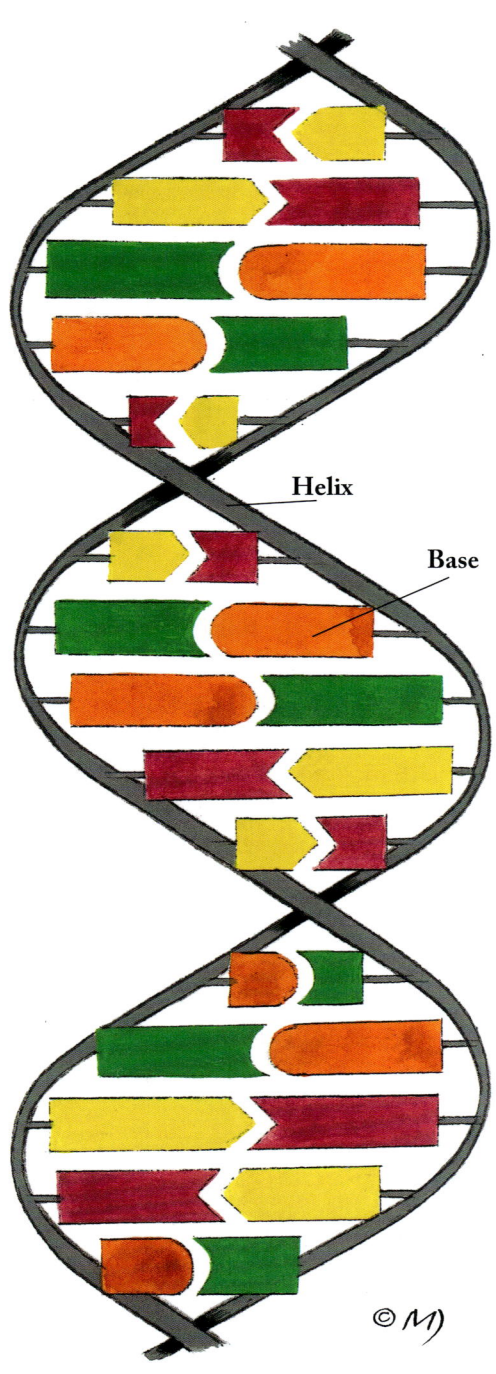

■ *Der DNS-Strang, hier als Doppelhelix.*

DNS

Die Chromosomen setzen sich chemisch zusammen aus der **DNS (Desoxyribo-Nuklein-Säure**; englisch DNA = Desoxyribo-Nucleic-Acid). Die DNS ist eine lange Kette, die im Wesentlichen aus Zucker- und Phosphatmolekülen besteht, die abwechselnd in spezifischer Art und Weise aneinandergereiht sind. Diese organischen Bausteine sind vier verschiedene Nukleotidbasen mit Grundinformationen, und zwar die Basen Thymin, Adenin, Guanin und Cytosin. Die Reihenfolge dieser vier Basen im DNS-Strang bestimmt die Erbinformation eines Individuums – beeinflusst also Gesundheit, Aussehen, Charakter, Intelligenz und alle weiteren Eigenschaften und Merkmale eines Einzelwesens.

Zwei solcher **Molekülketten** sind Seite an Seite über die jeweiligen Basenpaare verbunden. Die Gliederreihenfolge des einen Bandes ist dabei das genaue »Spiegelbild« des anderen. Somit kann ein Band als Vorlage zur Neuentstehung eines gleichen Bandes mit identischem Informationsgehalt dienen. Dies wird als Replikation bezeichnet. Das Band wird **Helix**, der Doppelstrang **Doppelhelix** genannt.

Bei einem Individuum ist die Reihenfolge, in der die Basen auf der DNS angeordnet sind, typisch und einzigartig und in jeder Zelle in der gleichen Basenanordnung anzutreffen. Die einzige Ausnahme sind eineiige Zwillinge. Die Basen bilden als kleinste Einheit ein so genanntes **Triplett**. Hierbei codieren drei Basen eine Aminosäure. Aminosäuren sind

Zellteilung

die Bausteine der Proteine. Sie bilden als Strukturproteine für Gewebe und Organe oder als Enzyme für den Stoffwechsel die Grundlage jedes organischen Lebens. Die Reihenfolge der Basen im DNS-Molekül ist der Code für die genetische Information. Für die Anordnung der Basen gibt es 10^{200} Möglichkeiten.

Im Erbmaterial von Mensch und Hund, der DNS, kommen Abschnitte vor, die sich regelmäßig wiederholen. Sie sind genetische Marksteine und werden als **Mikrosatelliten** bezeichnet. Beim Hund gibt es bis zu 50.000 verschiedene Mikrosatelliten. Jeder Mikrosatellit liegt an einer ganz bestimmten Stelle auf einem Chromosom und unterscheidet sich bei verschiedenen Individuen in seiner Länge. Die Gesamtlänge kann mit modernen Labormethoden gemessen werden und ergibt **Bandenmuster** ähnlich den Strichcodes auf Warenartikeln. Sie sind die Grundlage für die Erstellung so genannter **Genkarten**, die es dank der rasanten Entwicklung in der Forschung heute schon ermöglichen, Erbfehler gezielt zu suchen und genau zu orten. Dadurch wird auch eine zuverlässige Abstammungskontrolle (Vaterschaftsnachweis) beim Rassehund möglich.

Einen Mikrosatelliten zu finden und ihn nutzbar zu machen, ist sehr langwierig und enorm teuer. Je näher zwei Hunde verwandt sind, umso ähnlicher sind ihre Bandenmuster, also ihre Mikrosatelliten. Weltweit sind bis heute etwa 600 Mikrosatelliten für den Hund lokalisiert worden.

Mitose – Teilung von Körperzellen

Da Körperzellen wesentlich kürzer leben als der Organismus, den sie bilden, müssen im Körper ständig neue Zellen entstehen. Grundlage dafür ist die Teilung vorhandener Körperzellen. Die Körperzellen entfalten durch bestimmte biologische Stimulationen **Teilungsaktivitäten**, wobei aus einer Ursprungszelle zwei neue, völlig identische **Tochterzellen** entstehen.

Die Zellteilung zur Zellerneuerung, die dem Ersatz abgestorbener Gewebszellen dient, umfasst einen Zellzyklus, der **Mitose** genannt wird. Zwischen zwei Zellteilungen befindet sich die Zelle in der stoffwechselaktiven Arbeitsform. Während dieser Interphase muss die differenzierte Zelle ihrer Aufgabe nachkommen und die in der letzten Teilung auf die Hälfte verminderten Bestandteile ergänzen, wobei der Verdopplung der genetischen Substanz besondere Bedeutung zukommt.

Die Dauer einer Mitose schwankt zwischen 30 und 120 Minuten. Die **Phasen** der Mitose sind:

- Prophase (etwa 20 Minuten)
- Metaphase (etwa 10 Minuten)
- Anaphase (wenige Minuten)
- Telophase

In der **Prophase** werden die im Zellkern diffusen und unsichtbaren Chromosomen langsam sichtbar und bilden ein lockeres

Zellteilung

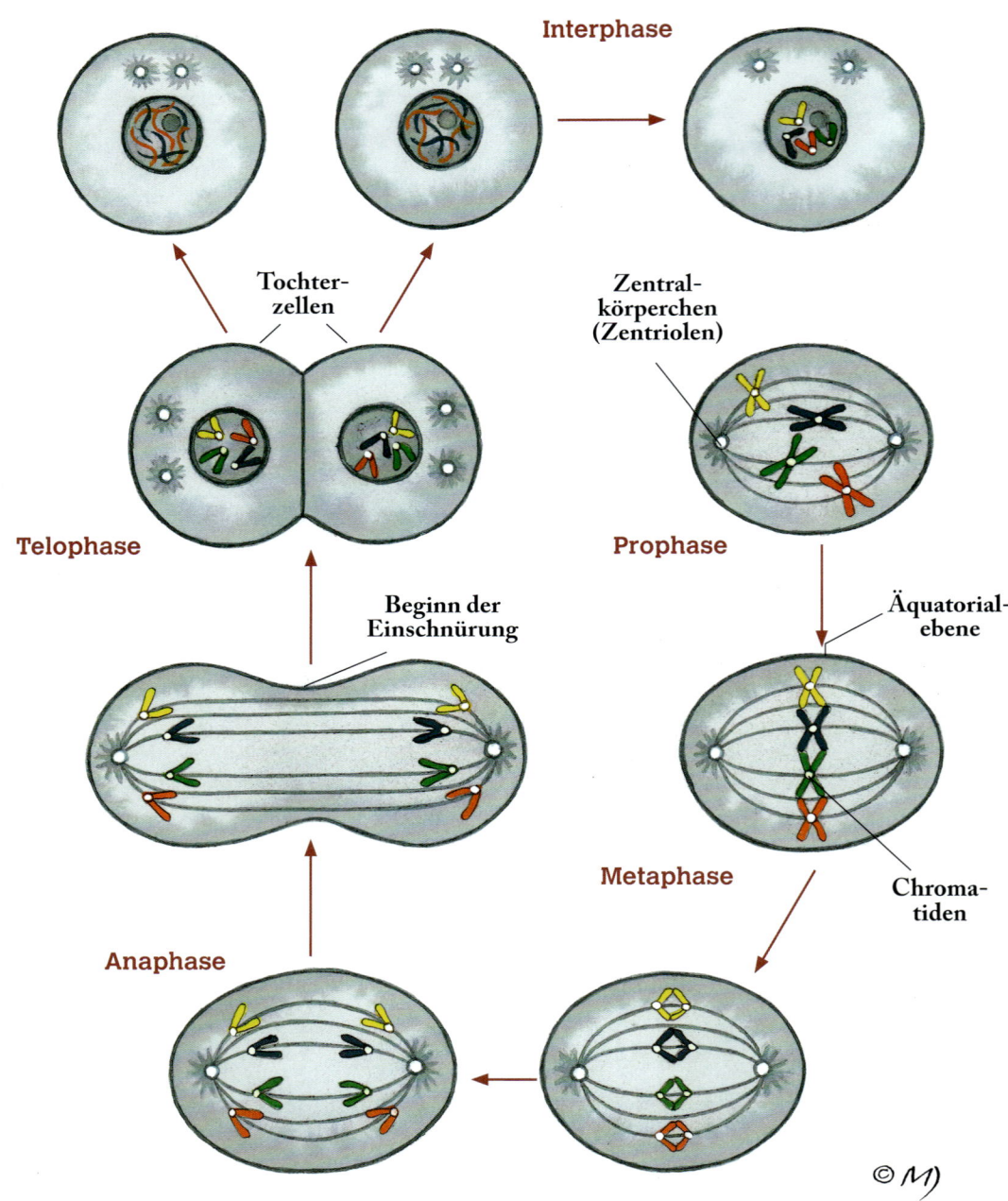

■ *Die Phasen bei der Mitose (Teilung von Körperzellen).*

Zellteilung

Knäuel. Die Zentralkörperchen oder Zentriolen wandern an entgegengesetzte Zellpole.
In der **Metaphase** teilen sich die kürzer und dicker gewordenen Chromosomen durch Längsspaltung in zwei identische Teile, die Chromatiden, die sich unter dem Einfluss der Spindelfasern in der Zellmitte, der Äquatorialebene, anordnen. Es entsteht eine sternförmige Figur, der Mutterstern oder Monaster. In der sich teilenden Ursprungszelle ist jetzt die gesamte genetische Information in doppelter Menge vorhanden. Jede zukünftige neue Zelle bekommt alle Chromosomen einer Spalthälfte. Aus der Ursprungszelle entstehen so zwei neue, identische Tochterzellen.
Am Ende der **Anaphase** beginnt die Zelle, sich im Bereich der Äquatorialebene einzuschnüren.
In der **Telophase** verlagern sich die beiden Tochtersterne (Diaster) in die Nähe der Zentralkörperchen und die Chromatiden bilden jeweils wieder ein Knäuel, während es zu einer Durchschnürung des Zellleibes kommt. Zwei identische Tochterzellen mit gleicher genetischer Information sind aus der Ursprungszelle durch den Teilungsvorgang entstanden. Die genetische Information der ursprünglichen Zelle liegt nun auch in jeder neuen Zelle wieder in genau identischer Form in einfacher Dosis vor. Dieser Kopiervorgang, die Zweiteilung erst des Zellkernes, dann der Zelle, sorgt dafür, dass die aufeinanderfolgenden Zellgenerationen gleiche, genau identische Strukturen entwickeln. Nach der Zellteilung weisen die beiden neuen Zellen durch den Kopiervorgang wieder einen doppelten Chromosomensatz auf, damit ein neuer Teilungsvorgang eingeleitet werden kann. Das geht immer so weiter, solange das Lebewesen existiert.

■ *Die Einheitlichkeit im Erscheinungsbild einer Hundefamilie ist wünschenswert und kann bei Welpentreffen eindrucksvoll dokumentiert werden.*

Zellteilung

Meiose – Teilung von Fortpflanzungszellen

Durch die Beschreibung der Mitose wird erklärt, wie der Kopiervorgang von genetischem Material in den Körperzellen abläuft. Für den Züchter ist es jedoch von viel größerem Interesse, wie das genetische Material von einer Generation zur nächsten weitergegeben wird. Diesen Vorgang der Weitergabe von Erbinformationen durch Zellteilung in den **Keimdrüsen** (Hoden oder Eierstöcke) nennt man **Meiose**.

Bei der Hündin sind in den Eierstöcken genetisch bedingt eine bestimmte Anzahl von Eizellen von Geburt an vorhanden und sind bis zur Geschlechtsreife inaktiv. Sie entwickeln sich bei und nach der Geschlechtsreife bei jeder Läufigkeit zu reifen Eizellen und werden beim Eisprung, der Ovulation, aus den Eierstöcken in die Eileiter abgegeben. Beim Rüden entwickeln sich nach der Geschlechtsreife in einem komplizierten Reifeprozess ständig neue **Samenzellen**. Sie werden zeitlebens produziert. Während des Deckaktes soll das Ejakulat des Rüden mehr als 100.000 Spermien enthalten.

Bei der späteren **Vereinigung** von Samenzelle (mit 39 Chromosomen) und Eizelle (ebenfalls mit 39, aber nicht identischen Chromosomen) enthält die Vereinigungszelle, die als Zygote bezeichnet wird, 78 Chromosomen. Somit haben nach der Befruchtung die Vereinigungszellen einen doppelten, also diploiden Chromosomensatz. Die Natur musste aber einen Mechanismus entwickeln, der den jeweiligen doppelten Chromosomensatz wieder halbiert. Diese Verringerung auf die halbe Chromosomenzahl geschieht durch die Meiose.

Bei der Meiose werden zwei Teilungen, die **Reifeteilung** und die **Reduktionsteilung**, unterschieden.

Reifeteilung

In der Reifeteilung oder ersten meiotischen Teilung reifen nicht befruchtungsfähige Zellen zu befruchtungsfähigen heran. Hierzu muss man wissen, dass die Chromosomen nicht einzeln, sondern paarweise vorhanden sind. Jedes Chromosom besitzt ein zugehöriges, übereinstimmendes, entsprechendes (**homologes**) Chromosom mit der gleichen genetischen Information. In der Keimzelle wird jeweils eins von zwei homologen Chromosomen von der mütterlichen Eizelle und das andere von der väterlichen Samenzelle beigesteuert.

Vor dem Eintritt in die erste meiotische Teilung findet eine Verdopplung der DNS statt.

In der **Prophase** kommt es zur Paarung der homologen Chromosomen.

Die Verringerung auf die halbe Chromosomenzahl, die durch die Reifeteilung geschieht, bewirkt, dass die sich jeweils entsprechenden väterlichen und mütterlichen Chromosomen, welche die gleichen Erbmerkmale steuern und die sich bei der Meiose neu zusammenlegen, auf die beiden Tochterzellen als ganze Chromosomen verteilt werden und nicht wie bei der Mitose Spalthälften von Chromosomen sind.

Während der Paarung wird zwischen den Chromosomen genetisches Material ausgetauscht. Dies erfolgt durch Überkreuzungen

Zellteilung

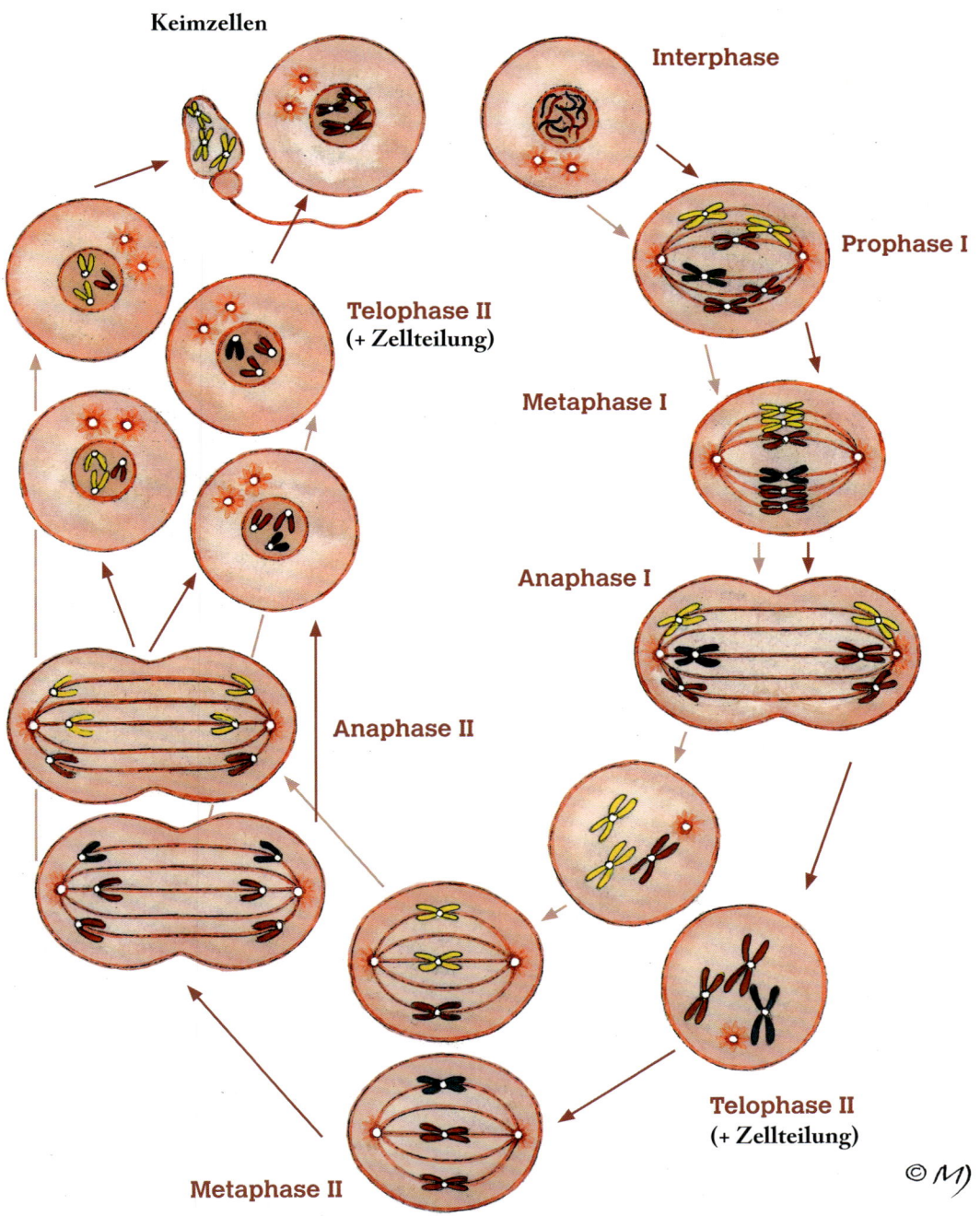

■ *Die Phasen bei der Meiose (Teilung von Fortpflanzungszellen).*

Zellteilung

der Chromatiden, das als **Crossing-over** bezeichnet wird und ein wechselseitiger Austausch ist.

Als **Chromatiden** bezeichnet man die während der Mitose und Meiose am Centromer zusammenhängenden Spalthälften eines Chromosoms. Die vier beieinander liegenden Chromatiden zerfallen in Bruchstücke, die ausgetauscht werden. Die Zahl der Bruchstücke und die Austauschhäufigkeit bleiben dabei völlig dem Zufall überlassen.

Homologe Bruchstücke von Chromosomen, die ein bestimmtes Gen darstellen, werden als Allele bezeichnet. Crossing-over bedeutet somit, dass Allele für bestimmte Eigenschaften, die auf einem bestimmten Chromosom an fester Stelle liegen und vom Rüden stammen, von den sonstigen auf dem Chromosom gelegenen Allelen getrennt und durch den Vorgang des Crossing-over mit jenen verkoppelt werden, die ursprünglich für dieselbe Eigenschaft von der Hündin stammen. Hierdurch können die unterschiedlichen Erbanlagen zweier Einzeltiere (Mutter und Vater) zu völlig neuen Verbindungen zusammentreten. Dadurch werden niemals zwei völlig identische Eizellen oder Samenzellen produziert, sodass beispielsweise ein Welpe das lange Haarkleid des Vaters, der andere jedoch nur Vaters Größe und der dritte Vaters Haarlänge und Größe geerbt hat.

Der Vorgang des Crossing-over ist ein Wunderwerk der Natur und bietet bei 39

■ *Der Paarungswert ist die Summe der Merkmalswerte der beiden Paarungspartner.*

Chromosomenpaaren ungeheuer vielfältige Kombinationsmöglichkeiten. Genau hierdurch wird in der Zucht von Hunden eine genetische Voraussage so schwierig, weil wir nicht wissen, wie die Natur gemischt hat. Die Auswahl der Gene, die eine bestimmte Keimzelle enthält, beruht auf der Zufallsverteilung der Chromosomen. Erst die Nachzucht eines Hundes gibt Auskunft über seine genetische Veranlagung.

Nach Auflösung der Kernmembran wandern in der **Metaphase** die Polkörperchen, die so genannte Zentriolen, an die sich die Chromatidenpaare angeheftet haben, zur Äquatorialebene.

In der **Anaphase** ziehen jeweils zwei Chromatiden des ursprünglichen Chromosomenpaares polwärts. Dabei gelangen die väterlichen und mütterlichen Chromosomen zufallsgemäß zu dem einen oder dem anderen Pol. Hierdurch wird eine Neukombination des Chromosomenbestandes bewirkt.

In der **Telophase** entstehen nun durch Einschnürung der Zelle und Trennung zwei halbe, als haploid bezeichnete Tochterzellen, deren Chromosomen noch aus zwei Chromatiden bestehen.

Reduktionsteilung

Bei der zweiten meiotischen Teilung, der Reduktionsteilung, werden die beiden Spalthälften, die Chromatiden, eines Chromosoms geteilt. Das Endergebnis sind dann vier Zellen mit haploidem, zufallsgemischtem Chromosomensatz mit unterschiedlicher genetischer Information.

In der Regel stammen die Hälfte der Chromosomen vom Vater und die andere Hälfte von der Mutter. Jedoch sind bei allen Zufallsmöglichkeiten auch Verteilungen mit hundertprozentiger mütterlicher oder hundertprozentiger väterlicher Herkunft denkbar. Hier spielt der Zufall eine große Rolle. Maßgabe ist nur, dass jede Samenzelle oder Eizelle ein Exemplar von jedem homologen Paar enthalten muss.

Hierdurch werden Zuchtaussagen so schwierig, weil man nicht voraussagen kann, wie der Zufall mischt. Deshalb ist es so wichtig, viele Zuchtinformationen zu sammeln, die Zuchtlinie sorgfältig auszuwählen und die Verpaarung verantwortungsbewusst zu planen.

Gene – Träger der Erbanlagen

Die biochemisch kleinste Einheit der genetischen Informationen sind die **Basentripletts** und deren Anordnung auf dem jeweiligen Chromosom. Die für die Züchtung bedeutsamste, kleinste Einheit der genetischen Informationen sind die **Gene**, die ein oder mehrere Basentripletts umfassen. Da Chromosomen nicht einzeln, sondern paarweise anzutreffen sind, gilt das Gleiche bei Genen. Zu jedem Gen gehört ein ihm entsprechendes, zugehöriges Gen, das als »Partnergen« oder **Allel** bezeichnet wird. In jeder Samenzelle ebenso wie in jeder Eizelle ist für alle Erbeigenschaften mindestens ein Gen vorhanden. Man geht heute davon aus, dass Hunde über rund 100.000 Allelpaare, also über 200.000 einzelne Gene verfügen.

Gene – Träger der Erbanlagen

■ *Das Gen für die Haarart gibt es in zwei Varianten: Glatthaarigkeit und leichte Welle. Dieser Hovawart-Welpe hat das Merkmal leichte Welle von seiner Mutter geerbt.*

Der Abschnitt, in dem zwei Allele auf einem Chromosom lokalisiert sind, heißt **Genort** oder **Genlocus**. Das bedeutet, wenn ein spezifisches Gen an einem Ende eines Chromosoms gelagert ist, erscheint dieses Gen immer an demselben Ort. Und dieses spezifische Gen wird immer nur eine ganz bestimmte Eigenschaft beeinflussen. Es gibt jedoch auch Gene, die mehr als ein Merkmal beeinflussen.

Ein Hund kann immer nur zwei Gene gleicher Art besitzen, da ein Gen immer an einem spezifischen Genort auf einem bestimmten Chromosom auftritt und es zwei dieser Chromosomen gibt. Da ein Chromosom vom Vater und das andere von der Mutter stammt, besteht die Hälfte aller Gene vom Rüden und die andere Hälfte von der Hündin.

Gleiche Gene können in unterschiedlichen Variationen auftreten. Das Gen, das zum Beispiel die Haarart bestimmt, hat zwei Möglichkeiten: Die eine bewirkt Glatthaarigkeit und die andere sorgt für eine schöne Welle im Haarkleid. Diese Varianten eines Gens bezeichnet man wieder als Allele.

So wird vom Vater beispielsweise ein Gen »W« übertragen, das Glatthaar codiert, von der Mutter ein »w«, das leichte Welle bewirkt. Bei der Befruchtung von Samen- und Eizelle entsteht jetzt eine **Genpackung**, nämlich die zwei für die Haarart zuständigen Gene »Ww«. Sie werden als Allelpaar bezeichnet.

Dominanz und Rezessivität

Ein Allel kann ein anderes unterdrücken und damit bestimmen, was geschieht. Wenn solche Allele gemeinsam mit einem anderen Allel einen mischerbigen, also heterozygoten Genort besetzen, wird das schwächere Allel unterdrückt und das Erscheinungsbild, der Phänotyp, wird von dem stärkeren **dominanten** Gen bestimmt. Die Gene, die sich unterdrücken lassen und sich im Erscheinungsbild nicht durchsetzen können, werden, wenn sie mischerbig auftreten, als **rezessiv** bezeichnet. Bei gleichen Merkmalen können diese Dominanzverhältnisse bei unterschiedlichen Hunderassen verschieden sein.

Rezessive Merkmale werden bei den Nachkommen von mischerbigen Hunden erst dann sichtbar, wenn sie bei einem Einzeltier reinerbig, also homozygot vorhanden sind. Dieses genetische Verhalten von Genen spielt bei der Vererbung von **Erbfehlern** eine wichtige Rolle, da viele Erbfehler rezessiv weitergegeben werden.

Wenn ein Rüde Träger eines rezessiven Erbfehlers, wie beispielsweise ein verkürzter Unterkiefer, ist, so ist dieser Erbfehler bei Mischerbigkeit, die fast immer unterstellt werden kann, dem Rüden selbst nicht anzusehen. Bei Verpaarungen mit Hündinnen, die in den Erbanlagen dieses Merkmal nicht besitzen, tritt dieser Fehler bei den Nachkommen nicht auf. Erfolgt jedoch eine Verpaarung mit einer Hündin, die dieses Merkmal ebenfalls rezessiv trägt, kann der Erbfehler bei einem Teil der Nachkommen im Phänotyp sichtbar werden. Die betroffenen Welpen haben einen verkürzten Unterkiefer, da bei einem Teil der Nachkommen die rezessiven Gene zusammentreffen und das Merkmal auftritt.

Reinerbigkeit und Mischerbigkeit

Allele werden in der Genetik mit den Buchstaben des Alphabetes bezeichnet, wobei die dominanten Allele mit großen, die rezessiven mit kleinen Buchstaben bezeichnet werden.

Enthält ein Allelpaar dieselbe genetische Information, so ist der Hund für dieses Merkmal **reinerbig** oder **homozygot** (Beispiel »WW«). Unterscheiden sich die Allele, so ist der Hund bezüglich dieses Merkmals **mischerbig** oder **heterozygot** (Beispiel »Ww«).

Derselbe Hund kann in einem Teil seiner Merkmale reinerbig und in anderen Teilen mischerbig sein. Es gibt kein Tier, also auch keinen Hund, der in allen seinen Merkmalen oder Eigenschaften reinerbig ist.

Reinerbigkeit und Mischerbigkeit

Dieses jeweilige Allelpaar, das man auch als Gen und Gegengen bezeichnen kann, steuert, kontrolliert und bestimmt die Ausbildung eines Merkmals oder verschiedener Merkmale, für die es zuständig ist.

Der Genort, der für Glatthaarigkeit zuständig ist, kann gleiche oder verschiedene Genotypen oder Allele haben. Ist er mit zwei gleichen Genen für Glatthaarigkeit (»WW«) oder für leichte Welle (»ww«) besetzt, ist der Hund in Bezug auf dieses Merkmal reinerbig, also homozygot. Hat der Hund jedoch ein Gen für Glatthaarigkeit und eines für leichte Welle (»Ww«), so ist er an diesem Genort mischerbig, also heterozygot.

Reinerbigkeit – dominante Gene

Sind beide Elternteile reinerbig für das dominante Gen, so werden 100 Prozent der Nachkommen reinerbig für das dominante Gen sein (WW = Glatthaarigkeit).

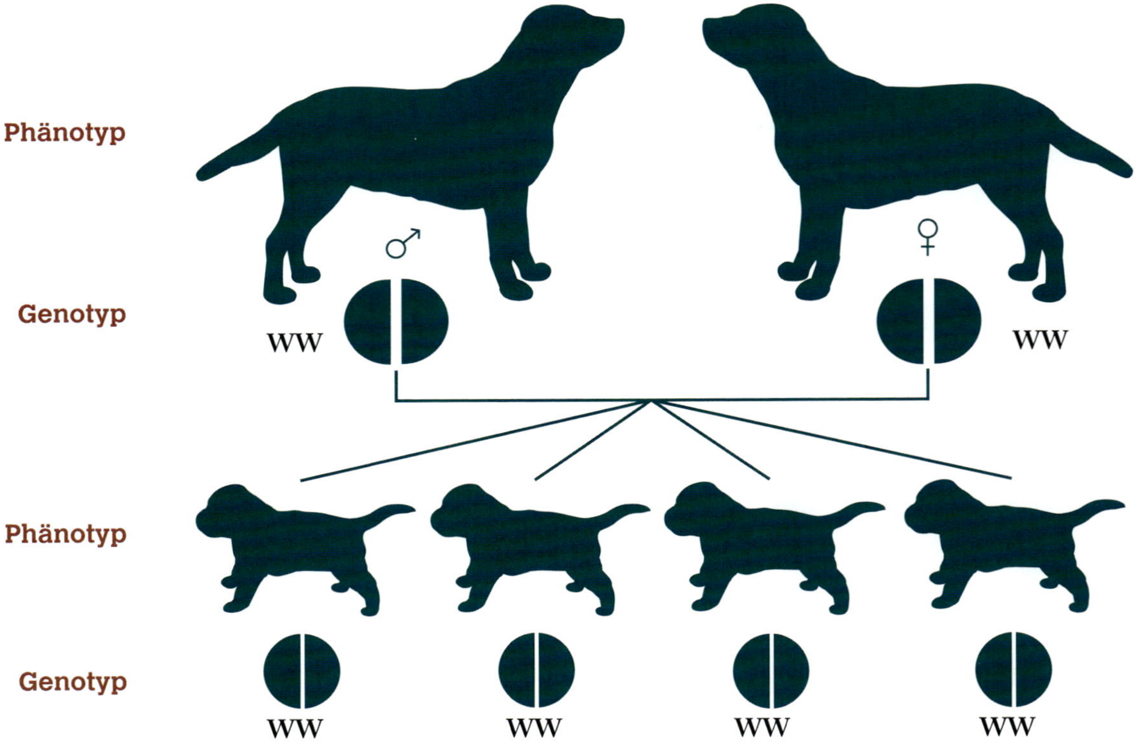

Phänotyp

Genotyp WW WW

Phänotyp

Genotyp WW WW WW WW

■ *Elterntiere: reinerbig (dominant) x reinerbig (dominant) = Nachkommen: 4/4 reinerbig (dominant).*

= reinerbig   = mischerbig   = rezessiv

Reinerbigkeit und Mischerbigkeit

Mischerbigkeit – beide Elterntiere

Sind beide Elternteile mischerbig für das dominante und rezessive Gen (Ww = mischerbig glatthaarig), so zeigen sie das rezessive Merkmal nicht. 25 Prozent der Welpen sind dann jedoch reinerbig für das rezessive Gen und werden es phänotypisch ausdrücken (ww = leichte Welle), während 50 Prozent des Wurfes zwar Träger des Merkmals sind, dies aber aufgrund des dominanten Gens nicht sichtbar wird. Sie sind mischerbig und glatthaarig (Ww = mischerbig glatthaarig). 25 Prozent der Welpen sind reinerbig für das dominante Gen (WW = glatthaarig).

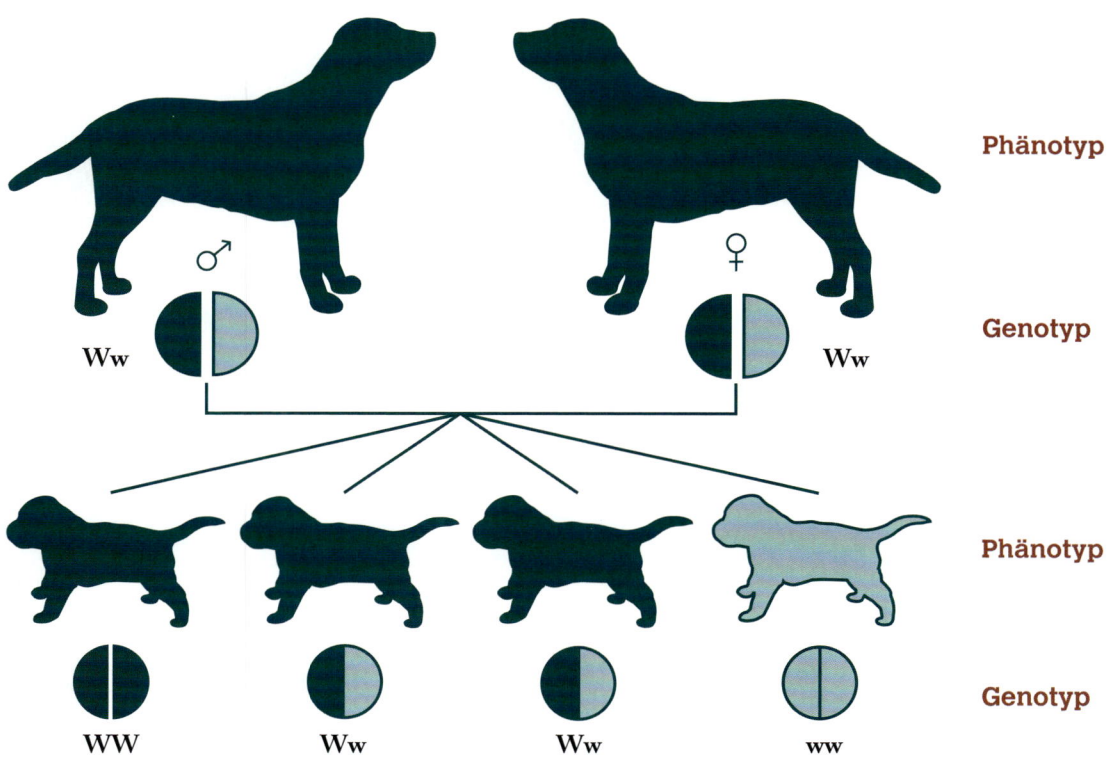

■ *Elterntiere: mischerbig x mischerbig = Nachkommen:*
1/4 reinerbig (dominant), 1/4 rezessiv, 2/4 mischerbig.

Reinerbigkeit und Mischerbigkeit

Mischerbigkeit – ein Elternteil mischerbig, ein Elternteil reinerbig dominant
Falls ein Elternteil reinerbig für das dominante Gen und der andere Elternteil mischerbig ist, werden zwar 50 Prozent des Wurfes das rezessive Gen tragen (Ww), aber 100 Prozent des Wurfes werden das dominante Gen zum Ausdruck bringen (Glatthaarigkeit).

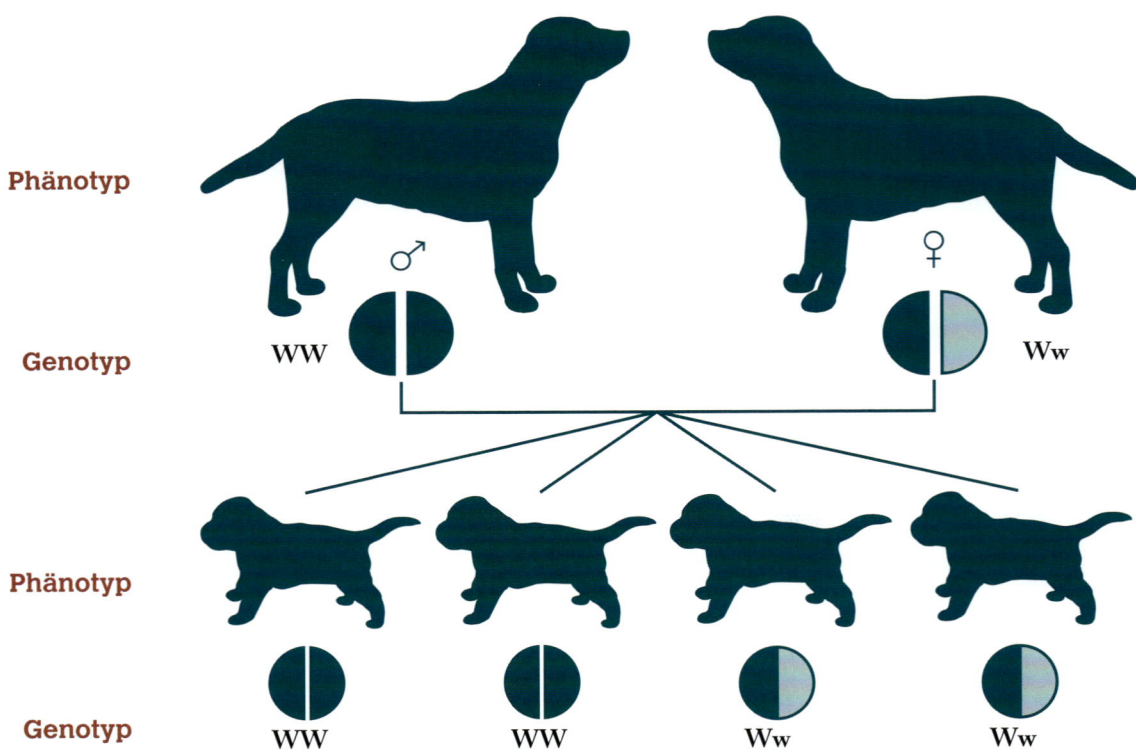

■ *Elterntiere: reinerbig (dominant) x mischerbig = Nachkommen: 2/4 reinerbig (dominant), 2/4 mischerbig.*

Reinerbigkeit und Mischerbigkeit

Mischerbigkeit – ein Elternteil mischerbig, ein Elternteil reinerbig rezessiv
Falls ein Elternteil reinerbig rezessiv (ww, hier der Rüde) ist und der andere Elternteil das rezessive Gen mischerbig (Ww) trägt, werden die Welpen zu 50 Prozent das rezessive Gen (ww = leichte Welle) zum Ausdruck bringen und leichte Welle zeigen. 50 Prozent des Wurfes werden das rezessive Gen tragen, aber es nicht zum Ausdruck bringen, sondern die dominante Glatthaarigkeit (Ww = mischerbig glatthaarig) zeigen.

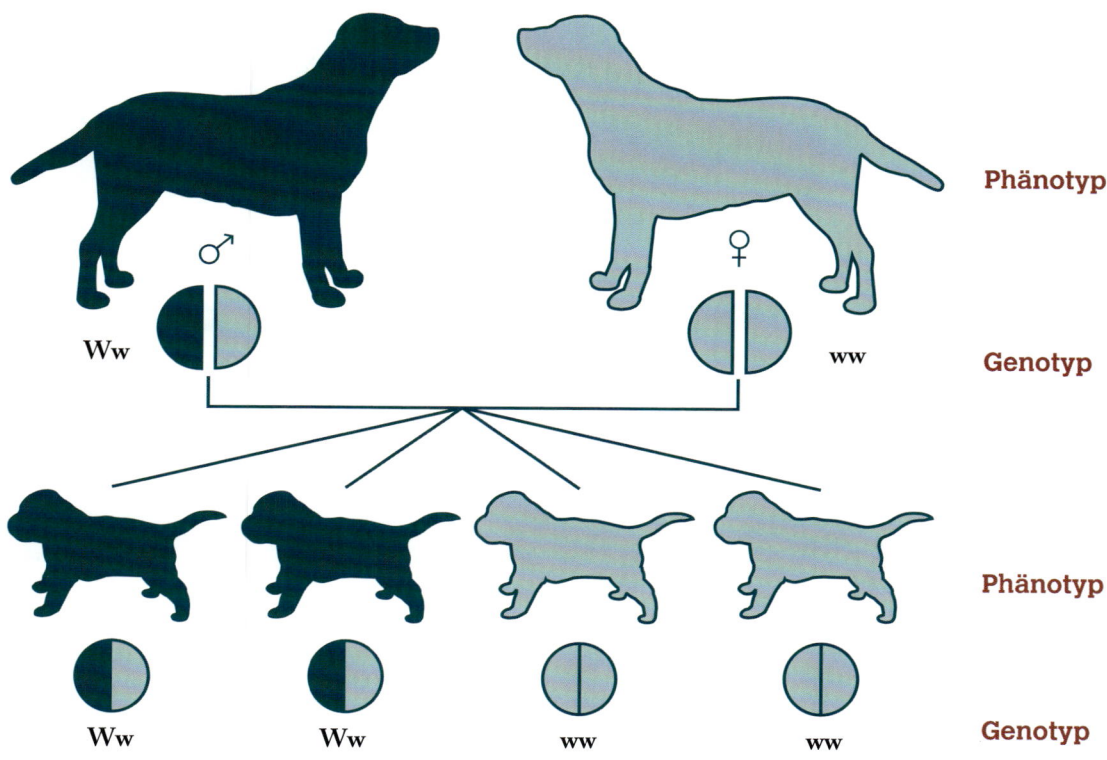

■ *Elterntiere: mischerbig x rezessiv = Nachkommen:*
 2/4 mischerbig, 2/4 rezessiv.

Reinerbigkeit und Mischerbigkeit

Mischerbigkeit – ein Elternteil reinerbig dominant, ein Elternteil reinerbig rezessiv
Ist ein Elternteil reinerbig dominant (WW) und ein Elternteil reinerbig rezessiv (ww), so sind 100 Prozent des Wurfes mischerbig (Ww), das heißt, 100 Prozent des Wurfes bringen das dominante Gen zum Ausdruck (Glatthaarigkeit), obwohl sie alle auch Träger des rezessiven Merkmals (leichte Welle) sind.

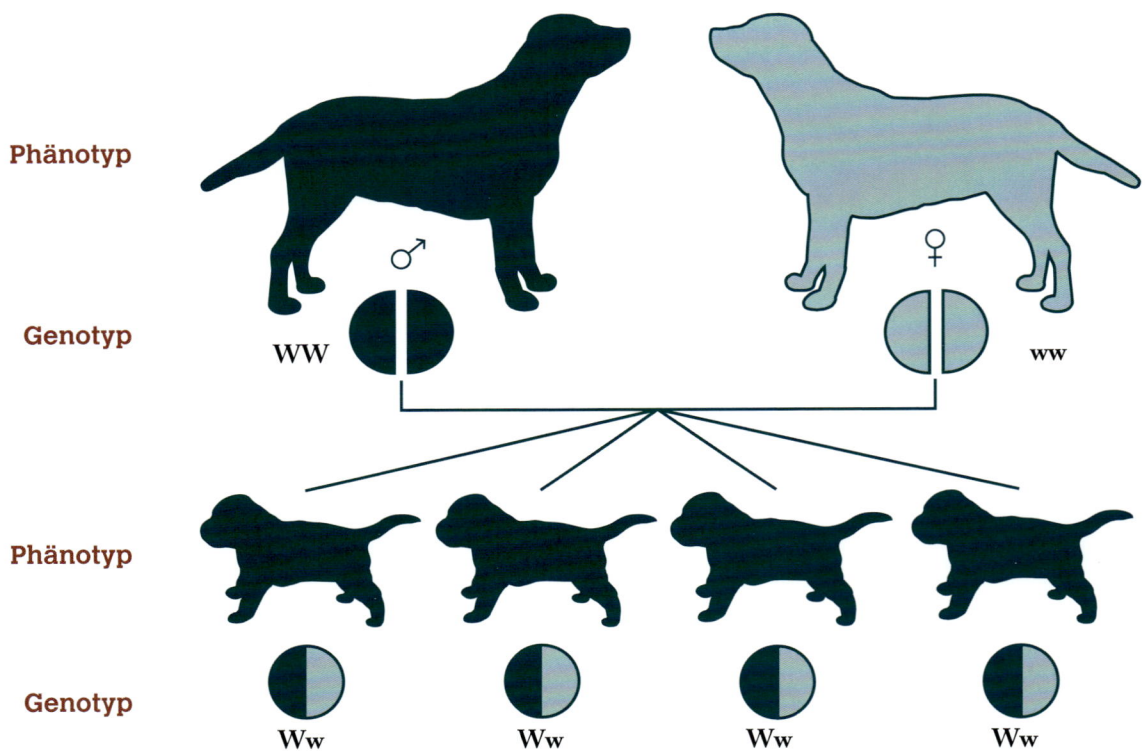

■ *Elterntiere: reinerbig (dominant) x rezessiv = Nachkommen: 4/4 mischerbig.*

Reinerbigkeit und Mischerbigkeit

Reinerbigkeit – rezessive Gene

Sind beide Elternteile reinerbig für das rezessive Gen (ww = leichte Welle), werden 100 Prozent des Wurfes reinerbig für das rezessive Gen sein. Alle Welpen werden das rezessive Merkmal zum Ausdruck bringen (leichte Welle) und ausschließlich Gene des rezessiven Merkmals tragen (ww).

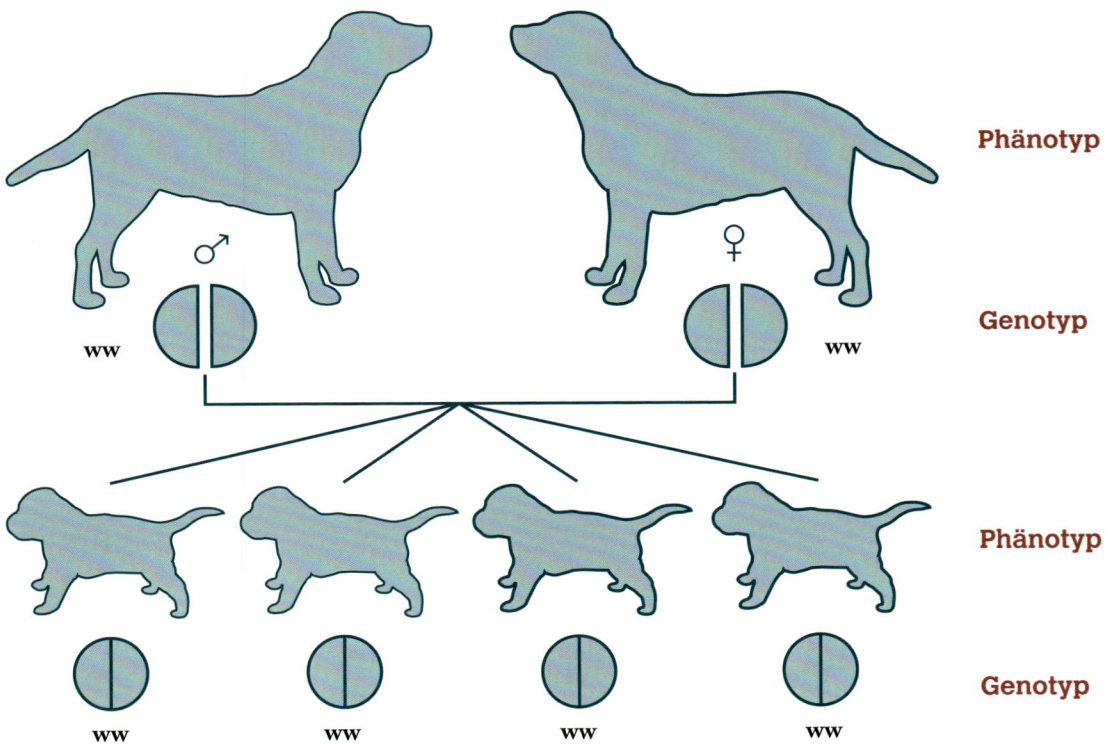

■ *Elterntiere: rezessiv x rezessiv = Nachkommen: 4/4 rezessiv.*

Viele genetische und angeborene Fehler folgen dem Modus der rezessiven Vererbung und sind für die Genetik und damit für den Hundezüchter von großer Bedeutung. Ein hoher Inzuchtgrad in der Zucht erhöht das Risiko, kranken Nachwuchs zu erhalten, erheblich. Durch Inzucht werden nicht nur erwünschte Gene, sondern auch unerwünschte Gene verdoppelt und damit das Risiko erhöht, rezessive krank machende Gene, die verborgen in den Elterntieren bereitgelegen haben, doppelt zusammenzubringen und dadurch eine Krankheit auftreten zu lassen. Im Gegensatz dazu begünstigt die Fremdzucht (Auszüchten oder Out-Crossing) die Mischerbigkeit und verhindert so das Auftreten schädlicher Gene. Inzucht trägt jedoch auch dazu bei, Erwünschtes in der Zucht zu festigen, was durch Fremdzucht niemals möglich ist.

3. Vererbungs-gesetzmäßigkeiten

■ Welche Eigenschaften die Nachkommen von ihren Eltern erben, wird durch die mendelschen Regeln bestimmt.

Die Verteilung der mütterlichen und väterlichen Gene an die F1- und F2-Generationen (erste und zweite Nachkommengeneration) erfolgt nach bestimmten Gesetzmäßigkeiten. Der Begründer dieser modernen Genetik war der Augustinermönch Gregor Mendel (geb. 1822, gest. 1884), der in gezielten Kreuzungsversuchen mit Erbsen gewisse Gesetzmäßigkeiten von Merkmalen wie Farbe und Form herausfand. Diese grundsätzlichen Erkenntnisse gelten nicht nur für Pflanzen, sondern auch für alle Tiere und somit auch für den Hund.

Mendelsche Regeln

1. Mendelsche Regel: Uniformitätsregel

Werden reinerbige Elterntiere (ein Elterntier reinerbig dominant, das andere reinerbig rezessiv in Bezug auf ein bestimmtes Merkmal) miteinander verpaart, so sind alle Nachkommen der F1-Generation einheitlich, also **uniform**.

Dabei können die Nachkommen in dem festgelegten Merkmal (Beispiel Glatthaarigkeit: Allele reinerbig = homozygot glatthaarig = WW) einem der Elternteile mehr ähneln – weil dominant – als dem anderen Elternteil, wenn dessen Allele rezessiv sind (Beispiel Leichte Welle = reinerbig = ww). Die Nachkommen sind dann alle **mischerbig** (heterozygot = Ww) und glatthaarig, da Glatthaarigkeit dominant ist.

Bei der Befruchtung von Samen- und Eizelle befinden sich in den Zellen nur die durch die Meiose halbierten Chromosomensätze und damit also nur jeweils die Hälfte der genetischen Informationen von Vater und Mutter. In unserem Beispiel heißt das, dass jede Samenzelle ein Gen für Glatthaarigkeit (dominant) und jede Eizelle ein Gen für leichte Welle (rezessiv) enthält. Bei der Verschmelzung von Samen- und Eizelle entstehen Nachkommen, die alle Gene Ww (W vom Vater und w von der Mutter) mischerbig besitzen und somit alle glatthaarig sind.

Beispiel für die Uniformitätsregel

Voraussetzung
Allel W = Haarart glatthaarig (dominant)
Allel w = Haarart leichte Welle (rezessiv)

F1-Generation
Genotyp   alle Welpen glatthaarig
           Ww heterozygot

2. Mendelsche Regel: Spaltungsregel

Verpaart man die mischerbigen Nachkommen der F1-Generation untereinander, so verteilen sich die Merkmale der beiden Elternteile in der danach folgenden Generation (F2-Generation) **im Zahlenverhältnis 1 : 2 : 1** oder 25 Prozent : 50 Prozent : 25 Prozent. Dieses Zahlenverhältnis tritt aber erst bei einer möglichst großen Zahl von Welpen (Wurfwiederholungen) auf.

Bei unserem Beispiel würden also ausgehend von 400 Welpen, etwa 100 Welpen reinerbig glatthaarig (WW), etwa 200 Welpen mischerbig glatthaarig (Ww) und etwa 100 Welpen reinerbig mit leichter Welle (ww) sein.

Eltern		
	Vater	**Mutter**
Genotyp	WW homozygot	ww homozygot
Phänotyp	glatthaariger Rüde	Hündin mit leichter Welle

Mendelsche Regeln

Eltern		
	Vater F1-Generation	**Mutter F1-Generation**
Genotyp	Ww heterozygot	Ww heterozygot

F2-Generation			
	25 Prozent glatthaarig	**50 Prozent glatthaarig**	**25 Prozent leichte Welle**
Genotyp	WW homozygot	Ww heterozygot	ww homozygot
Phänotyp	glatthaarig	glatthaarig	leichte Welle

Im Erscheinungsbild (Phänotyp) entsteht ein Zahlenverhältnis **3 : 1** oder 75 Prozent : 25 Prozent (300 glatthaarige Welpen zu 100 Welpen mit leichter Welle).

Die Spaltungsregel zeigt, dass es möglich ist, aus mischerbigen Hunden der F1-Generation reinerbige Linien oder Rassen herauszuzüchten. Da sich die Merkmale mischerbiger Hunde bei Fortsetzung der Kreuzungen immer wieder im Verhältnis 1 : 2 : 1 verteilen, wird ihre Zahl von einer Generation zur anderen immer geringer.

Beispiel für die Spaltungsregel

Voraussetzung
F1-Generation: nur glatthaarige Welpen Genotyp Ww

3. Mendelsche Regel: Unabhängigkeits- und Kombinationsregel

Werden Hunde gekreuzt, die sich in **mehr als einem Merkmal** unterscheiden, was bei Hunden immer der Fall ist, werden die einzelnen Merkmale **unabhängig** voneinander und nach der 1. und 2. mendelschen Regel vererbt.

Bei diesem Erbgang kommt es zu Neukombinationen der Gene. Unter den Nachkommen treten Welpen auf, die Merkmale in sich vereinigen, welche in der Elterngeneration nur getrennt aufgetreten sind.

Die weitere Verpaarung ergibt also eine ganze Reihe von Kombinationsmöglichkeiten. Diese Möglichkeiten lassen sich in einem Kombinationsrechteck verdeutlichen, wobei in der Waagerechten die väterlichen Samenzellen und in der Senkrechten die mütterlichen Eizellen dargestellt werden sollen.

Mendelsche Regeln

Beispiel

Merkmal 1 ist beim Vatertier genotypisch WW = glatthaarig = dominant.
Bei der Mutter ist Merkmal 1 genotypisch ww = rezessiv = leichte Welle.
Merkmal 2 soll die Haarfarbe sein. Hierbei hat der Vater genotypisch SS = schwarzhaarig = dominant. Die Mutter hat genotypisch ss = blond = rezessiv.
Der Vater bringt vier Kombinationsmöglichkeiten in seinen Samenzellen mit, die Mutter ebenfalls vier, sodass 16 verschiedene Genkombinationen denkbar sind. Dies soll das Kombinationsviereck verdeutlichen.

Beispiel für die Unabhängigkeitsregel

Voraussetzung:

Allel W =	glatthaarig	dominant
Allel w =	leichte Welle	rezessiv
Allel S =	schwarzhaarig	dominant
Allel s =	blond	rezessiv

F1-Generation
Phänotyp alle Welpen gatthaarig, schwarz
Genotyp   WwSs

Eltern		
	Vater	**Mutter**
Genotyp	WWSS	wwss
Phänotyp	glatthaarig, schwarz	blond, leichte Welle

Eltern		
	Vater	**Mutter**
Genotyp	WwSs	WwSs
Phänotyp	glatthaarig, schwarz	glatthaarig, schwarz

F2-Generation	9	3	3	1
Phänotyp	glatthaarig schwarz	glatthaarig blond	leichte Welle schwarz	leichte Welle blond
möglicher Genotyp	WWSS WwSS WWSs WwSs	WWss Wwss	wwSS wwSs	wwss

Mendelsche Regeln

■ *Der Eurasier ist eine Neuzüchtung aus den Rassen Chow Chow, Wolfsspitz und Samojede.*

Die Genkombinationen im Kombinationsviereck

	WS	Ws	wS	ws
WS	WW SS	WW Ss	Ww SS	Ww Ss
Ws	WW Ss	WW ss	Ww Ss	Ww ss
wS	Ww SS	Ww Ss	ww SS	ww Ss
ws	Ww Ss	Ww ss	ww Ss	ww ss

Das **Kombinationsviereck** zeigt, dass die Gene unabhängig voneinander vererbt werden. Es ergibt sich ein Verhältnis von **9:3:3:1** – neun glatthaarige, schwarze Welpen, drei glatthaarige, blonde (Neukombination), drei schwarze mit leichter Welle (Neukombination) und ein Welpe mit blonder Farbe und leichter Welle. Von den 16 Welpen zeigen neun beide dominanten Merkmale, je drei zeigen je ein dominantes und ein rezessives Merkmal und nur ein Welpe weist beide rezessiven Merkmale auf.

Wichtig ist, dass nur noch zwei Welpen reinerbig sind. Diese Zahlenverhältnisse treten allerdings nur bei einer sehr großen Anzahl an Nachkommen auf. In einem einzelnen Wurf sind sicher nicht alle 16 Gentypen vertreten, selbst wenn wir einen Wurf mit 16 Welpen hätten.

Welche Bedeutung hat nun diese komplizierte Regel? Bei **Neuzüchtungen** von Rassen ist die Tatsache wichtig, dass sich entsprechend der 3. mendelschen Regel Merkmale **neu** kombinieren lassen, die vorher auf **unterschiedliche Ausgangstiere** verteilt waren. Diese neuen »Rassehunde« werden deshalb zunächst sehr unterschiedlich aussehen, jedoch durch Zuchtauswahl von Generation zu Generation ähnlicher werden und eine gewisse Reinerbigkeit erreichen in Bezug auf die neuen, rassetypischen Merkmale.

Penetranz

Bei der Erläuterung von dominanten und rezessiven Allelen wurde davon ausgegangen, dass immer dann, wenn ein dominantes Allel einfach vorhanden ist, das entsprechende gewählte Merkmal auch tatsächlich beim zu betrachtenden Hund zum Ausdruck kommt. Das rezessive Allel muss zweifach vorkommen, bevor das zugehörige Merkmal an dem betrachteten Hund sichtbar wird. Die Ausprägungswahrscheinlichkeit des Merkmals im Phänotyp entspricht dann ohne jede Einschränkung auch dem Genotyp. Dies nennt man vollständiges **Durchdringungsvermögen** oder **Penetranz**. Die Penetranz kann vollständig oder unvollständig sein.

Die Penetranz wird dann als **vollständig** bezeichnet, wenn ein dominantes oder homozygot rezessives Gen in jedem Einzeltier in Erscheinung tritt, das den entsprechenden Genotyp besitzt. Vollständige oder hundertprozentige Penetranz ist die Regel. Es sind jedoch auch Fälle bekannt, bei denen ein zu dominantes Allel sich nicht im Phänotyp auszuprägen vermag. Dann handelt es sich um **unvollständige Penetranz**. So etwas tritt meist in heterozygoten Kombinationen auf, in unserem Beispiel also beim Genotyp Ww. Die Ursachen einer unvollständigen Penetranz sind unklar und es gibt kaum verlässliche Aufzeichnungen darüber. In manchen Fällen scheint es jedoch so zu sein, dass das Allel W für seine Wirksamkeit noch einer zusätzlichen genetischen Reaktion bedarf, die an anderer Stelle am Genort auftritt (Epistasie oder Polygenie, siehe unten).

Für Züchter wird es bei unvollständiger Penetranz deshalb schwierig, weil die Zuchtergebnisse nicht der erwarteten theoretischen Gesetzmäßigkeit entsprechen.

■ Kopplungen der Fellfarbe mit Seh- oder Hörfehlern kommen beim Merle-Faktor oder bei der Tüpfelung wie beim Dalmatiner vor.

Multiple Allele

Die Existenz von mehr als zwei Allelen für einen einzigen Genort nennt man multiple Allele. Multiple Allele bedeuten aber nicht, dass an dieser Stelle des Genortes mehr als zwei Allele vorhanden sind, sondern dass in der Hunderasse an diesem Genort vielfältige Varianten bestehen, von denen beim Einzeltier nur eine der vorhandenen Möglichkeiten zum diploiden Genotyp kombiniert worden ist.

Kopplung

Kopplung bedeutet, dass bestimmte Gene, die auf demselben Chromosom gelagert sind und oft sehr dicht beieinander liegen, gemeinsam weitergegeben werden und sich beeinflussen.

Kopplungen können Vor- und Nachteile mit sich bringen. Ein Vorteil wäre beispielsweise bei einem Hund eine erwünschte Fellfarbe gekoppelt mit guter Nasenveranlagung. Eine nachteilige Kopplung ist die Taubheit beim weißen Bull Terrier.

Epistasie und Hypostasie

In der Regel sind getrennte Gene auch unabhängig voneinander. Es kommt jedoch vor, dass die Aktion eines Gens davon abhängig ist, was sich auf einem anderen Genort ereignet. Diese Interaktionen zwischen Genen werden Epistasie oder Hypostasie genannt.

■ *Die Epistasie ist der Dominanz ähnlich.*

Geschlechtsgebundene Vererbung

Epistatisch (= darüber) ist ein Gen, das sich gegenüber anderen Genen, die andere oder gegensätzliche Merkmale bewirken würden, durchsetzt, sie also überlagert. Hypostasie (= darunter) bezieht sich auf ein Gen, das verdeckt oder unterdrückt ist. Die Epistasie ist der Dominanz ähnlich. Sie bezieht sich auf die Genloci, die Dominanz bezieht sich auf die Allele.

Epistasie zwischen Genorten findet sich häufig bei Farbgenen, den Genen also, die die Haarfarbe bestimmen.

Der Hund hat 39 Chromosomenpaare, wobei ein Chromosomenpaar die **Geschlechtschromosomen** (Hündin XX, Rüde XY) enthält. Alle von der Hündin produzierten Eizellen enthalten ein mit X bezeichnetes Chromosom. Die Hälfte der vom Rüden produzierten Samenzellen trägt ein **X-Chromosom**, was zu weiblichen Nachkommen führt, die

■ Ob das Erscheinungsbild von Rüde und Hündin unterschiedlich ausgeprägt ist oder nicht, ist abhängig von der Rassezugehörigkeit.

Polygenie

andere Hälfte besitzt ein **Y-Chromosom**, was zu männlichen Nachkommen führt. Auf dem X-Chromosom wurden weitere Gene festgestellt, die für verschiedene Merkmale zuständig sind, auf dem Y-Chromosom kaum. Alle auf einem Geschlechtschromosom weitergegebenen Merkmale werden als geschlechtsgebunden bezeichnet.

Bei geschlechtsgebundener Vererbung können die Hündinnen entweder
- reinerbig für die normalen, dominanten Gene,
- mischerbig für das fehlerhafte rezessive Gen, aber gesund erscheinend oder
- reinerbig für das fehlerhafte rezessive Gen und krank sein.

Die mischerbige Hündin ist somit die **Überträgerin** des krank machenden Merkmals. Die Rüden können entweder befallen (das rezessive, krank machende Gen auf dem X-Chromosom tragend) oder nicht befallen (das dominante, gesunde Gen auf dem X-Chromosom tragend) sein.

Ein Beispiel für geschlechtsgebundene Vererbung ist die **Bluterkrankheit**. Beim weiblichen Tier ist in den meisten Fällen das dominante, gesunde Allel auf dem zweiten X-Chromosom vorhanden, sodass die Erkrankung nicht in Erscheinung treten kann. Da beim Rüden das entsprechende dominante, gesunde Allel nicht vorhanden sein kann (da der entsprechende Chromosomenabschnitt beim Y-Chromosom ja fehlt), kann das rezessive Gen seine Wirkung ungestört entfalten: Der Rüde ist Bluter. Da Bluter jedoch selten die Geschlechtsreife erreichen, da sie meist vorher an einer unstillbaren Blutung sterben, haben sie nur in absoluten Ausnahmefällen Nachkommen, sodass es kaum weibliche Bluter geben kann – wenn doch, so sterben diese bei der ersten Läufigkeit.

Polygenie

Die **Wirkungsweise** der Gene kann unterschiedlich sein:
- Ein Gen beeinflusst ein einziges Merkmal.
- Ein Gen beeinflusst mehrere Merkmale.
- Mehrere Gene beeinflussen zusammen die Ausprägung eines Merkmals. Man spricht dann von einem **polygenetischen Erbgang**, der auch als Polygenie oder multifaktorielle Vererbung bezeichnet wird.

Für viele der vorhandenen Merkmale ist meist nicht nur ein ganz spezifisches Gen verantwortlich, sondern es erfolgt eine kooperative Zusammenarbeit durch Interaktionen mehrerer verschiedener Gene oder Genpaare. Ein polygenetischer Erbgang trifft für nahezu alle quantitativen Eigenschaften und Merkmale zu.

Die bisher in den Beispielen dargestellten Merkmale sind **qualitativ**. Sie sind also entweder vorhanden oder nicht vorhanden und somit im Phänotyp eindeutig zu erkennen wie Glatthaarigkeit oder leichte Welle beziehungsweise schwarze oder blonde Fellfarbe.

Bei **quantitativen** Merkmalen sind zwischen den einzelnen Merkmalsträgern **fließende Übergänge** zu beobachten wie bei Größe oder Gewicht, bei der Hinterhandwinkelung, bei Leistungs- oder Wesenseigenschaften.

■ *Die Körpergröße ist ein quantitatives Merkmal.*

An der Ausprägung eines Merkmals sind jeweils viele sich ergänzende und beeinflussende Allele beteiligt. Diesen Vorgang nennt man **additive Polygenie**.

Das Gewicht zählt zu den quantitativen Merkmalen. Beim Wolf kann hier eine Variationsbreite von 20 kg bis 85 kg Körpergewicht beobachtet werden. Noch größer ist diese Variationsbreite heute bei unseren Haushunden. Bei der Körpergröße, ebenfalls ein quantitatives Merkmal, besteht eine ebenso große Variationsvielfalt: vom Chihuahua bis zum Irischen Wolfshund.

Bei vollständiger polygener Vererbung müsste in einer großen Population eine **Normalverteilung** in Bezug auf ein bestimmtes Merkmal auftreten. Liegt dies nicht vor, muss man davon ausgehen, dass zusätzliche Faktoren wie Dominanz, Kopplung oder chromosomale Abweichungen vorliegen.

Normalverteilung

Von einem jungen **Mischlingswelpen** ist die weitere Entwicklung ungewiss und nicht bekannt. Kleine Bastardeltern können auch sehr große Nachkommen haben, während große Bastardeltern umgekehrt durchaus recht kleine Nachkommen produzieren können.

Normalverteilung

Hier haben dann die unbekannten Groß- und Urgroßeltern ihren Anteil dazugegeben. Bei den Welpen ist meist völlig unbekannt, wie sich das äußere Erscheinungsbild – speziell die Größe – als auch die Verhaltenseigenschaften entwickeln und ausprägen werden.

Bei einem **Rassehund** ist die Situation eine ganz andere, da seine Vorfahren meist bis in die vierte Generation oder sogar weiter bekannt sind und sich in vielen rassetypischen Merkmalen gleichen. Hierin liegt einer der großen Vorteile der Rassehundezucht. Für jede Hunderasse gibt es einen **Rassestandard**, der verbindlich das **Idealbild** dieser Rasse beschreibt. Gleichzeitig werden die zulässigen Grenzen für Abweichungen von diesem Idealbild festgeschrieben. Wer sich einen Rassehundewelpen anschafft, weiß also in festgelegten Grenzen einigermaßen genau, wie sich dieser Hund entwickeln wird.

Nehmen wir als Beispiel die **Größe**. Im Rassestandard eines Rassehundes ist zum Beispiel die Größe bei Rüden von 63 bis 70 cm beschrieben. Hündinnen können laut diesem Standard in einer Variationsbreite von 58 bis 65 cm auftreten.

Die Größe ist bei Hunden eine Eigenschaft, die eine enorme **quantitative Variation** (Polygenie) aufweist. Es werden immer wieder in einer Rasse Hunde vorkommen, die unter oder über der erwünschten Schulterhöhe liegen. Die Größe unterliegt dem Grundmuster einer **Normalverteilung**, in der ganz wenige Hunde **Extremwerte** (zu klein oder zu groß) aufweisen und eine große Anzahl der Hunde sich auf oder nahe einem **Mittelwert** befinden.

In unserem Beispiel ist die Schulterhöhe der unterstellten 64 Nachkommen so, dass nur wenige Tiere im Extrembereich liegen und der Hauptanteil im Durchschnittsbereich liegt – hier bei 63 cm. Eine Darstellung der verursachenden **additiven Gene** ist ausgesprochen kompliziert. Die genaue Anzahl der für die Schulterhöhe verantwortlichen Gene ist nicht bekannt, es sind auf jeden Fall mehr als zehn.

Trotzdem zeigt die Darstellung, dass Eigenschaften wie die Schulterhöhe, die selbst durch viele Gene beeinflusst werden, einem Muster der **Normalverteilung** folgen, das nur noch durch äußere Einflüsse wie zum Beispiel Ernährung oder Geschlechtszugehörigkeit verändert wird. Solche Einflüsse modifizieren lediglich die Normalverteilung. Sie bleibt jedoch bei einer großen Anzahl zu betrachtender Individuen weiterhin erkennbar. In allen Rassen wird es deshalb immer wieder ein zu kleines oder zu großes Einzeltier geben. Der Käufer eines Welpen

■ Das Idealbild eines Rassehundes ist im Rassestandard beschrieben.

Normalverteilung

■ *Welche Standardgröße die Welpen eines Wurfes später erreichen werden, ist erst bei den erwachsenen Hunden erkennbar.*

einer bestimmten Rasse wird sich jedoch auf eine im Standard beschriebene Größe in der weitaus überwiegenden Zahl der Fälle verlassen können.

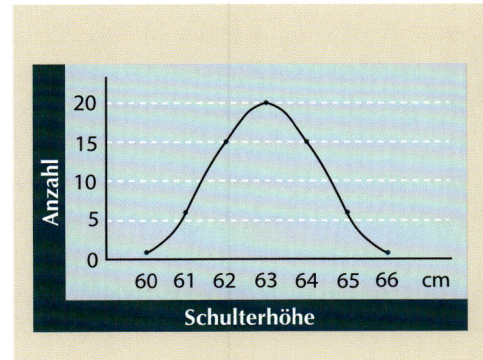

Beispiel zur Normalverteilung der Schulterhöhe bei einem polygenen Erbgang

Anzahl von Einzeltieren mit verschiedenen Schulterhöhen

Schulterhöhe in cm	60	61	62	63	64	65	66
Anzahl Hunde	1	6	15	20	15	6	1

Schwellenwerte

Einige Merkmale zeigen sich durch Vorhanden- oder Nichtvorhandensein, obwohl sie meist durch eine Vielzahl von Genen kontrolliert werden. Sie ähneln in dieser Ausschließlichkeit den mendelschen Regeln, passen jedoch nicht in deren mathematische Spaltungsverhältnisse. Diese Eigenschaften nennt man Schwelleneigenschaften oder Schwellenmerkmale.

Schwellenwert bedeutet also, dass additiv wirkende Gene (meist eine Vielzahl von Genen) sich erst dann phänotypisch bemerkbar machen, wenn sie in einer bestimmten **Mindestanzahl** vorhanden sind. Solche Schwellenwerteffekte treten häufig im Bereich der Erbfehler auf.

■ *Große und schwere Hunderassen sind bei der Hüftgelenksdysplasie stärker betroffen als kleinere Rassen.*

Ein **Schwellenmerkmal** ist zum Beispiel die Herzerkrankung Persistierender Ductus Arteriosus (PDA, »Loch im Herzen«). Bei der Geburt schließt sich normalerweise eine Öffnung des Herzens. Manchmal erfolgt nur ein teilweiser Verschluss oder der Gang bleibt völlig offen. Diese Erkrankung zeigt sich bei einigen Rassen besonders häufig wie beim Pudel, Schäferhund, Collie, Cocker Spaniel oder beim Irischen Setter.

Ein weiterer Schwellenwerteffekt besteht bei der Vererbung der Veranlagung, der Disposition, zur Hüftgelenksdysplasie (HD).

Als Beispiel für Schwellenwerte soll das »Loch im Herzen« dienen. Wir unterstellen zur Verdeutlichung, es handele sich um zehn Genpaare (20 Allele) mit einem bestimmten Verhältnis von Plus-Allelen (= Eigenschaft vorhanden) und Null-Allelen (= Eigenschaft nicht vorhanden). Alle Null-Allele bewirken Gesundheit; die Plus-Allele begünstigen den Defekt. Nun kann es sein, dass zwölf Plus-Allele den Wendepunkt von der Gesundheit zur Ausprägung der Krankheit, also den Schwellenwert, darstellen. In unserem Beispiel könnten also elf Null-Allele Gesundheit veranschaulichen, zwölf bis 14 Plus-Allele den teilweisen Verschluss bedeuten; 15 bis 20 Plus-Allele bedeuten, dass der Gang geöffnet bleibt und somit die Krankheit eintritt.

Ein Tier ohne Plus-Allele (= 20 Null-Allele) sieht im Erscheinungsbild genauso aus wie ein Tier mit elf Plus-Allelen. So wird klar, dass es bei einem Zuchteinsatz eines Rüden mit elf Plus-Allelen, den man für gesund hält, zu ganz anderen gesundheitlichen Ergebnissen kommt als mit einem Rüden ohne Plus-Allele. Ein

Schwellenwerte

Hund ohne Plus-Allele wird unabhängig von seinem Zuchtpartner zum Auftreten der Erkrankung nicht beitragen. Hat man jedoch ein Zuchttier, das elf Plus-Allele trägt und gesund erscheint, wird man von der Übergangsform (teilweiser Verschluss) bis zur Erkrankung (offener Ductus) bei unterstelltem Vorhandensein von Plus-Allelen beim Zuchtpartner immer solche Erkrankungsfälle haben.
Deshalb sind einige als »normal/gesund« erscheinende Zuchttiere sehr risikoreiche Zuchtpartner, andere vererben dagegen unproblematisch. Hierdurch entstehen zahlreiche Schwierigkeiten bei der **Zuchtwahl**, was durch Zuchtwertschätzung (s. Seite 114) gemindert werden kann.

Ein weiteres Erklärungsmodell kann eine Verflachung der Hüftgelenkspfanne sein, die zu **Hüftgelenksdysplasie (HD)** führt und keine sichere Bewegung des Oberschenkelkopfes mehr ermöglicht.
Bei der Hüftgelenksdysplasie handelt es sich um eine genetisch bedingte, quantitative, polygenetische, entwicklungsbedingte Disposition zur Missbildung des Hüftgelenks. Die Erkrankung ist zu 40 bis 60 Prozent erblich bedingt, die Heritabilität liegt also zwischen 0,4 und 0,6. Die weiteren Anteile werden durch Umweltfaktoren wie Ernährung und zu starke körperliche Belastung beeinflusst. Hüftgelenksdysplasie ist nicht angeboren, sondern eine Entwicklungsstörung, die während des Wachstums des Hundes auftritt. Primär betroffen ist die Hüftgelenkspfanne (Acetabulum) im Bereich des vorderen Pfannenrandes, der deutlich abgeflacht sein kann. Sekundär kommt es aufgrund der fehlenden Deckungsgleichheit (Inkongruenz) zwischen Pfanne und Oberschenkelkopf (Femur) zu Veränderungen. Der Femurkopf wird statt normal kugelig eher walzenförmig. Bei besonders schweren Hunden kommt es aufgrund stärkerer Belastungen schneller zum Verschleiß des Gelenks, was zu Gelenkserkrankungen wie Arthrose führt. Diese Erkrankung kommt bei fast allen großen Hunderassen vor, wobei die weiblichen Tiere im Durchschnitt mehr und schwerer betroffen sind.
An Hüftgelenksdysplasie leidende Hunde können jahrelang ohne Symptome bleiben. Schwäche, Ermüdungserscheinungen bis hin zur Lahmheit können ineinander übergehen, besonders nach körperlicher Belastung. Die Hunde belasten im Stand nur die Zehen, bei fortgeschrittener Erkrankung erscheint das Becken asymmetrisch. Es entwickelt sich eine Muskelrückbildung (Muskelatrophie) im Becken- und Oberschenkelbereich. Bei

> Es gibt so genannte **Schwellenwerte**, bei denen die Eigenschaften von der einen Form (gesund) in die andere Form (krank) übergeht. Die genaue Anzahl der beteiligten Gene eines Merkmals oder einer Eigenschaft ist meist unbekannt.

Schwellenwerte

■ Der Genotyp eines Hundes wird erst bei seinen Nachkommen sichtbar.

starker Erkrankung beider Gelenke können die Hunde in der Nachhand schwanken. Hunde mit Übergewicht und viel Belastung sind besonders anfällig. Unkontrollierte Bewegungen des Oberschenkelkopfes führen dann zu frühzeitiger Abnutzung, degeneriertem Gelenksknorpel und schmerzhaften Lahmheiten.

Das Ausmaß der Verflachung der Hüftgelenkspfanne wird auch hier durch additiv wirkende Genorte gesteuert. Je mehr Genorte mit **Verflachergenen** (Plus-Allelen) besetzt sind, umso stärker ist die Hüftgelenkspfanne abgeflacht und desto schwerer ist die Erkrankung.

Die Verflachung der Hüftgelenkspfanne wird erst dann phänotypisch bemerkbar (durch Röntgenaufnahme sichtbar), wenn die Zahl der Verflachergene einen bestimmten Schwellenwert überschreitet. Das Zuchttier

> Achten Sie bei der Auswahl des zu Ihrer Hündin passenden Deckpartners nicht nur auf die Ergebnisse Ihrer Hündin, sondern versuchen Sie, möglichst viele Informationen zu den Vorfahren, den verwandten Tieren und den Nachzuchten der Zuchttiere zu erhalten.

kann also genetisch krank, jedoch phänotypisch gesund sein.

Zur weiteren Erläuterung der Hüftgelenksdysplasie sollen hier farbige Kugeln dienen. Grüne Kugeln bedeuten gesund (keine Plus-Allele oder 20 Null-Allele) und rote Kugeln bedeuten krank (Plus-Allele). Unterstellen wir, dass an der Ausprägung der HD 20 verschiedene Gene (die wirkliche Anzahl ist heute noch nicht bekannt und liegt wahrscheinlich viel höher) beteiligt wären. Der Hund erbt die Hälfte der Gene vom Vater, die andere Hälfte von der Mutter. Wenn beide Eltern phänotypisch HD-frei waren (Röntgenergebnis), wissen wir dennoch nicht, wie die 20 Gene sich bei den Elterntieren zusammensetzen. Die Natur mischt jetzt rein zufällig, die roten Kugeln bleiben rot (krank) und die grünen Kugeln bleiben grün (gesund).

Unser ausgewählter Deckrüde hat zum Beispiel zehn rote und zehn grüne Kugeln und ist im Phänotyp HD-frei, da nicht mehr als zehn Kugeln krank machend sind. Eine nachgewiesene HD wäre erst dann gegeben, wenn mehr als die Hälfte der beteiligten Gene betroffen sind. Sie können sich vorstellen, wie vorsichtig man deshalb bei der Auswahl des Deckrüden für eine Hündin sein muss. Hat die Zuchthündin das gleiche schlechte **Genbild** wie der ausgesuchte Rüde, so ist die Chance, erbgesunde und HD-freie Nachkommen zu erhalten, sehr gering, da man nicht weiß, wie die Natur mischt. Die Wahrscheinlichkeit, dass bei den Nachkommen etwa die Hälfte oder sogar mehr als die Hälfte der Hunde krank ist, ist dann sehr groß beziehungsweise unbedingt gegeben.

Mutationen

Jede **Veränderung** des genetischen Materials oder der genetischen Information wird als Mutation bezeichnet. Mutationen finden in allen Populationen, nicht nur beim Hund, ständig statt. Die Häufigkeit von Mutationen kann durch Umwelteinflüsse wie radioaktive oder Röntgenstrahlen sowie Chemikalien stark ansteigen.

Mutationen wirken sich meist nicht positiv oder neutral aus. Sie können zu **Enzymdefekten** führen und rufen dann **ausgeprägte Störungen der normalen Lebensfunktionen** hervor, die oft beim Einzeltier bedeuten, dass dieses den Embryonalzustand gar nicht überlebt oder schwere Schädigungen davonträgt. Die meisten Mutationen verlaufen jedoch unbemerkt. Es treten keine Veränderungen auf oder eine solche Veränderung löst nur im Ausnahmefall einen Enzymdefekt aus. Die Bedeutung von Mutationen wird deshalb meist überschätzt.

Der Vorgang der Mutation kann als Punktmutation (einer Veränderung der genetischen Information bei einem Basentriplett) oder als Chromosomenmutation erfolgen. Viele Rasseeigenheiten wie Kurzköpfigkeit oder Haarlosigkeit sind als Mutationen entstanden, durch den Menschen gefördert und bewusst weitergezüchtet worden.

Viele **Erbfehler** sind Mutationen gesunder Gene, die sich meist rezessiv vererben, das heißt, sie schlummern oft über Generationen im Verborgenen. Erst durch das Zusammentreffen zweier solcher Mutationen wird dann die Erbkrankheit im Phänotyp erkennbar.

Heritabilität

Die Heritabilität ist die Beeinflussbarkeit des Phänotyps durch den Genotyp, also der Grad der Erblichkeit eines Merkmals. Der Anteil, der auf rein additiv wirkende Erbfaktoren zurückgeht, ist die Erblichkeit, für die das Symbol »h« eingeführt wurde. Erblichkeit kann von 0 bis 100 Prozent variieren (0,00 bis 1,00). Kaum eine Eigenschaft ist zu 100 Prozent erblich. Je höher die Erblichkeit ist, umso größer ist die Quote, mit der man Ergebnisse voraussagen kann.

Die Wurfgröße besitzt eine geringe Erblichkeit (0,1 bis 0,15). Die Schulterhöhe hat eine Heritabilität von 0,4 bis 0,65. Eine **Zuchtauswahl** hierauf wäre deshalb schnell erfolgreich. Wenn man nur mit den größten Rüden und Hündinnen einer Rasse züchtete, würde man relativ schnell einen Anstieg der durchschnittlichen Rassengröße erreichen. Heritabilität kann deshalb auch als der Anteil definiert werden, in dem elterliche Eigenschaften auf die Nachkommen übertragen werden.

Aus genetischer Sicht bedeuten:
- niedrige Erblichkeit eine Heritabilität von 0,0 bis 0,20.
- mittlere Erblichkeit eine Heritabilität von 0,30 bis 0,50.
- hohe Erblichkeit eine Heritabilität mit Werten über 0,50.

Zur Ermittlung der Erblichkeit stellt man zunächst die Überlegenheit im Verhältnis zum **Rassendurchschnitt** der eingesetzten Elterntiere fest. Dann untersucht man den Fortschritt bei den Nachkommen wieder im Verhältnis zum Rassedurchschnitt. Der Fortschritt geteilt durch die Überlegenheit der Elterntiere ergibt die richtige Zahl.

Die Tabelle erhebt keinen Anspruch auf Vollständigkeit. Die Richtigkeit der Werte kann sich ständig durch neue Forschungsergebnisse ändern. Die Werte sind auch nicht absolut, da durch andere Faktoren wie Umwelteinflüsse es zu nicht erbbedingten Abweichungen kommen kann.

Die **realisierte Erblichkeit** zeigt uns an, was tatsächlich als **Zuchterfolg** im Verhältnis zum Selektionsaufwand erreicht worden ist.

Heritabilität

Erblichkeitsgrade verschiedener Merkmale in Prozent

Merkmal	Erblichkeitsgrad in %	Erblichkeitsgrad
Bereich Fortpflanzung		
Fruchtbarkeit	10 bis 15	niedrig
Wurfgröße	10 bis 20	niedrig
Samenqualität	15	niedrig
Bereich Körperbau		
Anatomische Merkmale	30 bis 65	mittel bis hoch
Schulterhöhe	40 bis 65	hoch
Körperlänge	40	mittel
Brusttiefe	50	hoch
Fanglänge	50	hoch
Bereich Verhalten		
jagdliche Veranlagung	10 bis 30	niedrig bis mittel
Temperament	30 bis 50	mittel bis hoch
Nervosität	50	hoch
Furcht	45 bis 60	hoch
Schussempfindlichkeit		sehr hoch
Fährtenveranlagung	46	hoch
Riechfähigkeit	39	mittel
Schutzdiensttest	10	niedrig
Verhaltensmerkmale insgesamt	27 bis 44	mittel

4. Vererbung

■ *Körpermerkmale wie korrekte Ohrenhaltung sind oft noch nicht eindeutig in ihrer Genetik erforscht.*

Die Vererbung ist ein sehr schwieriges Gebiet. Viele Körper- und Wesenseigenschaften werden von Züchtern, Zuchtrichtern und Körmeistern als erwünscht oder unerwünscht eingestuft. Die nachfolgenden Ausführungen zur Vererbung von äußeren Körpermerkmalen wie Fellfarben, von Fortpflanzungsmerkmalen und von Wesenseigenschaften und Verhaltensmerkmalen sind

> In den ersten Kapiteln dieses Buches wurden einige Grundbegriffe und Gesetzmäßigkeiten aus der Genetik beschrieben. Es gibt darüber hinaus noch viele Begriffe, Formeln und Forschungsergebnisse, die hier nicht angesprochen wurden, weil sie für die Hundezucht nicht unbedingt relevant sind und den Rahmen dieses Buches sprengen würden. Sollten Sie mehr oder genauere Informationen wünschen, finden Sie im Anhang dieses Buches weiterführende Literatur.

vorwiegend allgemein gehalten, da natürlich nicht alle rassespezifischen Besonderheiten berücksichtigt werden können.

Vererbung von äußeren Körpermerkmalen

Körpermerkmale, die die Gesamterscheinung eines Hundes und damit seine Rassezugehörigkeit wesentlich beeinflussen, sind Körpergröße, Körpergewicht, Kopfform, Brustbreite und -tiefe, Länge des Rückens, Winkelung der Läufe, Ohrenhaltung und -größe, Rutenlänge und vieles andere mehr.

Die Körperformen sind meist quantitative Merkmale und deshalb gehen die Unterschiede zwischen den Einzeltieren einer Hunderasse fließend ineinander über.

Körpermerkmale
- sind genetisch bedingt,
- variieren bei den Einzeltieren einer Rasse zum Teil erheblich
- und können umweltbedingt zum Beispiel durch Aufzucht oder Ernährung beeinflusst werden.

Ein und dasselbe Merkmal kann bei verschiedenen Rassen sehr unterschiedliche **Vererbungsmodalitäten** als Grundlage haben.
- Das Körpermerkmal Kurzläufigkeit wie bei Dackel oder Basset Hound kann auf ein einfaches rezessives Gen, auf teilweise dominante Faktoren, auf multiple Gene oder auf Umweltfaktoren wie Rachitis oder sehr starke Unterernährung zurückgehen.
- Gewöhnliche Kurzläufigkeit scheint gegenüber der Langläufigkeit zu dominieren.
- Die Länge von Ober- und Unterkiefer (Rückbiss und Vorbiss) wird unabhängig voneinander vererbt. Die Anlage zu einem kompletten Gebiss scheint über die Anlage fehlender Zähne dominant zu sein.
- Nach Rassekreuzungen sind Hängeohren unvollkommen dominant über Stehohren.

Es gibt keine zuverlässigen Studien über die Vererbung von Körpermerkmalen, die für

Die Vererbung der Körpermerkmale erfolgt **polygenetisch**, das heißt, an ihrer Ausprägung sind meist eine Vielzahl von Genen beteiligt. Neben den **Erbfaktoren** spielt **Umwelt** oder **Geschlecht** noch eine wichtige Rolle. Ein richtig ernährter Hund (die Rippen sollen fühlbar sein) wird in dem Merkmal Körpergewicht im rassetypischen Mittel liegen und einen typischen Vertreter der Rasse darstellen, während ein zu fett gefütterter Hund ebenso wie ein fast verhungerter Hund Extremwerte darstellt. Wegen des Einflusses des Geschlechtes auf das Körpermerkmal Größe sehen fast alle Rassestandards eigene Werte für Rüden und Hündinnen vor.

Vererbung von Haarfarbe und Haarart

■ Blonde oder gelbe Welpen – wie hier Labrador Retriever – werden sehr hell geboren. Das Pigment schießt in den ersten Wochen nach und nach ein. Erst dann kann man erkennen, welche Fellfärbung später der erwachsene Hund haben wird.

den Züchter wegen einer guten Gesundheit oder Gebrauchsfähigkeit von besonderer Bedeutung sind wie die Vererbung einer gut gewinkelten Vor- und Hinterhand, eines geschlossenen Ellenbogens oder einwandfreien Gangwerks.

Man hat versucht, Erkenntnisse über die Vererbung von Körpermerkmalen aus Kreuzungen sehr gegensätzlicher Rassen zu gewinnen. Die Ergebnisse sind nicht eindeutig und oft auch nicht einmal übereinstimmend. Bevor nicht eindeutige Vererbbarkeitsstudien zu bestimmten Körpermerkmalen wie Beinlänge oder Ohrenhaltung vorliegen, muss der Züchter weiterhin Tiere einsetzen, die dem Standard oder Ideal möglichst nahe kommen und welche die erwünschten Körpermerkmale selbst weiterzugeben scheinen.

Vererbung von Haarfarbe und Haarart

Bei Wildtieren dient die Färbung des Haarkleides überwiegend der Tarnung oder dem gegenseitigen Erkennen. Der Mensch hat die Farben des Haarkleides der Haushunde nach seinem persönlichen Geschmack abgewandelt und selektiert. Diese ungeheure Variationsbreite der Fellfarbe bei Hunden ist den mannigfaltigen genetischen Möglichkeiten des Wolfsfells zu verdanken.

Die **Haarfarbenvererbung** kann nicht allein mithilfe der mendelschen Regeln erklärt werden. Die Haarfarbe ist zwar grundsätzlich als qualitatives Merkmal anzusehen, besitzt jedoch auch einen quantitativen Charakter.

Vererbung von Haarfarbe und Haarart

Vermutlich spielt eine größere Anzahl von Genen bei der Farbvererbung eine Rolle. Für die Färbung der Haut, des Haares und der Iris sind verschiedene **Pigmente** verantwortlich. Das Pigment besteht aus chemischen Verbindungen, die **Melanine** oder Pigmentgranula genannt werden. Die **Pigmentgranula** können in der äußeren Schicht (Cortex) oder im inneren Mark (Medulla) des Haares oder in beidem eingelagert sein. Die Melanine – das **Eumelanin** oder dunkle, schwarze oder braune Pigment und das **Phäomelanin** oder helle, rote bis gelbe Pigment – erscheinen unter dem Mikroskop als Körnchen, die je nach Haar- und Hautfarbe unterschiedlich groß, verschieden gefärbt und auf unterschiedliche und typische Art mehr oder weniger zusammengeballt sind.

Die weiße Farbe ist keine Farbe. Sie entsteht durch das Fehlen von Pigmenten und den Einschluss von Luft in dem durchscheinenden Körper der Rindenschicht des Haares.

Haarart

Das Haarkleid dient in der Natur zum Schutz vor Kälte, Hitze, Witterungseinflüssen und Verletzungen. Das Stockhaar des Wolfes erfüllt diese Funktionen am besten. Das Wolfsstockhaar besteht aus dem langen und relativ harten **Deckhaar** (Grannen) und der dichten **Unterwolle** (Wollhaar). Die wichtigsten Eigenschaften des Felles sind seine Länge, Struktur und Dichte. Bei vielen heutigen Hunderassen ist die Unterwolle ganz oder teilweise verschwunden.

■ *Bei manchen Rassen gibt es Lang- und Kurzhaarvarietäten wie zum Beispiel beim Holländischen Schäferhund.*

Vererbung von Haarfarbe und Haarart

Amerikanische Forscher haben den Nachweis dafür erbracht, dass wenigstens 13 verschiedene Gene für Farbe und Struktur des Haares verantwortlich sind. Deshalb ist auch hier der Vererbungsmodus schwierig und eine einfache mendelsche Vererbung eher unwahrscheinlich. Trotzdem lassen sich einige Grundregeln aufstellen.

- Kurzes Fellhaar (LL) ist im Allgemeinen dominant über langes Haar (ll) und rezessiv gegenüber Drahthaar. Paart man zwei langhaarige Hunde miteinander, so können keine kurzhaarigen Nachkommen auftreten.
- Nur die Verpaarung zweier langhaariger Hunde bringt wieder zu 100 Prozent Langhaar.
- Paart man zwei Kurzhaarhunde (Ll, heterozygot), so ergeben sich auf große Zahlen bezogen 25 Prozente langhaarige Nachkommen (ll). Ähnliche Verhältnisse sind für den Erbgang innerhalb einer Rasse jedoch meist mit fließenden Übergängen zu unterstellen (Lang- und Kurzhaarvarietäten einer Rasse wie Collie oder Bernhardiner).
- Glattes Haar ist dominant gegenüber lockigem oder welligem Haarkleid. Eine Ausnahme bildet das lockige Haarkleid des Pudels, das über weiches, langes oder welliges Fell dominant zu sein scheint.
- Die Befederung der Rute ist dominant gegenüber Ruten ohne Befederung.
- Haarlose Hunderassen sind in der Regel heterozygot (Hh). Haarlosigkeit (H) ist wohl gegenüber Behaarung (h) dominant.

■ *Viele Rassen wie dieser Fox Terrier haben als Rassemerkmal ein Drahthaar, also ein halblanges Grannenhaar.*

Vererbung von Haarfarbe und Haarart

■ Unterwolle ist bei vielen heute bestehenden Hunderassen ganz verschwunden. Der Riesenschnauzer gehört auch dazu.

■ Für Scheckung werden rezessive Gene angenommen.

Haarfarben

Die Fellfarbe beruht auf den **Farbstoffen** in Mark und Rinde des Haares und darauf, wodurch die **Pigmentkörnchen** beeinflusst werden (Farbe, Form und Zahl der Körnchen, Verteilung der Körnchen und Körnchengröße). Die Melanine der Haarfarben werden in verschiedenen Stufen des vor- und nachgeburtlichen Lebens gebildet, je nachdem, um welchen Typ es sich handelt. Bei einigen Tieren ist die endgültige Färbung von Geburt an vorhanden. Andere Farben befinden sich bei der Geburt noch im Bildungsvorgang und erreichen ihre endgültige Ausprägung erst im Erwachsenenalter.

Selbst erfahrene Züchter können bei der **Farbbeurteilung** schwerwiegende Fehler begehen. Besonders kompliziert wird die Farbbeurteilung zusätzlich dadurch, dass Züchter der einen Rasse eine Farbe mit dem einen Begriff benennen, während Züchter einer anderen Rasse dieselbe Farbe mit einem anderen Begriff bezeichnen wie zum Beispiel Blond, Falb, Loh oder Gelb. Auch bestehen unterschiedliche Bezeichnungen in den verschiedenen Ländern.

Die Haarfarbe des Hundes wird durch eine Vielzahl von **Farballelen** an mindestens zehn Genorten gesteuert, zwischen denen zahlreiche verschiedene Wechselbeziehungen bestehen. Die einzelnen Farbmerkmale werden unabhängig voneinander vererbt. Neben den Grundfarben Schwarz und Gelb (Hell) treten Zwischenfarben wie Blau als Aufhellung von Schwarz auf. Dabei ist Schwarz dominant gegenüber Blau, Grau, Rot und Gelb. Rot ist nur dominant gegenüber Gelb und Weiß. Für die weiteren Farbmerkmale wie Maske, Fleckung, Stromung und Tüpfelung werden gesonderte dominante Allele unterstellt. Für kleine oder große gelbe Abzeichen, kleine

Vererbung von Haarfarbe und Haarart

■ Von seinem wilden Vorfahren hat der Tschechoslowakische Wolfhund die als Aguti-Serie bezeichnete Wildfärbung geerbt.

oder große weiße Flecken und für Scheckung werden gesonderte rezessive Gene angenommen.

Um den komplexen Bereich der Farbvererbung hier verständlich zu erläutern, wird er nachfolgend in etwas vereinfachter Form dargestellt. Als Beispiel soll die Farbverdünnung der Fellfarbe dienen.
Farbschwächung kann durch Allele der Farbschwächungs-Serie (dd), der Albino-Serie oder der Ergrauungs-Serie hervorgerufen werden. Zum einfacheren Verständnis wird die Farbverdünnung überwiegend bei der Farbschwächungs-Serie angesprochen.
Die **Haarfarben-Gene** beim Hund werden verschiedenen Serien zugeordnet. Man unterscheidet:
❱ die Basisfarben
❱ die Intensität der Pigmentierung bestimmende Serien
❱ die Scheckungs-Serien

Die Basisfarben

Aguti-Serie
Als Aguti-Serie wird die ursprüngliche Wildfärbung bezeichnet (nach dem süd-

Vererbung von Haarfarbe und Haarart

amerikanischen Nagetier Aguti). Bei der Wildfärbung gibt es Pigmentunterschiede am einzelnen Haar wie ein Ringelmuster. Die Haare besitzen meist eine schwarze Spitze. Zur Haarwurzel hin sind sie in der Mitte gelb oder weißlich gefärbt und gehen dann wieder in schwarze Farbe über. Die Farbe des Felles wird in Richtung Haut heller. Agutifarbene Welpen werden fast schwarz geboren und bis zum Erwachsenenalter ständig heller. Die gesamte Farbe geht von einem dunkleren Ton auf dem Rücken in hellere bis gelbe Schattierungen im Bauchbereich über. Dieses Farbmuster zeigen der Wolf und auch der Deutsche Schäferhund. Die Aguti-Serie ist wegen der vielen genetischen Möglichkeiten wohl die komplexeste Farbserie. Die Bezeichnung für die Aguti-Serie lautet **Locus A**. Der Genort beeinflusst die relativen Mengen von dunklem Pigment (Eumelanin) und hellem Pigment (Phäomelanin) im einzelnen Haar und im gesamten Fell.

Ausdehnungs-Serie

Die Ausdehnungs- oder Extensions-Serie bezieht sich auf die Ausdehnung von schwarzem Pigment, wie es sich in der schwarzen Maske beispielsweise beim Leonberger zeigt. Die Bezeichnung für die Ausdehnungs-Serie lautet **Locus E**. Der Genort ist verantwortlich für die schwarze Maske sowie schwarze Tiere, zobelgelbe bis rehbraune Tiere mit und ohne Maske und gestromte Hunde. Bei vielen unserer heutigen Rassehunde bestehen vielfältige und vielschichtige Wechselbeziehungen zwischen der Extensions- und der Aguti-Serie. Deshalb ist die Zuordnung

■ *Zur Aguti-Serie gehört auch der Airedale Terrier.*

Vererbung von Haarfarbe und Haarart

einzelner Rassehunde zu bestimmten Farbvererbungs-Serien oft schwierig und manchmal erst durch Kreuzungsversuche mit bestimmten Farbschlägen anderer Rassen erkennbar.

Schwarz-Serie

Diese Serie bringt zwei Allele hervor, von denen BB = Schwarz bezeichnet und bb = Braun, Schokoladenbraun, Lohbraun, Leberfarbe oder Rot bedeutet. Hunde, die die Genkombination »bb« besitzen, können keinen schwarzen Farbstoff bilden und werden deshalb auch niemals schwarze, sondern nur leberfarbene Nasen aufweisen. Dies ist in den entsprechenden Rassestandards zu berücksichtigen und die Forderungen nach schwarzer Nase sind zu streichen. Die Bezeichnung des Brauntons des Fells als Schokoladenbraun, Lohbraun, Leberfarben oder sogar Rot hängt von der jeweiligen Rasse ab. Die Bezeichnung der Schwarz-Serie lautet **Locus B**. Die Dominanz des Allels B ist vollständig.

Die Intensität der Pigmentierung bestimmenden Serien

Farbschwächungs-Serie

Die Farbschwächungs-, Farbverdünnungs- oder Dilutions-Serie scheint sich nach den einfachen mendelschen Regeln zu vererben und bedeutet bei Vorhandensein des Gens eine Farbverdünnung der bestehenden Grundfarbe. So ruft die Farbschwächungs-Serie keine Farbe hervor, sondern wirkt auf andere Genorte epistatisch, was sich durch Verdünnung oder Nichtverdünnung der vorhandenen Farbe zeigt. Die Bezeichnung für die Farbschwächungs-Serie lautet **Locus D**. Sie ruft bei einfachem oder doppeltem Vorhandensein von D oder DD dichte, starke Pigmentierung der Fellfarbe hervor, die von anderen Genloci bestimmt wird (zum Beispiel tiefes Schwarz oder Zobelgelb). Liegt dd (Allel der Farbverdünnung) am Genort vor, so wird die Fellfarbe abgeschwächt (Malteserblau-Verdünnung, Doggen-Blau oder Marillenblond, Isabellfarbig wie beim Weimaraner).

Das Dilutions-Gen oder Melanophilin-Gen (MLPH) ist zurzeit bei den Rassen Dobermann, Beagle, Deutscher Pinscher, Großer Münsterländer, Yorkshire Terrier, Deutsche Dogge, Greyhound, Whippet, Irish Setter, Dachshund, Chow-Chow, Pudel, Italienisches Windspiel, Chihuahua, Weimaraner, Malteser, Rhodesian Ridgeback, Zwergpinscher und anderen bekannt. Der Genotyp dd erhöht wegen der Kopplung des Gens mit Erkrankungen (Pigment-Mangel-Syndrom) das Risiko für den Einzelhund, später an Haarausfall oder Hautproblemen mit Schuppenbildung und Pusteln im Sinne einer »Colour Dilution Alopecia (CDA)«, einer »black hair follicular dysplasia (BHFD)« oder dem »Blue-dog-Syndrom« und eventuell einer Nebennierendysplasie (Nebennieren-Insuffizienz mit Immunkomplexstörung) zu erkranken. Viele Rassehundezuchtvereine haben deshalb Zuchtbeschränkungen oder sogar Zuchtausschluss der betroffenen Tiere und/oder der Merkmalsträger in ihren Ordnungen vorgesehen (siehe auch Tierschutzgesetz § 11b, Qualzuchten).

Vererbung von Haarfarbe und Haarart

Bisher konnten Anlageträger für die Farbverdünnung nur dann sicher identifiziert werden, wenn sie blaue oder isabellfarbene Nachkommen hatten. Das ursächliche Gen für die Farbverdünnung bei Hunden wurde aber mittlerweile gefunden und ein patentierter Gentest entwickelt. Mithilfe des neuen Gentests ist es möglich, Welpen bereits in der Aufzuchtphase beim Züchter untersuchen und den Genotyp für die Farbverdünnung feststellen zu lassen. Bei bekannten Anlageträgern (Dd) für das Dilutions-Gen sollte bei Verpaarungen darauf geachtet werden, dass solche Hunde nur mit reinerbigen DD-Tieren angepaart werden, damit keine blauen oder isabellfarbenen Welpen geboren werden können.

In manchen Rassen wird die Farbverdünnung als Vorstufe zum Albinismus gewertet und wird wegen der Gefahr der Kopplung mit Seh- und Hörfehlern nicht zur Zucht zugelassen.

Albino-Serie

Albinismus bedeutet, dass Farbstoff vollständig fehlt, sodass Tiere mit reinweißem Fell und rosafarbenen Augen entstehen. Hat ein Hund bei reinweißem Fell hellblaue Augen, so kann es sich um keinen echten Albino handeln. Die Bezeichnung für die Albino-Serie lautet **Locus C**. Die Albino-Serie ist verantwortlich für volle Tiefenpigmentierung (CC), Reduzierung der rot-gelben Pigmentierung, blasser Pigmentierung oder Albinismus (cc). Bei vielen Rassen lässt die Albino-Serie zunehmend blasser werdende Lohfarbtöne entstehen. Dazu gehört der Farbton Chinchilla. Bei Rassen, die statt Schwarz an anderen Genloci Allele für Gelb/Lohfarben besitzen, kann das Vorhandensein von Allelen der Albino-Serie ein weißes Fell, jedoch mit schwarzer oder brauner Nase hervorbringen. Echte Albinos sind von den Landesverbänden wegen des Zusammenhangs mit Seh- und Hörfehlern bis hin zu Blindheit und Taubheit von der Zucht ausgeschlossen.

Ergrauungs-Serie

Hunde der Ergrauungs-Serie (Grisonnement – kein Ergrauen aus Altersgründen) werden schwarz geboren und nehmen ziemlich

■ Hunde der Ergrauungs-Serie werden schwarz geboren (a) und nehmen später den typischen blaugrauen bis silbernen rassespezifischen Farbton (b) an wie hier bei diesem Harlekinpudel.

Vererbung von Haarfarbe und Haarart

schnell einen blaugrauen bis blauen Farbton an. Dies findet man bei Kerry Blue Terrier, Bedlington Terrier, Silberpudel, Irish Wolfhound, Old English Sheepdog (Bobtail) oder Yorkshire Terrier. Die Bezeichnung für die Ergrauungs-Serie lautet **Locus G**. Die Ergrauungs-Serie besteht aus dem Allel G, das dominant ist und ein fortschreitendes Grauwerden des Fells bewirkt, dem Allel g, das kein Grauwerden veranlasst.

Ob blaue Hunde der Farbschwächungs-Serie (dd) oder der Ergrauungs-Serie (GG oder Gg) zuzuordnen sind, ist nach dem Aussehen der Welpen zu entscheiden, da farbverdünnte Tiere schon schieferblau geboren werden, während Hunde der Ergrauungs-Serie schwarz auf die Welt kommen.

Ein Braunton wird durch diese Serie zum »Milchkaffeefarbenen« wie der braune Bearded Collie oder einige Cesky Terrier oder Bedlington Terrier. Rot wird zum »Hellrot-Apricot« wie beim Apricot-Pudel.

Marmorierungs-Serie (Merle-Serie)

Die Marmorierungs-Serie, auch Merle- oder Harlekin-Serie genannt, besteht aus einer unregelmäßigen Sprenkelung zweier Farbtöne des gleichen Grundpigments (zum Beispiel Schwarz und Blau oder Leberfarben und Rötlichbeige), die auf ein dominantes Gen zurückgeht. Die Bezeichnung für die Marmorierungs- oder Merle-Serie lautet **Locus M**. Sie kommt vor bei Collie, Deutsche Dogge, Dachshund oder Austra-

■ *Die Merle-Serie ist häufig beim Australian Shepherd zu finden und kann auch glasige Augen entstehen lassen.*

Vererbung von Haarfarbe und Haarart

lian Shepherd. Die Mm-Genkombination kann glasige Augen (heterochromia iridum) entstehen lassen. Tiere mit der Genkombination MM weisen eine weiße oder fast weiße Farbe auf. Diese Genkombination ist oft gekoppelt mit Taubheit, Blindheit oder Strukturmängeln an den Augen wie beim White-Merle-Collie (Weißtiger) oder doppelt geschwächten Collie. Wegen der charakteristischen Fellscheckung mit Depigmentierung und irregulärer Pigmentverteilung in Haar, Haut und Auge als interessante Zeichnung wird bei verschiedenen Rassehundezuchtvereinen auch unter dem Gesichtspunkt des Erhalts des Genmaterials in den Rassen mit diesem Gen gezüchtet und Rassestandards werden für die Merle-Färbungen formuliert. So soll der standardgerechte Blue-merle Collie eine silbergraue Farbe aufweisen, schwarz gesprenkelt aber niemals großflächig schwarz gefleckt sein mit Weiß an Halskrause, Brust, Pfoten und Schwanzspitze und braune Abzeichen dort aufweisen, wo sie beim Tricolor erwartet werden. Ein oder beide Augen können blau sein. Merle-Doggen können schwarz-weiß gefleckt, Grautiger (grau-weiß) oder Porzellantiger (blaue, gelbe oder gestromte Fleckung) sein.

Der Merlefaktor als autosomal unvollständig dominanter Erbfaktor mit Großgenwirkung und breiter phänotypischer Variabilität (Subvitalfaktor) ist als dominantes Gen »M« (MM und Mm) für die Merle-Scheckung und als rezessives Gen »m« für die Normalzeichnung verantwortlich. Die Genotypen der Hunde werden anhand des Stammbaums und nach dem Aufhellungsgrad von Haut und Haaren im Verhältnis zur Körperoberfläche festgelegt. Bei homozygoten Hunden (MM) beträgt die Aufhellung von Haut und Haaren 50 Prozent und mehr, bei heterozygoten Hunden (Mm) weniger als 50 Prozent der Körperoberfläche. Weißtiger (MM) haben eine perinatale Sterblichkeit bis zu 47 Prozent.

In einem Artikel über »Defekt-Gene« beschreiben Dr. med. vet. Willy Neumann und Heike Freese den Stand der Merle-Forschung folgendermaßen:

»Die Verlässlichkeit dieser Einteilung und die Klassifizierung des Merlefaktors als dominant wurde von Jödicke (1990) infrage gestellt, nachdem sich phänotypisch merlefreie Tiere als zweifelsfrei heterozygote Merkmalsträger erwiesen hatten. Die übliche Einstufung des Merlegens als dominanten Faktor mit unvollständiger Penetranz bezeichnet er als Zugeständnis an die Tatsache, dass der Erbgang bis heute noch nicht vollständig verstanden wird. In diesem Zusammenhang verweist er auf ein Modell von Pape (1987), nach dem der Faktor durch alternierende Mutationssprünge ein variables Mosaik zweier verschiedener Pigmentierungsanlagen verursacht, sodass die Färbung unregelmäßig zwischen vollständig schwarz und vollständig weiß, alle Übergangsstufen eingeschlossen, hin und her pendeln und unter Umständen auch die Phänotypen der reinen Phasen einschließen kann. Bei diesem Modell wird der Merlefaktor als Mutation des Operators bezeichnet, einem Genabschnitt, der dem eigentlichen Strukturgen als Kontrollort vorgelagert ist.«

Vererbung von Haarfarbe und Haarart

■ *Das Scheckungsmuster folgt bestimmten Ordnungsregeln und beginnt an Zehen-, Brust- und Rutenspitze wie hier beim Großen Schweizer Sennenhund.*

Die Rassehundezuchtvereine in Deutschland schließen homozygote Merkmalsträger (Weißtiger) aus der Zucht aus, weil bei ihnen verschiedene angeborene Missbildungen wie die des Auges und des Innenohrs in unterschiedlicher Häufung und Ausprägung bis hin zur völligen Taubblindheit auftreten können. Solche Welpen können auch in der Entwicklung hinter ihren Wurfgeschwistern zurückbleiben, eine verminderte Vitalität zeigen und sogar vor Erreichen der Geschlechtsreife sterben.

Bei heterozygoten Merle-Hunden ist wenig darüber bekannt, ob und mit welcher Häufigkeit und Ausprägung Missbildungen auftreten. Bei Verpaarungen Merle x Merle wären 25 Prozent der Nachkommen homozygote Merkmalsträger. Sie sind deshalb von den Rassehundezuchtvereinen untersagt. Verpaarungen Merle x alle anderen gesunden Farbvarianten sind zulässig, wobei meist 50 Prozent Merle-Welpen und 50 Prozent andersfarbige Welpen fallen. Der Merle-Faktor fällt wie die Farbverdünnung unter das Tier-

Vererbung von Haarfarbe und Haarart

schutzgesetz, § 11 b, Qualzuchten, wegen der Kopplung des Gens mit Erkrankungen. Deshalb sollten Mm-Verpaarungen (Merle x Merle) vermieden werden, da sie zu 25 Prozent zu MM-Tieren und damit kranken Nachkommen führen.

Die Scheckungs- und Tüpfelungs-Serien

Scheckungs-Serie

Die Scheckungs-Serie (engl.: spotting = Fleckung oder Scheckung) bezieht sich auf weiße Muster im sonst farbigen Fell. Dieses Scheckungsweiß scheint gegenüber der anderen vollen Farbgebung des Hundes rezessiv zu sein. Weiße Scheckungsmuster erscheinen meist nach einer bestimmten Ordnungsregel beginnend an Zehen, Brust und Schwanzspitze. Wird die weiße Scheckung ausgedehnter, sind die Füße und Beine betroffen und es findet sich eine weiße Zeichnung um den Hals herum (zum Beispiel: Collie, Berner Sennenhund). Breitet sich das Weiß weiter aus, erscheinen Flecken auf dem Rumpf und sind weniger regelmäßig verteilt (zum Beispiel Beagle, Landseer, Cocker Spaniel). Es gibt auch reinweiße Hunde der Scheckungs-Serie mit dunkler Nase und dunklen Augen, die zum Teil noch Farben an den Ohren und im Gesicht haben wie der Sealyham Terrier oder reinweiß sind wie der Samojede. Die Bezeichnung für die Scheckungs-Serie lautet **Locus S**. Die Allele dieser Serie sind verantwortlich für ein einförmig gefärbtes Haarkleid oder eine Anzahl weißer Flecken.
Scheckung kann in Extremscheckung übergehen. Dann entstehen reinweiße Hunde mit oft kleinen pigmentierten Fellbezirken am Rutenansatz und/oder Kopf. Extremscheckung gibt es beim Bull Terrier, Dogo Argentino, Sealyham Terrier, Jack Russell Terrier oder Greyhound.

■ *Der Samojede gehört zu den reinweißen Hunden der Scheckungs-Serie.*

■ *Bei einigen Hunden geht das Weiß der Scheckungs-Serie in eine Extremscheckung über und zeigt die Ursprungsfarbe nur noch an einem Fleck.*

Vererbung von Haarfarbe und Haarart

■ Der bekannteste Vertreter der Tüpfelungs-Serie ist der Dalmatiner. Das Gen für Leberfarben wird rezessiv vererbt, daher sind die meisten Dalmatiner schwarz getüpfelt.

Tüpfelungs-Serie
Bei der Tüpfelungs- oder Sprenkelungs-Serie (engl.: ticking oder auch pardelung, abgeleitet von Leopard) sind die weißen Flächen nicht reinweiß, sondern mit kleinen Farbflecken, den Tüpfeln, versehen. Tüpfelung tritt bei einigen Rassen auf und ist wohl am bekanntesten bei Dalmatiner, Deutsch Kurzhaar und Cocker Spaniel. Die Tüpfelung ist meist noch nicht bei der Geburt vorhanden, sondern bildet sich erst im Laufe des Erwachsenwerdens. Die Farbe der Tüpfel wird von der Grundfarbe bestimmt, die vom Weiß überdeckt ist. Die Bezeichnung der Tüpfelungs-Serie lautet **Locus T**. Die Tüpfelung geht auf ein dominantes Allel T zurück und bewirkt dunkle Flecken.
Die angeborene Taubheit, von der 54 Hunderassen betroffen sind, ist häufig, tritt aber nicht immer zusammen mit bestimmten Pigmentationsgenen auf, die verantwortlich für weiße Fellfarbe sind. Der Dalmatiner ist unter den von Taubheit betroffenen Hunderassen, zu denen auch West Highland White Terrier, English Setter, Dogo Argentino und Bull Terrier gehören, die bekannteste Rasse. In einer amerikanischen Studie, in der über tausend Dalmatiner auf ihre Hörfunktion untersucht wurden, zeigten sich 8,1 Prozent einseitig und 21,6 Prozent als beidseitig gehörlos. In anderen Ländern wird die Taubheitshäufigkeit ähnlich hoch eingestuft (16,5 bis 30 Prozent Taubheitsrate). Die Degeneration bestimmter Ohrstrukturen (die Sinneszellen des cortischen Organs) beginnt zum Zeitpunkt der Geburt und ist meist im Alter von drei bis vier Wochen abgeschlossen. Die Taubheit gilt bei Dalmatinern in Deutschland als zuchtausschließend und die Hörfähigkeit von Zuchthunden muss deshalb mittels der Methode der akustisch evozierten Potenziale (AEP) getestet werden.
Der Erbgang kann nicht auf einem einzigen Gen beruhen. Die Beteiligung mehrerer Gene am Entstehen der Taubheit ist wahrscheinlich. Die Taubheit beim Dalmatiner ist verbunden mit dem extremen Piebald-Spotting-Gen, das verantwortlich für die Ausfächerung der weißen Färbung der ursprünglich schwarzen oder leberfarbenen Dalmatiner ist. Bei Hunden mit schwach ausgeprägtem Piebald-Spotting-Gen – erkennbar durch schwarze Flecken oder »patches« bei der Geburt – ist die Taubheit geringer als bei stark ausgeprägtem Gen, was sich durch Unterdrückung der Irispigmentation (blaues oder Birkauge) manifestiert.

Vererbung von Haarfarbe und Haarart

Durch Zuchtausschluss blauäugiger Tiere lässt sich die Taubheitsrate in der Population deutlich senken. Andere Farbmerkmale wie unpigmentierte Nase oder Augenlider, Tupfengröße und Ohrpigmente geben keinen Aufschluss über das Hörvermögen.

Neueste Forschungen gehen bei der Taubheit des Dalmatiners davon aus, dass neben polygenen Effekten und dem signifikanten Effekt der Augenfarbe ein autosomal rezessives Hauptgen nachweisbar ist. Die Tierärztliche Hochschule Hannover arbeitet zurzeit mit Unterstützung der Gesellschaft zur Förderung Kynologischer Forschung (GKF) an der Entwicklung eines umfassenden molekulargenetischen Testverfahrens für die angeborene Taubheit beim Dalmatiner, wodurch das bisherige Verfahren der audiometrischen Testung des Hörvermögens ersetzt werden kann.

■ *Auch in einem Wurf können die Pigmente sehr unterschiedlich verteilt sein wie bei diesen Bordeaux-Doggen-Welpen.*

Haarfarben-Gene beim Hund

Die Fellfarbe hat heute überwiegend ästhetische, durch den modernen Käufergeschmack geprägte Bedeutung. Lediglich bei einigen Jagd- und Hirtenhunden hat die traditionelle Farbgebung praktische Aspekte.

Eine wichtige, möglichst mit konkreten Zuchtauflagen zu belegende Bedeutung hat die Haarfarbe bei bestimmten Farbschlägen, die mit typischen Erkrankungen einhergeht. Beispiele hierfür sind die Colour Dilution Alopezie (CDA oder auch Blue-Dog-Syndrom, Blue-Dobermann-Syndrom, Colour Mutant Alopezia oder Fawn-Irish-Setter-Syndrom), die angeborene Taubheit der Extremschecken wie Bull Terrier, Dogo Argentino, Dalmatiner und andere sowie das Merle-Syndrom und die Blutbildungskrankheit zyklische Hämatopoese (Gray-Collie-Syndrom).

In der Haarfarbenvererbung beim Hund ist noch vieles unerforscht und deshalb unbekannt. Meist fehlen gründliche Untersuchungen bei den einzelnen Hunderassen. Hierzu wäre es erforderlich, alle Merkmale vollständig zu erfassen und auch verendete, getötete und selektierte Welpen vollständig in ihren Farbvarianten aufzuzeichnen. Die Wissenschaftler, die sich mit der Farbvererbung beim Hund beschäftigt haben, benutzen oft unterschiedliche Bezeichnungen für die gefundenen Allele. Oft werden auch einige zusätzliche Serien angenommen. Die folgende Tabelle bietet eine Übersicht der Farbvererbung beim Hund.

Vererbung von Haarfarbe und Haarart

Haarfarbengene des Hundes
(angelehnt an Dr. V. Wienrich: Rassehunde – Grundlagen der Vererbung und Züchtung beim Hund)

Serie	Allel	Haarfarbe
Aguti-Serie	A	Schwarz
	a^g	Wolfsgrau (Aguti-Grundton)
	a^y	Zobelgelb
	a^s	Sattelzeichnung (Schwarz oder Braun mit ausgedehnten Abzeichen an Läufen und Kopf)
	a^t	Zweifarbigkeit (Schwarz oder Braun mit begrenzten lohfarbenen Abzeichen an Läufen, Fang und Augenbrauen)
Schwarz-Serie	B	Schwarz
	b	Braun
Albino-Serie	C	Farbfaktor (Eigenfarbe), der die Bildung von Melanin zulässt
	c^{ch}	Teilalbinismus (zum Beispiel Rot zu Cremefarbig), Chinchilla-Farbe
	c^d	weißes Fell mit schwarzer Nase und dunklen Augen
	c^b	Horngrau (Hell-Lilagrau) mit blauen Augen
	c	völliger Albinismus mit rosafarbenen Augen und Nase
Farbschwächungs-Serie	D	von Blau, intensive Eigenfarbe
	d	Blau oder Marillenfarbig, Verdünnung des Pigments
Ausdehnungs-Serie	E	Schwarz, Ausdehnung der Farbe ohne Maske
	E^m	Rehbraun (Falb) mit Maske
	e^{br}	gestromt, gestreift
	e	Falb oder Rehbraun ohne Maske (kein Eumelanin im Fell)

Vererbung von Haarfarbe und Haarart

Ergrauungs-Serie	G	Grau
	g	Fehlen von Grau
Marmorierungs-Serie (Merle-Serie)	M	Merle-Farbe (heterozygot), Weiß (homozygot); Achtung: Erbkrankheiten!
	m	Merle-Farbe (heterozygot), Fehlen von Merle-Farbe = Eigenfarbe (homozygot)
Scheckungs-Serie	S	Grundfarbe = Eigenfarbe
	s^i	Weiß an Gliedmaßen, Brust und Schwanzspitze eventuell auch Hals (Irische Scheckung)
	s^p	unregelmäßige Scheckung, buntscheckig
	s^w	umfassende Scheckung, extrem weiße Scheckung
Tüpfelungs-Serie	T	Tüpfelung (Fliegentüpfelung)
	t	Fehlen von Tüpfelung

Die Zuordnung der einzelnen Rassen zu den unterschiedlichen Farbserien ist nach den Angaben in der Tabelle möglich.

Vererbung von Augenfarbe und Farbe des Nasenspiegels

Die Vererbung der **Augenfarbe** (Iris) wird durch drei Allele am **Locus Ir** (Iris) mit sinkender Dominanz bestimmt:

- Ir = dunkle Iris (dunkelbraun)
- irm = haselnussbraune Iris (mittelbraun)
- iry = gelbe Iris (hellbraun oder hellgelb)

Die Dominanz zwischen diesen Allelen ist nicht vollständig, sodass verschiedene Kombinationen unterschiedliche Farbtönungen ergeben können. Die Vererbung der Augen-

■ *Wechselnasen färben sich im Sommer stärker durch und sind im Winter pigmentarm, wie an diesem blonden Hovawart zu erkennen ist.*

Vererbung von Haarfarbe und Haarart

■ *Bei diesen Bordeaux-Doggen-Welpen tritt die braune Nasenfarbe ohne ein Schwarz bewirkendes Gen auf.*

■ *Schwarzes Nasenpigment gibt es auch bei Hunden, die ein Gen für Schwarz tragen, aber selbst kein Schwarz im Fell zeigen wie beim West Highland White Terrier.*

farbe erfolgt unabhängig von der Vererbung der Haarfarbe. Bestimmte Haarfarben-Gene können jedoch zusätzlich die Augenfarbe beeinflussen. So führt homozygotes Blau (dd) der Fellfarbe zu rauchgrauen Augen (englisch: smoky eyes); cc und cbcb rufen die albinotisch blauen Augen hervor, während M Glasaugen verursacht.

Die **Nasenfarbe** der Hunde wird wie folgt unterschieden:

❱ schwarze Nase bei Hunden mit einem Gen für schwarze Fellfarbe (auch ohne Schwarz im Fell)
❱ braune bis beige Nase bei braunen Hunden (ohne ein Schwarz bewirkendes Gen)
❱ braun-schwarze Nase (Wechselnase)
❱ rosa Nase (totaler Pigmentverlust)

Vererbung von Fortpflanzungsmerkmalen

Das Vorrecht, Welpen haben zu dürfen, steht im Wolfsrudel nur dem ranghöchsten Tier, der Alpha-Wölfin, zu. Die von der Alpha-Wölfin in vielen Kämpfen errungene Rudelposition wird von ihr gegen alle anderen weiblichen Tiere im Rudel mit äußerster Konsequenz immer wieder neu verteidigt. Hoher Rang und damit persönliche Eignung oder Fitness bedeuten, eigenes Genmaterial in die nächste Generation überführen zu können. Die Weitergabe von Genen ist deshalb ein sehr gewichtiger Faktor. Diese natürliche Zuchtauswahl wird in der Hundezucht durch gezielte Selektion ersetzt.

Die Häufigkeit des **Eintritts der Läufigkeit** ist genetisch und rassebedingt. Selbst in den einzelnen Rassen lassen sich familienbezogene Gleichheiten oder Ähnlichkeiten feststellen. Der Östrusbeginn, also der Eintritt der Läufigkeit, liegt bei Hündinnen allgemein zwischen dem 6. und 14. Lebensmonat und stellt einen Erbvorgang mit geringer Heritabilität dar.

Die **Dauer der Läufigkeitsperioden** (in der Regel zwischen fünf und 14 Monaten) und der Läufigkeiten selbst sowie das Auftreten des Eisprungs (zwischen dem 5. und 29. Tag der Läufigkeit) scheint sich nach Ansicht einiger Forscher durch ein unvollkommen rezessives Gen weiterzuvererben, während andere eine polyfaktorielle Vererbung unterstellen. Für Neuzüchter empfiehlt es sich deshalb immer, wegen des Läufigkeits-, Deck- und Wurfgeschehens Angaben der zu züchtenden Rasse und speziell der Mutter ihrer Zuchthündin einzuholen. Eine Zuchtwahl im Hinblick auf die Zykluslänge würde deshalb erfolgreich sein.

Das Problem der **Läufigkeitsintervalle** wird bei der Anwesenheit weiterer Hündinnen, die bereits heiß sind, kompliziert, da sich die Hündinnen mit ihren Läufigkeiten aneinander angleichen, was auch als **Läufigkeitssynchronisation** bezeichnet wird.

Züchterisch bedeutsam ist ein normaler Läufigkeitsablauf. Veränderungen wie verlängerter Läufigkeitszyklus oder das Auftreten von Scheinträchtigkeit können schwere gesundheitliche Störungen hervorrufen, die zu Gesäugetumoren (Mammatumoren) oder Gebärmuttervereiterung (Pyometra) führen können und damit die Zuchthündin unfruchtbar werden lassen.

Da viele verschiedene Hormone das Zyklus- und Geburtsgeschehen in einem Zusammenspiel wie bei einem Uhrwerk bestimmen, ist ein regelmäßiger Zyklus von größter Wichtigkeit. Da sich gehäuftes Auftreten von nicht normalem Läufigkeitsgeschehen negativ auf die Fruchtbarkeit und damit die Gesundheit einer ganzen Rasse auswirken kann, sollte bei familiär, also in einer Zuchtlinie gehäuftem Auftreten von Abweichungen des normalen Läufigkeitsverlaufes die betroffene Hündin aus der Zucht herausgenommen werden.

Gesundheitliche Beeinträchtigungen der Fruchtbarkeit sind bei Rüde und Hündin gleichermaßen züchterisch zu beachten.

Ein Erbgang für den **Scheidenvorfall** der Hündin kann nicht genannt werden, jedoch treten solche Anomalien verstärkt in

Vererbung von Fortpflanzungsmerkmalen

■ Die Wurfgröße ist von der Widerristhöhe der Rasse abhängig. Größere Hunde bringen in der Regel pro Wurf mehr Welpen zur Welt als kleinere.

■ Die Wurfgröße besitzt eine geringe Erblichkeit.

bestimmten Zuchtlinien auf. Solche Hündinnen sollten aber auf jeden Fall aus der Zucht genommen werden.

In Bezug auf Rüden ist hier der **Kryptorchismus** – Hodenlosigkeit oder nicht abgestiegene Hoden sowie Einhodigkeit (Monorchie) – zu nennen. Die Genetik dieser Anomalie ist zurzeit nicht geklärt. Auch hier gilt jedoch, dass solche Tiere aus der Zucht zu nehmen sind.

Die FCI-Zuchtverbände haben diese Forderung auch für sich und ihre angeschlossenen Landesverbände in den jeweiligen Zuchtordnungen festgeschrieben. Betroffene Tiere sind weder für Ausstellungen noch für die Zucht zugelassen.

Einig sind sich die Wissenschaftler bei der Vererbung der **Wurfgrößen**. Die Wurfgröße ist direkt proportional zur Widerristhöhe und steigt mit zunehmender Höhe an. Die Wurfgröße ist von genetischen Faktoren abhängig, wobei kleinere Rassen weniger Welpen als große Rassen bekommen. Die durchschnittliche Wurfzahl beträgt bei Zwergrassen 4,24 Welpen und beim Bernhardiner 8,53 Welpen. Selbst innerhalb einer Rasse scheinen deutliche erbbedingte Faktoren eine Rolle zu spielen. Es gibt innerhalb einer Rasse immer wieder Hündinnen aus Linien mit vielen Welpen, die selbst auch viele Welpen haben, und Hündinnen aus Linien, in denen immer kleine Würfe fallen.

Außer den Erbfaktoren spielen bei der Fortpflanzung auch Umweltfaktoren eine Rolle, da Ernährung und Haltungsbedingungen einer Zuchthündin die genetischen Gegebenheiten erkennbar beeinflussen können.

Vererbung von Fortpflanzungsmerkmalen

Das **Gewicht eines ganzen Wurfes** beträgt im Allgemeinen etwa 12 Prozent des Gewichtes der Mutter, unabhängig vom Gewicht des einzelnen Welpen. Eine Zuchtauswahl im Hinblick auf die Wurfgröße, bei der die Hündinnen ausgewählt werden, deren Mütter große Würfe hatten, wird wegen der niedrigen Vererbbarkeit (Heritabilität etwa 15 Prozent) nur einen langsamen Fortschritt in Bezug auf eine zunehmende Wurfgröße bei dieser Rasse erbringen. Jeder, der eine **besonders fruchtbare Linie** (über dem Rassedurchschnitt) besitzt, sollte unbedingt an ihr festhalten.

Das **Geschlechterverhältnis** im Wurf scheint ebenfalls eine erbbedingte Komponente zu haben. Der Anteil der Rüden an den insgesamt geborenen Welpen überwiegt bei fast allen Rassen (etwa 55 Prozent Rüden zu etwa 45 Prozent Hündinnen), wobei ein gewisser Ausgleich dadurch entsteht, dass vor, während und nach der Geburt mehr männliche als weibliche Welpen verenden.

Da die Genetik der **Fruchtbarkeit** und der damit im Zusammenhang stehenden anderen Faktoren bisher kaum wissenschaftlich untersucht wurden, wird hier die Erblichkeit des Fortpflanzungsgeschehens nicht weiter ausgeführt.

Fest steht jedoch, dass Erbmerkmale wie Fruchtbarkeit, Wurfgröße oder Läufigkeitsgeschehen eine sehr niedrige bis niedrige Vererbbarkeit aufweisen und damit schwer züchterisch zu beeinflussen sind.

Neben besonderen Unfruchtbarkeitsgenen (wenn etwa die Wurfgröße familienbedingt immer weit unter dem Rassendurchschnitt liegt) müssen aber auch immer die Folgen von Inzucht bei Fruchtbarkeitsüberlegungen einbezogen werden (siehe auch Inzestzucht und Inzucht).

■ *Zu einem guten Wesen gehört auch die Verträglichkeit mit anderen Hunden.*

Vererbung von Wesenseigenschaften und Verhaltensmerkmalen

Jeder Züchter sollte sich deshalb über eine fruchtbare und gesunde Zuchtlinie freuen und möglichst an ihr festhalten, da Fruchtbarkeit und alle damit im Zusammenhang stehenden Merkmale sehr stark förderungswürdig sind und deutlich verbessert werden müssen.

Vererbung von Wesenseigenschaften und Verhaltensmerkmalen

Der Begriff **Wesen** bei Hunden ist wenig präzise und wird meist mit sehr unterschiedlichen Bedeutungen gebraucht. Der liebevolle Hundebesitzer versteht unter Wesen seines Hundes alles, was er an seinem Liebling besonders schätzt: die Treue, die Anhänglichkeit, die Wachsamkeit, die Intelligenz, den Gehorsam und vieles mehr. In der Kynologie wird der Begriff Wesen vor allem in der Hundezucht und -ausbildung sowie bei Körungen gebraucht und drückt sich in Bewertungen wie Wesensmängel, Wesensfestigkeit oder auch Wesenstests deutlich aus.

Was versteht man nun unter dem Wesen eines Hundes? Der erste Kynologe, der den Begriff Wesen definiert hat, war J. Bodingbauer. Er entwickelte Verhaltenstests für Hunde in den Zwanziger- und Dreißigerjahren des 20. Jahrhunderts. Bodingbauer beschreibt das Wesen eines Hundes wie folgt: *»Wesen ist die Art, wie ein Lebewesen auf Erscheinungen der Umwelt reagiert und zu anderen Wesen der Umwelt in Beziehung tritt.«*

Prof. E. Seiferle, der Wesenstests für Hunde weiterentwickelt hat, definiert den Begriff so:

■ *Verträglichkeit gegenüber Kindern erfordert eine hohe Reizschwelle.*

> Aufgrund der vorstehenden Zitate besteht Übereinstimmung darüber, dass das Wesen des Hundes neben umweltbedingten Faktoren genetisch bedingt ist. Dem Verhalten des Hundes ist daher bei der Züchtung und der Zuchtauswahl die gleiche Bedeutung beizumessen wie der Haarfarbe, der Kopfform, dem Gangwerk oder anderen wichtigen Kriterien.

Vererbung von Wesenseigenschaften und Verhaltensmerkmalen

■ *Hunde müssen lernen, andere Tiere im täglichen Leben zu akzeptieren.*

»Unter dem Wesen eines Hundes verstehen wir die Gesamtheit aller angeborenen und erworbenen körperlichen und seelischen Anlagen, die sein (des Hundes, d. V.) Verhalten zur Umwelt bestimmen, gestalten und regeln.«
Frau Dr. D. Feddersen-Petersen, die sich ausführlich mit dem Verhalten von Wolf und Haushund beschäftigt und ihre Forschungsergebnisse in mehreren, sehr interessanten Büchern veröffentlicht hat, kommt zu folgender Definition: *»Der Begriff ›Wesen‹ umfasst das Verhalten des Hundes seinem Menschen gegenüber, seine Bindung an diesen, weiter das Verhalten gegen fremde Menschen und zu seinen Artgenossen.«*
Prof. Dr. W. Schleger von der Universität Wien definiert das Wesen des Hundes als *»die Summe aller angeborenen und erworbenen Verhaltensmuster«* und teilt diese in zwei Gruppen ein: *»1. Das genetisch fixierte, artspezifische Verhalten (Grundsätze hundlichen Verhaltens) und 2. Verhaltensmerkmale, die innerhalb der Art eine genetisch bedingte Varianz (Spezialveranlagungen) zeigen.«*

Zu den erstgenannten Verhaltensmerkmalen, die im Laufe der Evolution als **artspezifisches Verhalten** mit einer den Lebensbedingungen optimal angepassten Form bestehen, sind die Art- und Selbsterhaltung bedingenden Verhaltensweisen wie Sexualverhalten, Aufzuchtverhalten, Fortpflanzungsverhalten, Komfortverhalten oder Aggressionsverhalten zu nennen. Diese Verhaltensmuster stimmen noch weitgehend mit den Verhaltensweisen der Urform Wolf überein und werden unabhängig von den Gegebenheiten der Umwelt ohne

Vererbung von Wesenseigenschaften und Verhaltensmerkmalen

■ Das »Bällebad« – für Welpen ein großer Spaß.

Lernprozesse oder Training nach einem vorgegebenen, artspezifischen Schema gelebt. Das Markieren von Revieren oder das Werbeverhalten ist angeboren, ebenso die Art und Weise, Welpen abzunabeln, zu säugen und aufzuziehen.

Zu den zweitgenannten Verhaltensmerkmalen gehören alle **rassespezifischen Verhaltenseigenschaften**, die eine Rasse kennzeichnen wie Jagdtrieb bei Jagdhundrassen, Hütetrieb bei Hütehunden oder Schutztrieb bei Schutzhundrassen. Diese Eigenschaften

Zum Beweis der Erblichkeit von Verhaltensmerkmalen wurden von James im Jahr 1951 Terrier- und Beagle-Welpen in den ersten Lebenstagen vertauscht. Die Terrier-Hündin erhielt zwei Terrier-Welpen und drei Beagle-Welpen. Die Beagle-Hündin behielt drei eigene Junge und zog drei Terrier-Welpen mit auf. Der Versuch diente der **Abgrenzung erblicher Verhaltensweisen von erlerntem Verhalten**. Die Beobachtung der Junghunde im Alter von zwölf Monaten ergab, dass die Terrier in beiden Würfen sich am Futternapf und in der Meute gegenüber den Beagle-Welpen durchsetzten. Sie behielten unabhängig von den Gegebenheiten des Umfeldes und der Umwelt (Beagle-Ersatzmutter) ihre terrierübliche, rassetypische Kampf- und Durchsetzungsbereitschaft.

Vererbung von Wesenseigenschaften und Verhaltensmerkmalen

Bei Hundefreundschaften spielt die unterschiedliche Rassengröße keine Rolle.

sind Folge der selektiven menschlichen Beeinflussung der Verhaltensmerkmale. Bezüglich der rassetypischen Eigenschaften liegt **eine eindeutige Erblichkeit von Verhaltensmerkmalen** vor. Wilhelm Wegner nennt hierfür bei Hunden einen Erblichkeitsgrad von 27 bis 44 Prozent. Amerikanische Forscher kommen beim Deutschen Schäferhund zu einer Erblichkeit des Wesens von 51 Prozent. Mehr als 50 Prozent Erblichkeit bedeuten hohe Heritabilität. Australische Studien belegen beim Labrador Retriever als Blindenführhund eine Erblichkeit der Nervosität von 58 Prozent. Furcht scheint sich zu 45 bis 60 Prozent weiterzuvererben. Bei Jagdhundrassen wird eine Erblichkeit der Fährtenveranlagung von 46 Prozent belegt, bei der Riechfähigkeit liegt die Heritabilität bei 39 Prozent.

Die Schussscheuheit bei Hunden ist ebenfalls genau untersucht worden. Das Ergebnis: Sie ist hoch heritabel. Schussangst darf aber nicht als isoliertes Einzelmerkmal betrachtet werden. Dieses Merkmal ist Symptom einer **Überempfindlichkeit** oder einer akustischen Sensibilität, die mit einer allgemeinen leichteren Erregbarkeit, also einer niedrigen Reizschwelle einhergeht und in der heutigen Zeit, in der Silvesterknallerei, Fehlzündungen am Auspuff oder Kinderpistolen zum Alltag gehören, von allen Züchtern unbedingt beachtet werden muss.

Aggressives Verhalten gehört zu den angeborenen artspezifischen Verhaltensweisen und läuft bei wild lebenden Tieren nach festgelegten Mustern ab. Sie dient dort der Arterhaltung. Im Rahmen der Domestizierung und besonders in unserer heutigen Umwelt ist aggressives Verhalten unerwünscht oder wie bei Jagdhunden

Vererbung von Wesenseigenschaften und Verhaltensmerkmalen

auf ein ganz bestimmtes Ziel wie Wildtiere gerichtet. Aggressives Verhalten ist hoch erblich.

Jede Hunderasse hat ihre rassetypischen, charakteristischen Verhaltensweisen und Anlagen. Die Unterschiede zwischen den Hunderassen betreffen Verhaltensmerkmale wie unter anderem:
- Temperament (Aktivität)
- Reizschwelle
- Lernfähigkeit
- Aggressivität
- Ängstlichkeit
- Intelligenz
- Geschicklichkeit
- Jagdpassion
- Schwimmfreude

Das Verhalten des Hundes stellt ein quantitatives Merkmal mit meist hoher Erblichkeit dar und beruht wohl überwiegend auf polygenen Erbgängen.

Die charakteristischen Verhaltenseigenschaften einer jeden Rasse sind eindeutig erbbedingt und lassen sich durch entsprechende züchterische Auswahl festigen und fixieren oder auch verändern. Deshalb zeigen Welpen und Junghunde häufig schon im Welpenalter die entsprechende Veranlagung und lassen sich leichter als andere Rassen für diese Spezialleistungen ausbilden. Der Border Collie beispielsweise ist aus diesem Grund ein geborener Hütehund, der Deutsch Drahthaar ein geborener Vorstehhund.

■ *Umweltreize werden am besten im Rudel erkundet.*

Vererbung von Wesenseigenschaften und Verhaltensmerkmalen

■ *Ein Welpe sollte viele verschiedene Beschäftigungsmöglichkeiten erhalten.*

Zwischen den **Einzeltieren einer Rasse** bestehen neben den genetisch bedingten Unterschieden der verschiedenen Hunderassen natürlich auch deutliche Einzelunterschiede. Manche Zuchtlinien zeigen die Spezialveranlagungen ihrer Rasse ausgeprägter als andere. Hierbei ist jedoch der Einfluss der Umweltverhältnisse auf die Verhaltensentwicklung noch bedeutungsvoller.

Nervosität oder Furcht gehört zu den Merkmalen mit hoher Erblichkeit und ist häufig die Ursache für Aggressivität (Angstbeißen!). Die Wahl oder der Besitz eines nervösen, furchtsamen Hundes als Zuchttier führt mit größter Wahrscheinlichkeit zu vermehrtem Auftreten von Nervosität oder Furchtsamkeit bei den Nachkommen. Das Verhalten des furchtsamen Muttertieres wird die genetisch vorbelasteten Welpen noch zusätzlich negativ prägen.

Die **Intelligenz** im Sinne der Tierart Hund ist die Fähigkeit, Umweltreize gedanklich zu verarbeiten und in entsprechende Aktivitäten umzusetzen. Intelligenzleistungen sind meist stark von der Umwelt geprägt.

Die Vererbung von körperlichen Merkmalen wie zum Beispiel der Fellfarbe sind schon schwierig genug zu beurteilen. Das Erkennen und Einschätzen der Vererbung von Verhaltensweisen ist aber noch weit schwieriger,

Vererbung von Wesenseigenschaften und Verhaltensmerkmalen

■ *Werden dem Welpen unterschiedliche Spielzeuge angeboten, wird er dadurch vielen neuen Reizen ausgesetzt, an die er sich gewöhnen kann.*

weil die Eigenarten des Verhaltens veränderbar und untrennbar mit den Einflüssen der Umwelt verbunden sind.

Hunde sind in ihrem Verhalten von Geburt an – manchmal auch schon im Mutterleib – vielen äußeren Einflüssen unterworfen. Da weder die Vererbung noch die Umwelt unabhängig voneinander die Entwicklung und die Differenzierung des Verhaltens allein bestimmen können, ist offenbar das genaue Alter, in dem die Eindrücke auf das junge Leben einwirken, von großer, weil meist irreversibler Bedeutung.

Für den Züchter ist deshalb die Kenntnis der kritischen Perioden in der **Frühentwicklung der Welpen** von äußerster Wichtigkeit.

Forscher stellten fest, dass das Gehirn von Welpen in den ersten Lebenswochen relativ unentwickelt ist und erst im Laufe der weiteren Entwicklung »beschrieben«, also ausgebildet wird.

Die Entwicklungsphasen des Welpen
Nachgeburtsphase (1. und 2. Lebenswoche)

- Zitzensuche je nach Veranlagung; ererbte, innere Antriebskräfte und angeborene Lebenskraft nach Einzeltier und Rasse unterschiedlich
- Nutzen von Tast- und Geruchssinn zum Erreichen der mütterlichen Zitze
- Saugreflex; Milchtritt mit den Vorderläufen, Abstemmen mit den Hinterläufen

Vererbung von Wesenseigenschaften und Verhaltensmerkmalen

- Wärmebedürfnis der Welpen
- Völlige Öffnung der Augen und der Ohren sowie Wahrnehmung von Geräuschen
- Wichtige Geruchskontakte zum Menschen

Übergangsphase (3. Woche)
- Entwicklung der Motorik; erste Gehversuche
- Erstes Bellen oder Heulen
- Kontaktaufnahme zu den Geschwistern durch Lecken
- Selbstständiges Verrichten der Geschäfte (Harn- und Kotabsatz)
- Reaktion auf Umweltreize (erste Spielmöglichkeiten durch Bälle, Quietschtiere und so weiter schaffen)
- Beginn des Wahrnehmens der Geschwister, der Mutter und des Menschen
- Das Bewusstsein beginnt sich zu entwickeln
- Das Geborgenheitsgefühl durch die Anwesenheit der Mutterhündin ist zur Selbstfindung des Welpen und Erkennen der Artzugehörigkeit in dieser Phase wichtig. Schon eine etwa einwöchige Entfernung der Mutter kann zu einem Zusammen-

■ *Die ersten acht Wochen beim Züchter sind für die Entwicklung der Welpen von großer Bedeutung.*

Vererbung von Wesenseigenschaften und Verhaltensmerkmalen

Eine gute Aufzucht beim Züchter ist für das gesamte spätere Hundeleben wichtig.

bruch des Gemütszustandes des Welpen und damit zu dauerhaften seelischen Schädigungen führen
- Heranführen des Welpen an den Sozialpartner Mensch durch häufiges Anfassen, erste Spiele, Geruchskontakte

Prägungs- und Sozialisierungsphase (4. bis 16. Woche)
- Weiterentwicklung von Körper, Gemüt und Seele
- Welpe beginnt, seine Bewegungsabläufe zu koordinieren und zu verfeinern
- Sozialkontakte zur Mutter und zu den Geschwistern dienen der Charakterformung und der Ausprägung des Selbstvertrauens, verbunden mit einem notwendigen Maß an Belastung und Anreiz
- Einordnung in hundliche und menschliche Gemeinschaften zum Beispiel durch erste Rangkämpfe
- Welpe wird auf die Arten Hund und Mensch geprägt
- Auseinandersetzung mit der Außenwelt findet statt, deshalb sollten dem Welpen in dieser Phase abwechslungsreiches Wel-

Vererbung von Wesenseigenschaften und Verhaltensmerkmalen

penspielzeug zur Verfügung stehen und Anregungen durch optische und akustische Reize gegeben werden
- Offen für alle Lernvorgänge. Wichtig: Die Erfahrungen, die der Welpe jetzt sammelt, haben Einfluss auf seine Motivation, Aggressionsbereitschaft, Bindungsfähigkeit, sein Geselligkeitsbedürfnis und seine Eingliederungsfähigkeit in menschliche und hundliche Gruppen.

Zusammenfassend kann man sagen, dass Umweltbedingungen neben den ererbten Gegebenheiten das Verhalten eines Hundes bereits im frühesten Welpenalter beeinflussen. Schon kurz nach der Geburt nehmen die Welpen Vorgänge und Abläufe in ihrer Umgebung wahr. Fast genau mit Beginn der vierten Lebenswoche vollzieht sich ein unübersehbarer und sehr erheblicher Entwicklungssprung, der sich die aktiv werdenden Welpen mit ihrer Umgebung beschäftigen und wichtige, unveränderbare Erfahrungen sammeln lässt.

In der wichtigen Sozialisierungsphase (nur bis etwa zur 16. Lebenswoche) erfolgt die Einordnung in die Gemeinschaft mit den Wurfgeschwistern, der Mutterhündin, mit anderen Tieren und dem Menschen. Die Grundzüge des gesamten Verhaltens des erwachsenen Hundes werden in dieser Phase geprägt und geformt. Fehler in der Aufzucht und falsches Verhalten von Menschen gegenüber einem Welpen wirken sich auf das gesamte Leben des Hundes aus.

Versuche, in denen Welpen isoliert und ohne jeden Kontakt zum Menschen aufgezogen wurden, zeigten eindeutig, dass die erwachsenen Hunde auch nach späterem jahrelangem Zusammenleben mit Menschen übermäßig scheu und zurückhaltend blieben und Menschen niemals als Sozialpartner vertrauten und akzeptierten.

Bevor Sie sich für eine Hunderasse entscheiden, sollten Sie sich immer sehr genau über deren spezielle Eigenschaften informieren. Und bevor Sie sich einen Hund kaufen, sollten Sie sich das Wesen und den Charakter der Mutterhündin und gegebenenfalls des Vaterrüden ansehen sowie die Aufzuchtbedingungen und den bisherigen Kontakt der Welpen zu Menschen prüfen. Der Welpe sollte bei einem guten Züchter mit intensivem menschlichen Kontakt liebevoll aufgezogen worden sein.

5. Genforschung und Molekulargenetik

■ An einem Boxer wurde im Jahr 2005 zum ersten Mal das Hundegenom vollständig entziffert. Innerhalb dieser Rasse soll es sehr wenig Variationen der Erbinformation geben.

Molekulargenetik ist die Vererbungslehre der kleinsten biologischen Bausteine und bildet einen Wissenschaftszweig, der sich mit den Zusammenhängen zwischen der Vererbung und den chemisch-physikalischen Eigenschaften der Gene beschäftigt. Sie nimmt in der heutigen Zeit immer mehr an Bedeutung zu und hat im letzten Jahrzehnt rasante, revolutionäre Entwicklungen durchgemacht. Verantwortungsvolle Züchter haben erkannt, dass moderne genetische Einsichten in der Hundezucht eine nicht wegzudenkende Rolle spielen. Die Erkenntnisse der Molekulargenetik werden zum wichtigen Informationselement für den Züchter.

Fragestellungen zur Abstammungs- und Identitätssicherung oder gar die Frage, welche Fellfarbe bei einem Welpen zu erwarten sein wird, sind genetisch abklärbar. Auch krankheitsverursachende Veränderungen im Erbgut eines Hundes sind schon molekulargenetisch diagnostizierbar und die Folgen einer hohen Inzuchtrate auf die genetische Variabilität einer Rasse lassen sich unterscheiden.

Hundegenom

Weltweit leisten heute etwa 400 Millionen Hunde den Menschen als Begleiter, Helfer, Beschützer und vieles mehr Gesellschaft. Hunde sind betreffend Größen- und Gewichtsbandbreite das variabelste Säugetier der Welt. Seit der Hund zum Haustier des Menschen wurde, haben Züchter durch mehr oder weniger gezielte Züchtung mehrere hundert Rassen entwickelt. Das **Hundegenom,** das aus den 39 Chromosomenpaaren des Hundes bestehende Hundeerbgut, ist im Jahr 2005 **vollständig entziffert** worden. Die Entschlüsselung eines Genoms beinhaltet die konkrete **Bestimmung der spezifischen Abfolge der Milliarden von Nukleotidbasenpaaren** auf den Chromosomen. 20.000 verschiedene Gene hat der Hund und damit etwas weniger als der Mensch. Ein internationales Forscherteam um Kerstin Lindblad-Toh vom Bostoner Broad-Institut, USA, ermittelte erstmals das komplette Hundegenom.

Das Erbgut der Boxerhündin Tasha bildete die Grundlage der Untersuchungen der Genforscher. Tasha wurde nach wissenschaftlichen Erkenntnissen ausgewählt, weil eine Analyse von 60 Hunderassen gezeigt hatte, dass Boxer untereinander die geringsten Variationen in der Erbinformation aufweisen und somit das Boxergenom wahrscheinlich die zuverlässigste Grundlage für das Hundegenom darstellt. Die Entschlüsselung eines Genoms beinhaltet die Bestimmung der spezifischen Abfolge der hundeeigenen Basenpaare auf den Chromosomen. Dazu wird die chromosomale DNS in Millionen von Bruchstücken zufällig zerteilt (so genannte »Shotgun-Methode«) und die Basenpaarabfolge dieser Bruchstücke ermittelt. Dann beginnt die Puzzlearbeit, denn die Bruchstücke müssen nun wieder in der Reihenfolge, in der sie im Hundegenom angesiedelt waren, zusammengesetzt werden. Vor Tashas Erbgut sind bereits Dreiviertel des Hundegenoms des achtjährigen männlichen Pudels Shadow entziffert worden, jedoch unvollständig und von weit geringerer Qualität. Die Forscher ermittelten **2,4 Milliarden DNS-Bausteine** auf Tachas 39 Chromosomen.

Die Analyse des Hundeerbgutes soll Fragen zur Evolution des Hundes, Rassenunterschiede sowie die Anfälligkeit für Krankheiten dauerhaft aufklären. Rund 5 Prozent des Erbgutes repräsentieren nach den durchgeführten ersten Analysen Steuerelemente, die bei Mensch und Hund ähnlich sind. Beim Vergleich der Gene haben etwa 75 Prozent der menschlichen Gene eine Entschlüsselung in ähnlicher Form wie beim Hund. In der heutigen Zeit leiden die Hunde fast spiegelbildlich wie ihre Besitzer unter Krebs-, Herz- und Kreislaufproblemen sowie einer Reihe anderer bei Hund und Mensch bestehender Krankheiten. Mittlerweile sind über 350 Erbkrankheiten beim Hund bekannt. Vom Hundegenom bestehen nur 1,9 Prozent aus kodierenden, artspezifischen Bereichen und sehr viel zusätzlicher DNS, die keine Bauanleitung für Proteine speichern, das sind die so genannten nicht kodierenden Bereiche. Von diesen nicht kodierenden Bereichen sind überraschenderweise 4 Prozent zwischen Mensch und Hund sehr ähnlich oder identisch.

Der ehemalige Leiter des weltweiten Humangenomprojektes, Francis Collins, kommentiert die Entschlüsselung des Hundegenoms wie folgt: »*Im Vergleich mit dem Genom des Menschen und anderer bedeutender Organismen liefert das Hundeerbgut ein leistungsfähiges Hilfsmittel, um genetische Faktoren für die Gesundheit und Krankheit des Menschen zu identifizieren.*«

Das gibt der Forschung sogar die Möglichkeit, Krankheiten des Menschen am Hund zu ergründen.

Die Hundegenomforschung befindet sich zurzeit noch in den Anfängen und die Genkarte beim Hund ist noch längst nicht vollständig. Bisher wurden etwa 1100 Mikrosatelliten identifiziert und kartiert.

Biobanken

Biobanken sind Sammlungen von DNS-Proben, die mit Daten ihrer Spender verknüpft sind oder verknüpft werden können. Für eine DNS-Einlagerung wird aus weißen

■ *Je mehr Vertreter einer Rasse es gibt, desto mehr Informationen über das genetische Material lassen sich ermitteln.*

Molekulargenetische Identifikationsmöglichkeiten

Blutkörperchen zunächst die Erbsubstanz isoliert. Die DNS-Probe wird dann tiefgefroren gelagert. Die Probe steht danach für eine große Zahl von Untersuchungen zur Verfügung, wobei natürlich nur eine begrenzte Menge vorhanden ist. Für alle Hunderassen empfiehlt sich die **Einlagerung von Erbsubstanz möglichst aller in der Zucht stehenden Hunde** der jeweiligen Rasse.

Biobanken sind eine wichtige Voraussetzung, um **Ursachen und Erbmechanismen von Erbkrankheiten** gezielt aufklären zu können. Bei Erbkrankheiten handelt es sich um Erkrankungen, die durch veränderte Erbanlagen gekennzeichnet sind und vererbt werden. Krank machende Mutationen können sich je nach Zuchtplanung und Zuchtstrategie innerhalb einer Rasse mehr oder weniger schnell ausbreiten. Für die Identifizierung solcher **krankheitsverursachender Mutationen** müssen oft nicht nur die Eltern, sondern auch die Großeltern und weitere Verwandte von betroffenen Hunden untersucht werden. Gerade bei Erkrankungen mit spätem Krankheitsbeginn stehen weiter entfernte Verwandte wie Großeltern aber oft nicht mehr zur Verfügung. Hierzu dienen dann die Biobanken, in denen das Erbmaterial aller benötigter Vorfahren gelagert sein kann.

Das Material der Biobanken kann aber auch für später notwendig werdende Abstammungsnachweise genutzt werden. Manchmal ist es erforderlich, einen **Abstammungsnachweis** noch nach dem Tod eines der Elternteile erstellen zu müssen. Dafür kann dann mit Einverständnis des Hundebesitzers die in einer Biobank eingelagerte DNS-Probe des entsprechenden Hundes genutzt werden.

Molekulargenetische Identifikationsmöglichkeiten

Ausgangsmaterial für molekulargenetische Untersuchungen ist die DNS. Da sie in allen kernhaltigen Körperzellen vorhanden ist, ist sie durch jede vom Körper gewonnene Probe zugänglich. Trotz der morphologischen Vielfalt gibt es zahlreiche Abschnitte der DNS, die bei vielen Spezies identisch sind. Andere sind nur innerhalb einer Art homolog und wieder andere Bereiche sind für jedes Individuum einzigartig und charakteristisch. Solche Abschnitte sind als Nachweis der Individualität geeignet.

Wiederholungen oder Aufeinanderfolgen bestimmter Genabschnitte, so genannte **Sequenzen**, die für das jeweilige Individuum spezifisch sind, werden **Mikrosatelliten** genannt. Die sich wiederholende Sequenz hat eine überschaubare Länge von einigen Dutzend Basen. Die Anzahl der Wiederholungen dieser Sequenz ist von Individuum zu Individuum unterschiedlich und besteht meist aus drei bis 20 Wiederholungen. Aus der Kombination verschiedener Mikrosatelliten ergibt sich **für jedes Individuum ein unverwechselbares, einzigartiges Muster**.

Für diese molekulargenetische Untersuchungsmethode sind Blut oder Zellen der Mundschleimhaut am gebräuchlichsten. Für jedes Individuum werden bis zu zehn DNS-Sequenzen untersucht. Die DNS liegt im normalen Probevolumen in Konzentrationen vor, die weitere Analysen und Untersuchungen verhindern. Methoden

Molekulargenetische Identifikationsmöglichkeiten

zur identischen Vervielfältigung der DNS (Klonierung) sind deshalb die Voraussetzung für weitere Untersuchungen. Mithilfe der Polymerase-Kettenreaktion werden die zu analysierenden Mikrosatelliten millionenfach vervielfältigt. Danach wird die Länge der Mikrosatelliten durch computerunterstützte Analyse bestimmt und aus den gewonnenen Daten eine **individuelle reproduzierbare Zahlenformel** für jeden einzelnen Hund erstellt. Die Gesamtheit der Mikrosatelliten in ihrer spezifischen Kombination ergibt das für jedes Individuum unverwechselbare DNS-Profil.

Das individuelle und fälschungssichere DNS-Profil bleibt über die gesamte Lebenszeit des Hundes erhalten und lässt sich auch nach dem Tod des Tieres aus den verschiedenen Geweben nachweisen. Dieses DNS-Profil ermöglicht eine zweifelsfreie Identifikation des Hundes, wodurch mit größtmöglicher Sicherheit die Abstammung und Identität wertvoller Zuchttiere festgestellt und dokumentiert werden kann.

Genetischer Fingerabdruck

Der genetische Fingerabdruck ist mit einer 99,9-prozentigen Wahrscheinlichkeit einzigartig. Die einzige Ausnahme sind eineiige Mehrlinge. Für die Identifizierung eines bestimmten Hundes wird dessen DNS-Profil angefertigt und in einer Biobank gespeichert. Dieses Verfahren ist im Gegensatz zu anderen Markierungsverfahren wie zum Beispiel Mikrochips (Transponder) oder Tätowierungs-Nummern nicht manipulierbar. Nach Diebstahl oder bei Verlust des Hundes hat der Besitzer die Möglichkeit, auf das hinterlegte, registrierte DNS-Profil zurückzugreifen und durch Vergleich die Identität des wiedergefundenen Hundes sicher und eindeutig festzustellen.

Abstammungsnachweis

Auch bei den vom Hundezuchtverein geplanten und genehmigten Verpaarungen können zum Beispiel durch nachträgliche Fehlbedeckung **Zweifel an der Vaterschaft der Welpen** bestehen. Das vorsätzliche **illegale »Unterschieben«** von Welpen an einen bestimmten Deckrüden und der Verkauf der Welpen mit **unzutreffenden Ahnentafeln** ist unseriös, bei den VDH-Zuchtvereinen untersagt und bereitet im Einzelfall und bei den Zuchtvereinen große Probleme. Für die Rassehundezuchtvereine und auch für die Züchter ist es deshalb von Wichtigkeit und großem Interesse, die Abstammung genau und eindeutig klären und Ahnentafeln effizient kontrollieren zu können.

Bei unklarer Abstammung oder Zweifeln an der Richtigkeit der Ahnentafel wurde bisher bei Hunden wie bei Menschen mit traditionellen Methoden der Blutgruppentypisierung gearbeitet. Gegenüber den blutgruppenserologischen Verfahren bietet die DNS-Analyse zur Klärung der Abstammung heute deutlich zuverlässigere Aussagen mit einer Sicherheit von über 99,9 Prozent.

Ziel eines jeden Abstammungsnachweises ist die eindeutige Abklärung, ob die angegebenen Eltern eines Hundes aufgrund ihres DNS-Profils tatsächlich als **biologische Eltern** infrage kommen. Ein Nachkomme

Molekulargenetische Identifikationsmöglichkeiten

■ *Ein Welpe erbt in der Regel 50 Prozent seiner Gene von der Mutter und 50 Prozent vom Vater.*

Genetische Variabilität in Hunderassen

■ Die genetische Variabilität in den unterschiedlichen Hunderassen ist erstmals in einer Studie an zwölf Hunderassen, dazu gehörte der Riesenschnauzer, molekulargenetisch untersucht worden und hat erstaunliche Ergebnisse gebracht.

erbt prinzipiell 50 Prozent seines Erbgutes von der Mutter und 50 Prozent vom Vater. Wenn die Mutterschaft als gesichert angesehen werden kann, müssen grundsätzlich alle nichtmütterlichen Anteile im DNS-Profil des Welpen vom Vater vererbt worden sein. Stimmt nur ein Anteil im DNS-Profil nicht überein, so kann die Vaterschaft mit absolut hoher Wahrscheinlichkeit ausgeschlossen werden. Das Gleiche gilt im umgekehrten Fall natürlich auch für die Mutter.

Für die DNS-Analyse werden Abstrichproben aus der Maulschleimhaut (Backenabstrich) oder Blut (etwa 1 ml) der Welpen, der Mutterhündin und des oder der Deckrüden entnommen. Von jedem Welpen wird dann ein individuelles DNS-Profil erstellt und mit den DNS-Profilen der Mutter und des oder der Deckrüden verglichen. Ein Mikrosatelliten-System besteht immer aus einer mütterlichen und einer väterlichen Längenvariante. Ein Nachkomme muss eine der mütterlichen und eine der väterlichen **Längenvarianten** eines bestimmten Mikrosatelliten-Systems besitzen.

Wie beim Identitätsnachweis hängt auch die Aussagefähigkeit der Abstammungsbegutachtung wesentlich von der Anzahl der untersuchten Mikrosatelliten ab. Je mehr möglichst hochvariable DNS-Abschnitte bei einem Abstammungsnachweis untersucht werden, umso sicherer werden mögliche Fehlabstammungen erkannt. Für ein DNS-Profil werden immer mindestens acht bis zehn Mikrosatelliten-Systeme untersucht und aus diesen Daten individuelle, reproduzierbare Zahlenformeln erstellt. Hierdurch wird eine äußerst hohe Testsicherheit gewährleistet. Die Wahrscheinlichkeit einer zufälligen Übereinstimmung zweier nicht verwandter Tiere beträgt bei nur acht untersuchten Mikrosatelliten 1 : 50 Millionen.

Genetische Variabilität in Hunderassen

Weltweit sind von der FCI 355 verschiedene Hunderassen anerkannt. Im Rahmen eines von der Gesellschaft zur Förderung kynolo-

Genetische Variabilität in Hunderassen

gischer Forschung (GKF) des VDH initiierten Forschungsprojektes wurde untersucht, inwieweit mithilfe der Molekulargenetik **Rassendifferenzierungen** möglich sind.

Zur genetischen Variabilität tragen in der Natur alle Individuen einer biologischen Art bei. Die Gesamtheit aller Genvariationen oder Allele bildet den für die Rasse spezifischen **gemeinsamen Genpool**. Molekulargenetische Untersuchungen können nun Aufschluss darüber geben, wie homozygot oder heterozygot die Individuen einer Hunderasse wirklich noch sind. Durch die Zuchtwahl bei Hunden werden Merkmale bevorzugt, die in hoher Frequenz vorhanden sind, wie es bei der Paarung nahe verwandter Tiere (Inzucht oder Linienzucht) gegeben ist. Hierdurch werden immer mehr Allele homozygot, was zu einer **Genverarmung** in der Rasse führen kann.

Im Rahmen dieses Forschungsprojektes wurden je mindestens 50 Hunde der zwölf Hunderassen Deutscher Schäferhund, Deutscher Boxer, Hovawart, Tibet Terrier, Schnauzer (drei Schläge), Deutscher Pinscher, Weimaraner, Akita Inu, Chow-Chow und Shar Pei anhand derselben 19 genetischen Variabilitätsmarker (Mikrosatelliten) untersucht. Die Riesen-, Mittel-, Zwergschnauzer, Deutschen Pinscher und Weimaraner wurden an der Universität in Bochum, Deutscher Boxer, Deutscher Schäferhund, Hovawart, Tibet Terrier in Hannover und Akita Inu, Chow-Chow und Shar Pei in Jena typisiert.

Der Grad an Heterozygotie in einer Rasse wird bisher **als Maßstab für vorhandene genetische Vielfalt** angesehen. Bei allen untersuchten Rassen ergaben sich bei der Variabilität – unabhängig von der Welpenzahl der Hunderassen – ganz ähnliche Heterozygotiewerte, die höchsten beim Hovawart. Der Deutsche Schäferhund mit einer registrierten Welpenzahl von etwa 18.000 Welpen pro Jahr in Deutschland weist danach im Mittel die gleiche Heterozygotierate auf wie zum Beispiel der Shar Pei, bei dem etwa 60 registrierte Welpen pro Jahr bei uns fallen.

Dem Wolf am nächsten und damit als **ursprünglichste Rassen** sind die asiatischen Rassen Akita Inu, Chow-Chow, Shar Pei und Shiba Inu anzusehen. Die Untersuchung hat gezeigt, dass Heterozygotiewerte und Inzuchtkoeffizienten keine Korrelation aufweisen. Ebenso wurde nachgewiesen, dass Leistungszucht (besonders bei den Gebrauchshunderassen) keine übermäßig hohe Heterozygotierate erfordert.

Durch diese Untersuchung ist ein **Typisierungssystem** etabliert und die aktuelle genetische Vielfalt der untersuchten Hunderassen verlässlich dargestellt worden. Dieses Typisierungssystem kann auch zur Ermittlung der genetischen Variabilität in anderen Hunderassen genutzt werden. Hierdurch wird es zukünftig möglich sein, die Hundevereine vor bedrohlichen genetischen Engpässen durch Inzucht oder Championzucht zu warnen, damit sie bestehende züchterische Gefahren für die jeweilige Rasse vermeiden können.

Die Auswirkungen der Molekulargenetik auf die Erforschung der Erbkrankheiten werden, soweit sie heute bekannt sind, im Kapitel über Erbkrankheiten beschrieben.

6. Ziele und Methoden der Zuchtwahl

■ *Selektion bedeutet die Auslese der für die Zucht geeignetsten Vertreter einer Rasse.*

Grundsätzlich gelten für die Zucht von Hunden die gleichen Regeln und Prinzipien wie für die Zucht anderer Tierarten. Viele der dort gewonnen Erkenntnisse lassen sich auch in der Hundezucht anwenden, ja sollten künftig sogar stärkere Berücksichtigung finden, wie dies bereits bei vielen Hunderassen mit der Zuchtwertschätzung geschehen ist. Züchten bedeutet im Gegensatz zum einfachen Vermehren einer Rasse, dass nur solche Tiere miteinander verpaart werden, von deren Nachkommen eine möglichst große Annäherung an das Zuchtziel erwartet werden kann. Das Zuchtziel selbst wird nur so lange Gültigkeit haben, bis der Durchschnitt der Rasse ihm entspricht. Zu diesem Zeitpunkt muss das Zuchtziel präzisiert und neu formuliert werden, das heißt, die Anforderungen im Standard müssen sich erhöhen.

Selektion

Ein wichtiges Grundelement der Züchtung ist die **Auslese** oder Selektion. Seit es Lebewesen auf der Erde gibt, haben sich immer diejenigen durchsetzen können, die sich am besten den jeweiligen Umweltverhältnissen anpassen konnten. Die anderen starben aus. Die natürliche Selektion stellt die entscheidende Grundlage für die Weiterentwicklung der Lebewesen dar. Der Mensch griff mit Beginn der Domestikation gezielt in diesen Prozess ein. Von den Nachkommen der gezähmten Wölfe durften sich immer nur die vermehren, die in ihren Eigenschaften und Merkmalen dem vom Menschen gewünschten Zweck am meisten entsprachen.

Für eine erfolgreiche Selektion lassen sich bestimmte **Grundvoraussetzungen** festlegen:

❱ Das zu verändernde **Merkmal muss erblich sein**, also eine genetische Grundlage besitzen. Der Erblichkeitsgrad (Heritabilität) muss ausreichend hoch sein. Will man zum Beispiel die durchschnittliche Größe der Rasse anheben, dürfen zur Weiterzucht immer nur die größten Tiere verwenden werden.

❱ In einer Zuchtpopulation müssen Unterschiede in Bezug auf das zu verändernde Merkmal (**genetische Varianz**) bestehen, die sich auch phänotypisch erkennen lässt. Beträgt die Standardgröße für Rüden bei einer bestimmten Rasse zum Beispiel 63 bis 70 cm, wäre eine Selektion nicht möglich, würden alle Rüden dieser Rasse eine Schulterhöhe von genau 67 cm besitzen.

❱ Die **Verbreitung des Merkmals** in einer Rasse ist von wesentlicher Bedeutung. Ist beispielsweise die Hüftgelenksdysplasie in einer Rasse sehr stark vertreten, so könnte bei zu starker, plötzlicher Selektion der Bestand der Rasse gefährdet

---

Die **züchterische Selektion** ist ein unabdingbares Mittel zur Förderung erwünschter oder zur Zurückdrängung unerwünschter Merkmale und Eigenschaften. Von den Nachkommen der Zuchttiere sollten immer nur die wieder in die Zucht genommen werden, die in ihren Merkmalen und Eigenschaften dem gewünschten Zuchtziel oder Standard in Wesen und Erscheinungsbild am meisten entsprechen. Ob wir eine Rasse verbessern, ob wir sie auf dem gegenwärtigen Stand halten oder ob wir sie verschlechtern, hängt von der Auswahl der Zuchttiere ab. Selektion ist deshalb die Grundlage für jeden denkbaren oder möglichen Zuchtfortschritt.

Selektion

Ein wichtiges Grundelement der Züchtung ist die Auswahl gesunder und typgerechter Vertreter einer Rasse.

sein, weshalb Selektionsmaßnahmen nur schrittweise erfolgen sollten: zuerst Herausnahme aus der Zucht aller HD-schwer- und HD-mittel-Hunde, dann aller HD-leicht-Hunde und zuletzt aller HD-Verdachts-Hunde.

❱ Die **Zuchtbasis** einer Hunderasse muss groß genug sein. Ist die Zuchtbasis zu klein, sind straffe Selektionsmaßnahmen ohne ernsthafte Gefährdung der Existenz und des Bestandes der Rasse oft nicht möglich. Auch hier sind notwendige Selektionsmaßnahmen nur schrittweise und über einen längeren Zeitraum hinweg möglich und durchführbar.

❱ Oft bestehen **Kopplungen** zwischen erwünschten und unerwünschten Merkmalen. Beim Hovawart hat die Herausnahme der so genannten vierten Farbe zu Pigmentverlusten bei den erwünschten drei Farbschlägen geführt.

❱ Selektion bedeutet immer **Genfrequenzänderung**, das heißt, bei gezielter und immer wiederkehrender Selektion verändert sich die Häufigkeit des Auftretens verschiedener Gene in der Zuchtpopulation. Die Genfrequenzänderung verlangsamt sich immer mehr im Verlauf des Selektionsprozesses, der Erblichkeitsgrad des betreffenden Merkmals wird also immer niedriger. Fortschritte bei der Bekämpfung einer Erkrankung können somit anfangs sehr groß sein und verlangsamen sich danach beständig.

Man unterscheidet zwischen positiver und negativer Selektion. **Positive** Selektion bedeutet die Auswahl und Zuchtverwendung der besten Zuchttiere. Dabei ist zu beachten, dass die äußerlich besten Zuchttiere nicht unbedingt auch die mit den besten Nachkommen sein müssen. Entscheidend ist der Genotyp und nicht – wie oft unterstellt – nur der Phänotyp des Einzeltieres (siehe auch Bewertung der Vorfahren).
Bei der **negativen** Selektion sollen unerwünschte Merkmale und Eigenschaften

Selektion

verdrängt oder sogar vollständig eliminiert werden. Dies geschieht durch Einschränkung der Zuchtverwendung oder durch völlige Zuchtsperre für Hunde, die äußerlich Träger dieses phänotypischen Merkmals sind oder dieses weitervererben, ohne es selbst zu zeigen.

Eigenschaften, deren Variation ausschließlich durch Umwelteinflüsse zustande kommt, sind durch züchterische Selektion nicht zu beeinflussen.

Der **Erblichkeitkeitsgrad** einer Eigenschaft ist eine feste Größe, die sich nicht beeinflussen lässt. Will man den zu erwartenden Selektionserfolg berechnen oder wenigstens abschätzen, muss man die Heritabilität des zu selektierenden Merkmals kennen. Leider gibt es bei Hunden keine ausreichenden Angaben über Heritabilitätswerte.

Die Grundlage für die Berechnung der Erblichkeit ist die Ähnlichkeit verwandter Tiere. Je größer die Ähnlichkeit von Vollgeschwistern unter verschiedenen Umweltbedingungen ist, desto höher ist die Heritabilität für das ausgewählte Merkmal. Eine niedrige Heritabilität gilt für die Merkmale Fruchtbarkeit, Krankheitsresistenz oder Vitalität. Mittlere Heritabilität haben Gewichtszuwachs oder Jagdleistung und hohe bis sehr hohe Heritabilität besitzen Körperform, Gebäude und Typ.

Will man den **Selektionserfolg** und damit den Zuchtfortschritt vergrößern, muss man die Anforderungen an die zur Weiterzucht

■ In einer Zuchtpopulation müssen Unterschiede in Bezug auf ein zu veränderndes Merkmal wie zum Beispiel die Größe bestehen.

Selektion

Die Grundlage für die Berechnung der Erblichkeit ist die Ähnlichkeit verwandter Tiere (Mutter und zwei Töchter).

verwendeten Hunde erhöhen. Die Grenze hierfür ergibt sich durch den Mindestanteil der zur Weiterzucht in einer Rasse möglichen Tiere (Remontierungsquote), um zu verhindern, dass die Rassepopulation kleiner oder zu klein wird und dadurch die Zuchttiere zu nahe verwandt werden und der Inzuchtkoeffizient zu stark steigt.

Der Fortschritt der Selektion von einer Generation zur nächsten wird zu Beginn der Selektionsmaßnahmen am größten sein und hängt zusätzlich von der Konsequenz der Durchführung dieser Maßnahmen ab. Im weiteren Verlauf des Selektionsprozesses werden die Fortschritte immer geringer. Wir können niemals einen Fehler oder Mangel vollständig durch Selektion ausschalten. Wir können ihn jedoch auf ein so niedriges Vorkommen in der Rasse herabdrücken, dass er selten genug ist, um nur noch geringfügigen Schaden in der Zucht hervorzurufen.

Für unsere Zuchtabsichten gilt daher das **Best-of-Best-Prinzip**: Auswahl der besten Elterntiere und Paarung des Besten mit dem Besten. Dabei sollten Sie sich sehr kritische Fragen stellen zu Ihrem eigenen Zuchthund. Für viele Züchter ist leider »das Beste« immer genau das, was sie selbst besitzen, nämlich der eigene Hund. Denken Sie immer daran: Ein Einzelhund ist nur ein Baustein in der Gesamtheit seiner Rasse. Als Züchter sind Sie jedoch dem Fortschritt und der Weiterentwicklung der von Ihnen gewählten Rasse verpflichtet.

■ Bei Rassen, von denen in Deutschland nur wenige Würfe im Jahr fallen, wie zum Beispiel beim Skye Terrier, sind züchterische Maßnahmen zur Gesunderhaltung der Rasse wie Inzuchtbegrenzung oder Zuchtwertschätzung wegen des geringen Zuchtpotenzials kaum möglich.

Stammbaum

Wenn Sie mit Ihrer Hündin züchten wollen, sind zur Bestimmung des **Zuchtwertes** zwei Informationsquellen besonders wichtig: Das sind Ihre Hündin selbst und der **Stammbaum** oder die **Ahnentafel** Ihrer Hündin. Da Ihre Hündin meist zum Zeitpunkt Ihrer Zuchtentscheidung noch zu jung ist, um nach ihrer phänotypischen Erscheinung abschließend und ausreichend beurteilt werden zu können, ist ihr Stammbaum die erste züchterische Information, die Ihnen zugänglich ist.

Ahnentafeln sind Abstammungsnachweise, die von den ausstellenden Zuchtbuchstellen der Rassehundezuchtvereine in Übereinstimmung mit den Zuchtbucheintragungen erstellt werden und die deutlich mit den Emblemen der Dachverbände der Rassehundezuchtvereine – dem VDH (Deutschland), dem ÖKV (Österreich) und dem SKG (Schweiz) – sowie der FCI gekennzeichnet

Stammbaum

sein müssen. Ahnentafeln bleiben Eigentum des zuständigen Rassezuchtvereins. Besitzrecht an der Ahnentafel hat der Eigentümer des Hundes. Der Zuchtverein kann die Vorlage der Ahnentafel jederzeit verlangen, um Eintragungen zu überprüfen, zu berichtigen oder zu ergänzen. Die Informationen in den Ahnentafeln sollen so umfassend wie möglich sein und müssen mit den Eintragungen im Zuchtbuch der Rasse übereinstimmen.

Ahnentafeln müssen enthalten:

- Zwingername
- Name und Anschrift des Züchters
- Wurftag der Welpen
- Namen und Zuchtbuchnummern der Eltern
- Namen und Zuchtbuchnummern der Großeltern
- Namen und Zuchtbuchnummern der Urgroßeltern
- Geschlecht und Vorname des Hundes
- Tätowiernummern, Chip- bzw. Transpondernummern und Zuchtbuchnummern (oft übereinstimmend) aller Wurfgeschwister

Die Rassehundezuchtvereine entscheiden darüber, ob weitere wurfbezogene Daten (wie beispielsweise Farbschlag, abgelegte Leistungsprüfungen, Kurzbeschreibungen, Siegertitel, HD- und ED-Befunde, Augenuntersuchungen oder abgelegte Körungen) eingetragen werden. Bei den Vorfahren müssen mindestens drei (meist vier) Generationen nachgewiesen werden.

Sie können vier oder sogar fünf Generationen für Ihre künftigen Würfe zusammenstellen, indem Sie die Ahnentafeleintragungen Ihrer Hündin mit denen des von Ihnen vorgesehenen späteren Zuchtrüden verbinden. Selbstverständlich kann nun eine Ahnentafel, wie lang sie auch sein mag, wenig oder gar nicht nützlich für Sie sein, wenn Sie sich nicht die Mühe machen, irgendetwas über die Namen im Stammbaum zu erfahren. Je mehr Erfahrungen und Kenntnisse Sie als Züchter über Ihre Rasse und die Einzeltiere Ihrer Rasse einholen und festhalten, umso nützlicher wird die Ahnentafel werden. Versuchen Sie zum Beispiel Fotos von allen noch

■ *Der Zuchtwert eines Hundes lässt sich aus der Eigenleistung des Tieres abschätzen.*

lebenden Hunden Ihres Stammbaumes zu machen, sammeln Sie Material und Daten über Vorzüge und Mängel dieser Hunde, dann wird Ihre Ahnentafel brauchbare Formen annehmen und zu einer sinnvollen Anleitung für das werden, was Ihre Zuchthündin hervorbringen könnte, wenn sie mit einem bestimmten Rüden Ihrer Wahl verpaart wird.

Versuchen Sie über **Zuchtbücher** Ihrer Rasse, über Rüdenverzeichnisse oder **Deckrüdenblätter** Ihre Kenntnisse zu erweitern, bevor Sie ein so schwieriges und verantwortungsvolles Unterfangen wie die Zucht beginnen. So ist es sinnlos, einen berühmten Vorfahren aus der Ahnentafel herauszusuchen und zu beschließen, auf genau diesen zurückzüchten zu wollen, wenn Sie wenig oder gar nichts über diesen Vorfahren, seine Vorzüge und seine Mängel wissen.

Machen Sie sich bitte nochmals klar, dass ein Hund 78 Chromosomen besitzt. In der 7. Generation hat dieser Hund 128 Vorfahren. Von den meisten dieser Vorfahren werden Sie nur den Namen kennen, aber nichts von deren Erbgut. Auch werden Rückschlüsse aus der Genausstattung Ihres Hundes kaum möglich sein, da jeweils eine zufällige Auswahl der Gene von Vater und Mutter weitergegeben wird und sich deshalb von den Genen eines Vorfahren, die für Sie wertvoll sind, überhaupt keine mehr in der Erbmasse Ihres Hundes befinden müssen. Es ist ohne Zweifel für die Zucht viel bedenklicher, wenn der Bruder Ihrer Zuchthündin einen verkürzten Unterkiefer oder Epilepsie hat, als wenn eine Ur-Ur-Großmutter Ihrer Hündin eine steile Hinterhand aufwies.

Beschränken Sie sich deshalb beim Auffüllen Ihrer Ahnentafel höchstens mit Informationen bis zur vierten Generation. Sie werden damit schon genug Mühe haben. Der Stammbaum kann Ihnen nur als erste, sehr allgemeine Leitlinie dienen. Wenn Ihr Hund überragende Nachkommen hervorbringt, so ist er für Sie und die Weiterzüchtung der Rasse wertvoll. Bringt Ihr Hund mittelmäßige oder schlechte Nachkommen hervor, dann ist er ein für die Weiterzucht wertloser Hund, wie berühmt die Vorfahren in seinem Stammbaum auch sein mögen.

Bewertung der Erbanlagen

Noch vor wenigen Jahrzehnten wurden in der Hundezucht nur die für eine Verpaarung vorgesehenen Zuchttiere nach Phänotyp beurteilt und verpaart. Heute steht uns ein umfassendes System zur **Erbwertermittlung** und **Zuchtwertschätzung** (Genotyp-Beurteilung) zur Verfügung.

Zur Beurteilung der Erbanlagen spielen folgende Bewertungen eine entscheidende Rolle:

- Eigenleistungen, Eigenbewertung
- Bewertung der Vorfahren
- Bewertung verwandter Tiere
- Bewertung der Nachzucht

Im zeitlichen Ablauf liegen meist zuerst die Angaben über die Vorfahren vor, danach die Eigenbewertung und die Bewertung

Bewertung der Erbanlagen

■ *Die Überprüfung des Sozialverhaltens und die Reaktion auf Umweltreize gehören zu den Wesenstests der Körung.*

verwandter Tiere (Geschwister, Halbgeschwister, Geschwister der Eltern und deren Nachkommen, Geschwister der Großeltern und deren Nachkommen) und zuletzt erst die Bewertung der eigenen Nachkommen eines Zuchttieres.

Eigenleistungen/ Eigenbewertungen

Die Bewertung der Eigenleistung, das heißt die Beurteilung des Zuchttieres selbst, ermöglicht bereits genauere Aussagen zum Erbwert bei hohem Erblichkeitsgrad der interessierenden Merkmale. Nur bei hoher Erblichkeit von Merkmalen kann man sicher sein, dass die bei den Elterntieren beobachtete gute Leistung auch bei den Nachkommen auftreten wird. Da dies für beinahe alle Exterieurmerkmale wie Typ, Gebäude, Ohrenhaltung und so weiter zutrifft, lässt sich der Zuchtwert für solche Eigenschaften oft aus der Eigenleistung des Tieres abschätzen. Da Wesenseigenschaften nur eine geringe bis mittlere Heritabilität aufweisen, geben Eigenleistungsprüfungen unzureichende Auskunft über den Zuchtwert unseres Zuchttieres.

Die phänotypischen Unterschiede zwischen Ihrer Zuchthündin und anderen Hunden der Rasse müssen genetisch bedingt sein, um **Leistungsüberlegenheit** sicher an die Nachkommen weitergeben zu können und damit den gewünschten Selektionserfolg eindeutig zu erzielen. Ebenso wichtig ist Ihre eigene Sorgfalt und kritische Beurteilung der Anlagen und Merkmale Ihres Zuchthundes.

Der Zuchtwert Ihres Zuchttieres ergibt sich im Wesentlichen nach erfolgtem züchte-

Bewertung der Erbanlagen

rischen Einsatz aus den Ergebnissen der Bewertungen der Nachzuchten.

Möglichkeiten der Eigenbewertung Ihres Zuchthundes stellen Körungen, Prüfungen und Zuchtschauen dar.

Körungen
Da nicht alle Hundevereine **Körveranstaltungen** (Zuchttauglichkeitsprüfungen) durchführen und solche Überprüfungen durch Hundeverordnungen und negative Einstellungen der Bevölkerung und der Politiker gegenüber Hunden immer mehr an Bedeutung gewinnen, werden hier einige Ausführungen zum Zweck und zur Durchführung solcher Veranstaltungen für die Zucht erläutert und beschrieben.
Die **Zuchtordnungen** der Landesverbände VDH, ÖKV und SKG schreiben für alle Rassehundezuchtvereine und jeden einzelnen Züchter die **planmäßige Zucht erbgesunder, wesensfester Rassehunde** vor. Erbgesund ist ein Rassehund dann, wenn er Standardmerkmale seiner Rasse, Rassetyp und rassetypisches Wesen vererbt. Er darf jedoch **keine erheblichen erblichen Defekte**, die die funktionale Gesundheit seiner Nachkommen beeinträchtigen könnten, vererben. Die Rassehundezuchtvereine sind zur methodischen Bekämpfung erblicher Defekte verpflichtet. Es darf nur mit gesunden, wesensfesten Hunden gezüchtet werden. Der Züchter sollte sich in diesen Fragen nicht auf die Rassehundezuchtvereine verlassen, sondern hier ist seine Eigenverantwortung in hohem Maße gefordert.

Für die Zucht und Erhaltung einer Rasse sind neben der Erscheinung vorwiegend die ererbten Anlagen von Bedeutung. Diese zu erforschen und von den Umwelteinflüssen getrennt zu erfassen, ist Zweck der **Wesensprüfung**. Das so erforschte Anlagenbild gibt unter Berücksichtigung der Zuchtziele den gewünschten Aufschluss über die Zuchttauglichkeit des geprüften Hundes. Körungen sind aus diesem Grunde Zuchttauglichkeitsprüfungen. Die Köranforderungen ergeben sich aus dem Körschein.

Hundevereine ohne Körveranstaltungen erteilen die Zuchttauglichkeit aufgrund von Formwertnoten oder Schaubewertungen und Gesundheitskriterien. Jagdhunde müssen zusätzlich jagdliche Veranlagungsprüfungen ablegen.

Jedem Zuchtvorhaben sollte deshalb vor einer Zuchtverwendung eine Auslese von Tieren vorangehen, die im Erscheinungsbild und Wesen die größte Standardannäherung aufweisen. Die wichtigste Maßnahme, um Wesensmängeln entgegenzuwirken, ist wegen der Erblichkeit solcher Anlagen die Aussonderung von Zuchttieren mit abweichenden Verhaltensweisen und die positive

> Unter dem Zuchtwert eines Tieres versteht man die durchschnittliche Überlegenheit seiner Nachkommen über den Populationsdurchschnitt.

Bewertung der Erbanlagen

Beeinflussung von Wesensmerkmalen durch züchterische Selektion auf der Basis von Wesenstests. Nur auf diese Weise kann eine Rasse verhaltensmäßig gesund bleiben.

Im Gegensatz zur Beurteilung des Erscheinungsbildes, das aufgrund objektiver Merkmale relativ eindeutig bewertet werden kann (ein abstehendes Ohr ist auch für unterschiedliche Beurteiler ein abstehendes Ohr), ist die **Beurteilung des Wesens** der Hunde sehr schwierig zu objektivieren. Hierbei sind Werturteile abzugeben, die dem Inhalt nach von verschiedenen Körmeistern unterschiedlich gesehen und gewichtet werden.

Die einzelnen Hunderassen unterscheiden sich gerade im Hinblick auf **Verhaltensbesonderheiten** voneinander. Besondere Verhaltensweisen oder bestimmte Wesensmerkmale sollten deshalb bei allen Rassen zum Standard werden, auf den die Zuchtauswahl abgestimmt werden muss. Es kommt immer wieder vor, dass es Störungen des rassetypischen Verhaltens in Form von Ausfällen, schwacher Ausbildung bestimmter Verhaltensweisen oder als **Wesensmängel** gibt, die in einer Körung abgefragt werden können und müssen. Die Wesensmängel in heutiger Zeit sind bei allen Hunden insbesondere **Scheue** und **Ängstlichkeit** sowie **Aggressivität**. Der heutige Familien- und Begleithund soll unter den gegebenen Wohn- und Lebensbedingungen mit großer Bevölkerungs- und Verkehrsdichte, städtischem Milieu, extremer Technisierung mit erheblicher Lärmentwicklung ein Lebensgefährte sein, der ohne Schwierigkeiten überallhin mitgenommen werden kann und der seiner Familie bei den Spaziergängen und allen Begebenheiten ein angenehmer und sicherer Begleiter ist.

Der **Wesensstandard** ist deshalb der Maßstab, wie die zu beobachtenden Verhaltensweisen einzuordnen und zu gewichten sind. Bei jedem einzelnen Kriterium ist die Kernfrage zu beantworten:

Wie stellen wir uns – im Hinblick auf ein erreichbares Zuchtziel – den bezüglich Wesen idealen Hund vor?

Erwünschte Verhaltensweisen sollten sein:
- Temperament
- Sicherheit und Selbstbewusstsein
  - in friedlicher Situation
  - gegenüber fremden Menschen
  - gegenüber anderen Hunden
  - im Verkehr
- gute Führigkeit
- enge Bindung an den Besitzer/Halter, die Familie
- Geräuschunempfindlichkeit
- Unempfindlichkeit gegenüber optischen Reizen
- körperliche Unempfindlichkeit
- je nach Rassestandard angemessene Verteidigungsbereitschaft
- Jagdtrieb bei jagenden Rassen

Unerwünschte Verhaltensweisen sollten sein:
- Ängstlichkeit
- Scheue
- übersteigertes Misstrauen
- übersteigerter und dadurch zu ausgeprägter Kampf- und Schutztrieb
- Schärfe
- Jagdtrieb bei nicht jagenden Rassen

Bewertung der Erbanlagen

■ Leistungsprüfungen sind auch Ausdauerprüfungen zum Beispiel für den Hovawart, bei denen die Hunde 20 km am Fahrrad zurücklegen müssen.

Für den erwünschten beziehungsweise unerwünschten **Ausprägungsgrad** der einzelnen Merkmale ist nicht der Ist-Zustand maßgebend, sondern die als Zuchtziel der Rasse anzustrebenden Anforderungen, der Soll-Zustand.

Das Verhalten des Hundes in friedlicher Situation ist der wichtigste Teil der Wesensprüfung. Die Prüfungsbedingungen sollten dabei weitgehend den **Einwirkungen und Einflüssen im Alltag** entsprechen. Dem Hund wird Gelegenheit gegeben, individuell und seiner Veranlagung gemäß zu reagieren. Der Begutachter bewertet Ängstlichkeit,

Scheuheit, Aggressivität und so weiter. Nur so können Mängel herausgefunden werden, die eine Zuchtverwendung nicht ratsam erscheinen lassen.

Erwünscht ist in allen Situationen ein sicheres, furchtloses, ruhiges und interessiertes Verhalten des Hundes, das frei von Nervosität und Fluchttendenz sein soll. Unerwünscht sind andauernde Ängstlichkeit, Schreckhaftigkeit, ausgeprägtes Misstrauen, Nervosität und Fluchttendenz.

Der verantwortungsbewusste Züchter sollte Mängel, die sich aufgrund der Wesensbeurteilung bei seiner zukünftigen Zuchthündin oder des Zuchtrüden zeigen, in der Planung

Bewertung der Erbanlagen

Prüfungen wie hier beim Turnierhundsport zeigen den Trainingswillen – nicht nur der Hunde, sondern auch der Besitzer.

eines Zuchtvorhabens ebenso stark berücksichtigen wie anatomische Unzulänglichkeiten. Die Wesensbeurteilung im Rahmen der Rassehundezucht sollte in erster Linie dazu dienen, scheue, ängstliche, unsichere, nicht belastbare und unberechenbar aggressive Hunde, die vom Wesensstandard der Rasse abweichen, von der Zucht auszuschließen. An einen weißen Fleck an Stellen, an denen er im Standard nicht vorgesehen ist, werden sich Ihre Welpenkäufer schnell gewöhnen; ein schlechtes Wesen haben diese aber täglich zu ertragen und werden es Ihnen als Züchter anlasten.

Prüfungen

Leistungsprüfung bedeutet, dass man Hunde nach der Leistung, die sie erbracht haben, ausliest. Bei Leistungsprüfungen gilt wie bei allen anderen Merkmalen, die Sie selektieren, dass das Merkmal erblich sein muss. Leistung im weitesten Sinne ist jede körperliche Erscheinung, die Sie messen oder vergleichen können, sowie im Wesensbereich

> **Wichtig für alle Leistungsprüfungen ist, dass man bei der Beurteilung einheitlich vorgeht.**

Bewertung der Erbanlagen

abgelegte Jagd- oder Schutzhundprüfungen. Wenn Sie Ihren Hund wegen seines schönen Exterieurs, wegen seiner herrlichen Haarpracht oder wegen seiner Farbe auswählen, lesen Sie ihn nach einer Leistungsbeurteilung aus. Gehen Sie hierbei mit einer sehr subjektiven Methode der Beurteilung vor und überprüfen Sie kaum die Gültigkeit Ihrer Wertungen, wird jeder Zuchtfortschritt nur auf Zufall beruhen.

Bei der Betrachtung von Leistungsprüfungen im engeren Sinn (Arbeitsprüfungen) möchte ich mich hier auf Prüfungen wie Schutzhund-, Jagdhund-, Fährtenhund-, Hütehund- und Ausdauerprüfungen beschränken.

Viele Züchter sind auch heute noch der Meinung, dass sich Leistungen wie abgelegte Arbeitsprüfungen vererben. Da Prüfungen meist jedoch auf angelernten, trainierten Übungseinheiten basieren, sind abgelegte Prüfungen nicht erblich, höchstens Teile davon wie die ausgeprägte Bringfreude des Retrievers. Prüfungen zeigen den Trainingswillen und den aufgebrachten Zeitaufwand des Besitzers und nur bedingt die Anlagen, die vererbt werden können. Tatsächlich gibt es einen Zuchtverein, der eine so genannte »Merkmalslinie Leistung« einführte. In dieser Linie wurden nur Hunde eingetragen und erhielten andersfarbige Ahnentafeln, die Schutzhundprüfungen abgelegt hatten. Eine Leistungssteigerung

■ *Zuchtschauen sollen den züchterischen Stand einer Rasse zeigen.*

Bewertung der Erbanlagen

bei den Nachkommen dieser Linie oder ein überproportionaler Leistungsanstieg der Nachkommen trat allerdings nicht ein. Die in der Schutzhundprüfung abgefragten Einzelelemente sind nicht oder so gering heritabel, dass Leistungssteigerungen bei den Nachkommen eben (meistens) nicht nachweisbar sind.

Erblich und damit durch **Selektion beeinflussbar** ist jedoch die für Schutzhundprüfungen nützliche **niedrige Reizschwelle**. Wenn Sie in einer Rasse immer solche Zuchttiere selektieren, die sehr früh reagieren, wird die Reizschwelle auf Dauer in der gesamten Population sinken. Das Gleiche gilt auch umgekehrt. Sie können in relativ wenigen Zuchtgenerationen die Reizschwelle in einer Rasse erhöhen, wenn Sie ausreichend stark auf ruhige, spät reagierende Tiere selektieren.

Bei **Jagdprüfungen** sind die in Arbeitsprüfungen abgefragten Bereiche einzeln zu betrachten. Schussscheue ist bei Jagdhunden ein wichtiges Auswahlkriterium. Die ihr zugrunde liegende Geräuschüberempfindlichkeit ist hoch heritabel. Jagen mit erhobenem Kopf ist je nach Rasse dominant über Jagen mit gesenktem Kopf. Vererbt wird ebenfalls die Eigenschaft, Gegenstände im Fang zu tragen. Bellen auf der Fährte ist dominant über lautloses Stöbern. Wasserpassion ist unvollständig dominant über fehlende Wasserpassion. Hier handelt es sich insgesamt um **Spezialleistungen**, die aus **Spezialbe-**

■ *Dieser Hovawartrüde zeigt eine rassespezifisch fehlerhafte steile Hinterhand.*

gabungen resultieren und durch Training und Ausbildung kaum verändert werden müssen und deshalb sehr wohl erblich sind. Die Heritabilität reicht von relativ niedrig bis gut mittel.

Die **Hüteeigenschaft** der Hütehunde ist vererbbar. Es handelt sich auch hier um Spezialleistungen, die eine sehr wohl vererbbare Komponente haben.

Ausdauerprüfungen zeigen, ob ein Hund gesund und der Belastung eines 20-Kilometer-Laufes gewachsen ist. Ohne Training sollte eine solche Prüfung nicht abgelegt werden. Genetisch gesehen ist aus dem Ablegen einer solchen Prüfung kein Schluss möglich. Ein solcher Hund beweist lediglich seine augenblickliche Konstitution.

Zuchtschauen

Diese Veranstaltungen sind Schönheitswettbewerbe und zuchtfördernde Einrichtungen, die nach der Zuchtschauordnung des jeweiligen Rasseclubs oder Landesverbandes und **streng nach Standardkriterien** durchgeführt werden.

Für jede Hunderasse sind die rassetypischen Erscheinungsbildkriterien im **Rassestandard** festgelegt. Die Richter beurteilen jeden Rassehund in allen äußeren Erscheinungsbildmerkmalen nach dem für diese Rasse gültigen Rassestandard in Typ, Körperbau, Farbe, Gangwerk, Kopf-, Ohren- und Rutenhaltung, Augenfarbe und -form uns so weiter, wobei auch dem Wesen des Hundes Beachtung geschenkt wird. Die Richterberichte haben zum Teil große Bedeutung für die Zuchtzulassung oder Ankörung. Diese Zuchtschauen geben Ihnen als Züchter die Möglichkeit, viele Hunde Ihrer Rasse zu vergleichen und einzuschätzen. Sie können sich auf Schauen nach geeigneten Rüden umsehen und Ihre eigene Hündin kritisch begutachten lassen. Zuchtschauen geben aber auch einen hervorragenden Überblick über den **Stand der Zucht** in Ihrer Rasse. Hier erhalten Sie Informationen über Standardabweichungen, Erbfehler oder zuchtausschließende Merkmale Ihrer Rasse. Auch können Sie hier den Erfolg oder Nichterfolg durchgeführter Paarungen selbst beurteilen und sich für eigene Planungen Anregungen holen.

Wollen Sie die Ahnentafel Ihrer Zuchthündin oder Ihres Zuchtrüden wie beschrieben mit Informationen zu den einzelnen eingetragenen Vorfahren ergänzen, bieten Ihnen die aufgeführten Körungen, Leistungsprüfungen und Zuchtschauen viele Möglichkeiten, die Eigenleistung der vorgestellten Hunde zu beurteilen und Datenmaterial zu sammeln.

Bewertung der Vorfahren

Bei der Beurteilung von Zuchtwerten aufgrund von Eigenleistungen stehen entsprechende Daten (Leistungsdaten im weitesten Sinn) nur von einem einzigen Tier zur Verfügung. Hierbei können sich zufallsbedingte (zu positive oder zu negative Aussagen) Leistungseinschätzungen ergeben, welche die Aussagekraft der Eigenleistung beeinträchtigen können.

Bewertung der Vorfahren

■ Die Einschätzung des genetischen Potenzials eines Wurfes wird erst durch die Vorstellung mehrerer Wurfgeschwister möglich.

Nimmt man die **Leistungsdaten verwandter Tiere** (Vorfahren, Geschwister und Nachkommen) hinzu, kann der **tatsächliche Zuchtwert** für Ihre Zuchthündin oder Ihren Zuchtrüden mit wesentlich größerer Sicherheit vorausgesagt werden.

Die meisten Informationen von Vorfahren liefern Ihnen die Eltern Ihres Zuchttieres. Da es nur zwei Eltern besitzt, ist die Zahl der Informationen auch hier noch beschränkt. Das zu betrachtende Merkmal sollte eine möglichst hohe Heritabilität aufweisen.

Um die Eigenleistung Ihres Zuchttieres besser einschätzen zu können, sollten Sie dessen Leistungen mit den Elternleistungen vergleichen, um herauszubekommen, welche davon genetisch und welche umweltbedingt sind.

Prof. W. Schleger hat hierzu ein einleuchtendes Beispiel beschrieben: »*Die Eltern eines zu prüfenden Zuchtrüden haben in der Jagdleistungsprüfung für Spurarbeit 3 Punkte (Mutter) und 4 Punkte (Vater) bekommen. Der Rüde selber hat 8 Punkte erreicht. In diesem Fall ist*

Bewertung der Vorfahren

anzunehmen, dass die Leistungsüberlegenheit des Rüden vor allem auf bessere Umweltbedingungen (z. B. einen besseren Ausbilder oder bessere psychische bzw. physische Betreuung) zurückzuführen ist. Der tatsächliche Zuchtwert des Rüden wird in diesem Fall also sicher niedriger sein als seine phänotypische Leistungsüberlegenheit. Anders sähe es in folgendem Fall aus: Die Eltern eines zu prüfenden Rüden erreichten in der Spurarbeit 7 Punkte (Mutter) und 9 Punkte (Vater). Der Rüde selbst erreicht 9 Punkte. In diesem Fall kann man annehmen, dass die Leistungsüberlegenheit des Rüden vor allem genetisch bedingt ist, dass er sie also von seinen Eltern geerbt hat und damit auch an seine Nachkommen weitergeben wird.«

Auch die Großelterngeneration kann bei der Betrachtung eines Merkmals Informationen liefern. Hat ein Zuchttier selbst noch keine Nachkommen und möchte man die Wahrscheinlichkeit einschätzen, dass es HD an seine Kinder weitergibt, so muss man neben dem eigenen HD-Ergebnis (HD-frei) die HD-Ergebnisse der Geschwister des Zuchttieres (alle auch HD-frei = Bewertung verwandter Tiere) und die HD-Ergebnisse der Eltern, der Onkel und Tanten, wenn möglich auch der Großeltern und der Geschwister der Großeltern (alle HD-frei = Bewertung der Vorfahren) und so weiter betrachten. Waren es alle in Bezug auf das Merkmal HD gesunde, hervorragende Rassevertreter, so ist die Wahrscheinlichkeit, einen Wurf HD-freie Nachkommen bei gleich gutem Zuchtpartner zu erhalten, sehr groß.

Stellen Sie sich im Hinblick auf die Disposition von HD folgende Kombination vor: Ihr eigenes Zuchttier ist HD-frei (Eigenleistung) und Sie dürfen auch nur mit HD-frei züchten. Ihr Zuchttier hat sechs Geschwister, von denen alle geröntgt und eins HD-frei, drei HD-leicht und zwei HD-schwer im Ergebnis haben. Die Eltern Ihres Zuchthundes sind HD-frei; die Mutter hat fünf Geschwister, von denen zwei HD-Verdacht und drei HD-leicht im Ergebnis aufweisen; der Vater hat sechs Geschwister, von denen zwei HD-frei, zwei HD- leicht und zwei HD-schwer haben. Sie können sich vorstellen, dass Sie bei einer solchen Kombination keine Chance haben, einen im Merkmal HD erbgesunden Wurf erhalten zu können, auch wenn Sie bei der Wahl Ihres Zuchtpartners

> Die **Genauigkeit der Erbwerteinschätzung** für quantitative Merkmale wie Größe, Gewicht oder Fruchtbarkeit ist relativ gering, selbst bei der Kombination der Eigenleistung unter Hinzunahme der Elternleistung. Für die Erbwertermittlung bei qualitativen Merkmalen wie Farbe, Haarkleid, Ohrenform und viele Erbfehler wie Patellaluxation oder Ektropium ist die Einbeziehung von zwei weiteren Generationen von Vorfahren nützlich.

Bewertung verwandter Tiere

Sorgfalt aufwenden. Erschwerend kommt hinzu, dass Sie oft die HD-Ergebnisse der gesamten Geschwister, der Geschwister der Eltern und so weiter gar nicht kennen. Für jeden nicht geröntgten Hund müssten Sie in Ihrer Übersicht, die Sie vor einem geplanten Wurf erstellen, einen HD-Befall unterstellen und sich fragen, ob Sie es bei solchen Gegebenheiten verantworten können, Nachkommen in die Welt zu setzen, die Sie an Käufer abgeben, die dann fragen werden, ob Sie die erforderliche Sorgfalt bei der Wahl Ihres Zuchthundes aufgewandt haben. Eine rosarote Brille ist in der Zucht wenig nützlich.

Bewertung verwandter Tiere

Die Einbeziehung verwandter Tiere in die Erbwertermittlung kann die Genauigkeit der möglichen Aussagen wesentlich erhöhen. Dies gilt insbesondere bei Merkmalen mit relativ niedriger Heritabilität. Hierfür kommen vor allem die **Vollgeschwister** und die **Halbgeschwister** in Betracht. Durch deren Einbeziehung ist die Aussagefähigkeit der Erbwerte bei niedriger bis mittlerer Heritabilität größer als bei der Eigenleistungsprüfung.

■ *Die wichtigste Aussage für die Zucht hat die Nachkommenbeurteilung.*

Bewertung der Nachzucht

Besondere Bedeutung hat die Bewertung der Geschwister dann, wenn es sich um geschlechtsbegrenzte Merkmale handelt. Bei Hunden muss man, um zum Beispiel die Frage der Einhodigkeit beurteilen zu können, die männlichen Vollgeschwister oder Halbgeschwister mitbetrachten, da die Zuchthündin selbst hierzu keine Informationen liefert.

Je mehr Geschwister eines Zuchttieres geprüft werden und je gleichmäßiger deren Leistungen sind, umso genauer wird die Aussage zu einem Merkmal Ihres Zuchthundes sein. Halbgeschwisterleistungen können nur eine reduzierte Aussagekraft haben, da ja ein Elternteil verschieden ist. Dieser Mangel wird jedoch meist durch die größere Anzahl der Halbgeschwister und dadurch mehr Leistungsdaten ausgeglichen.

Haben Sie zum Beispiel einen hervorragenden Hund aus einem Wurf mit ziemlich mittelmäßigen Geschwistern, so kann es sein, dass dieser Hund zufällig eine überragende Genkombination erhalten hat und nicht tatsächlich eine positive Ansammlung erwünschter Merkmale, die er weitergeben könnte. Solch ein Hund wird sich in der Zucht möglicherweise als enttäuschender Vater erweisen. Anders verhält es sich bei einem Zuchttier, das einem Wurf mit erstklassigen, vorzüglichen Individuen entstammt. Wenn Sie die Leistungen der Geschwister (Voll- und Halbgeschwister) mit in Ihre Betrachtungen einbeziehen, werden Sie die Chancen auf konkretere Aussagen und damit bessere Zuchtaussichten erhöhen.

Bewertung der Nachzucht

Da der Zuchtwert eines Hundes der Überlegenheit seiner Nachkommen über den Populationsdurchschnitt entspricht, lässt sich durch die Bewertung der Nachzucht die vergleichsweise größte Genauigkeit bei der Erbwertermittlung erzielen.

Da ein Zuchttier immer erst ein bestimmtes Alter erreichen muss, um genügend beurteilungsfähige Nachkommen zu haben, ist dieser Zeitfaktor der einzige und größte Nachteil bei der Nachkommensprüfung. Wenn wir anhand seiner Nachkommen den Zuchtwert eines Rüden beurteilen wollen, wird er selbst bereits ein Alter von etwa fünf bis sechs Jahren erreicht haben.

Beurteilt man einen Hund nach seiner Erscheinung oder Leistung, schätzt man dessen Zuchtwert nur ein. Beurteilt man den Hund hingegen auf der Grundlage der Ergebnisse seiner Nachkommen in Erscheinung und Leistung, berechnet man wirklich den Zuchtwert dieses Tieres.

Bei der Nachkommenbewertung wird vorausgesetzt, dass die Zuchtpartner des betreffenden Hundes typisch für die Rasse sind und nicht eine ausgesprochen gute oder schlechte Auswahl darstellen.

Wird ein Rüde mit Hündinnen der Spitzenklasse verpaart, werden die Nachkommen natürlich nicht nur die väterliche Abweichung zum Rassedurchschnitt wiedergeben, sondern auch die der ihm zugeführten Hündinnen. Wenn Sie als Züchter die Ausstellungser-

Bewertung der Nachzucht

gebnisse der Nachkommen eines bestimmten Vaters betrachten, berücksichtigen Sie bitte dabei auch, wie viele hervorragende, überdurchschnittliche Hündinnen mit ihm verpaart wurden oder wie viele schlechte, unter dem Durchschnitt liegende Hündinnen. Einige Deckrüden können aufgrund der Vorzüge des Standorts (Ballungszentrum, viele hervorragende Hündinnen in erreichbarer Nähe) oder des Besitzers (aktiver und begeisterter Halter, Hundesportler, Vereinsfunktionär) eine bessere Auswahl an Hündinnen erhalten als andere (sehr abgelegen wohnend, schlechte Verkehrsanbindung) und Vergleiche, bei denen das Muttertier außer Acht gelassen wird, können dann irreführend oder falsch sein.

Außerdem sollten Sie darauf achten, dass die Nachkommen eines bestimmten Vaters, die Sie betrachten, eine typische Auswahl seiner Nachkommen bilden und nicht eine auserlesene Gruppe. In der Regel wird die Wahrscheinlichkeit, dass man eine einseitige Auswahl vor sich hat, umso geringer sein, je mehr Nachkommen betrachtet werden können. Bei einigen Prüfparametern müssen Sie als Züchter auch beachten, dass die Nachkommen möglichst gleichen Umweltbedingungen ausgesetzt waren.

Nachkommenprüfungen verzögern populationsgenetisch gesehen die **Generationsintervalle**. Sie sind abhängig vom durchschnittlichen Alter der Eltern bei der Geburt ihrer für die Weiterzucht verwendeten Nachkommen. Sie verstärken andererseits die Möglichkeit, das Ausmaß einzuschätzen, zu dem ein Hund den Rassedurchschnitt übertrifft.

Bei **hohem Erblichkeitsgrad** der ausgewählten Merkmale ergibt die Beurteilung des Zuchthundes selbst eine relativ genaue Aussage über den Erbwert, die sich vor allem durch die Bewertung der Nachkommen erhöhen lässt.

Bei **niedrigem bis mittlerem Erblichkeitsgrad** der ausgewählten Merkmale lassen sich nur Rückschlüsse über den Erbwert aus der Eigenleistungsprüfung ziehen. Die Genauigkeit lässt sich durch die Einbeziehung der Vorfahren und verwandter Tiere erhöhen. Jedoch erst die Bewertung der Nachzucht ergibt wesentlich genauere Aussagen über den Erbwert des Zuchttieres.

Nachkommenbewertungen sind natürlich viel leichter bei Rüden durchzuführen, da sie meist eine sehr viel größere Zahl an Nachkommen mit den unterschiedlichsten Zuchtpartnern haben als Hündinnen.

Je mehr Nachkommen eines Hundes Sie bewerten können, umso besser können Sie seine Möglichkeiten einschätzen, wichtige Merkmale weiterzugeben. Sofern der größte Teil der Nachkommen, die Sie zu sehen bekommen, ein gutes Gangwerk, vorzügliche Kopfform oder andere wichtige Vorzüge besitzt, können Sie davon ausgehen, dass der Vater diese Merkmale bis zu einem gewissen Grad weitervererben wird. Allerdings werden alle Rüden auch einmal weniger wertvolle Nachkommen hervorbringen.

Es ist jedoch der **Gesamtdurchschnitt** der Nachkommen, der zählt, besonders natürlich der Anteil an Nachkommen im oberen Bereich der Wertung.

Verfahren zur Erbwertermittlung

Züchter und Zuchtleitung müssen, wenn ein Junghund in der Zucht eingesetzt werden soll, unmittelbar die Frage klären, welche positiven und negativen Erbanlagen das künftige Zuchttier hat, also die Frage nach dem Erbwert stellen. Die Beantwortung dieser Frage lässt erste Voraussagen über die voraussichtliche **Qualität seiner künftigen Nachkommen** zu und ist außerdem für die **Wahl des geeigneten Zuchtpartners** unerlässlich und von größter Bedeutung.

Die Erbwertermittlung erfolgt, wie bereits dargestellt, durch die Beurteilung des Zuchttieres selbst, und zwar mit größer werdender Genauigkeit der Aussagen durch jede weitere Beurteilung im Laufe des Hundelebens. Die Familienbewertung umfasst möglichst viele verwandte Tiere und erhöht die Aussagefähigkeit des Erbwertes.

Sehr weit zurückliegende Verwandte sind nur von geringem Interesse. Die größte Aussagekraft hat die **Nachkommenbeurteilung**. Verfahren in der Hundezucht, die dem Züchter und den Zuchtverantwortlichen (Zuchtleitung und Zuchtwarten) die Erbwertermittlung nach **statistischen Verfahren** ermöglichen, sind die Erbwertermittlung nach Mindestleistungen und die Zuchtwertschätzung.

Selektionsindex Mindestleistungen

Frau Dr. I. Stur von der Universität Wien hat 1994 bei einer Tagung als Alternative zur Selektion auf Rassetyp und Schönheit die Selektion nach einem **Selektionsindex** empfohlen. Dabei sollen bei jedem Hund verschiedene, vorher vom Rassezuchtverein festgelegte Merkmale unabhängig voneinander bewertet und die **Bewertungen summiert** werden. Ein Hund, der in den meisten bewerteten Eigenschaften sehr gut ist oder überragt, dafür aber in einer einzelnen Eigenschaft versagt, sollte deshalb nicht von der Zucht ausgeschlossen werden. Wenn es sich bei dem schlechten Merkmal nicht um eine **Grundforderung** wie gutes Wesen, Gesundheit oder funktionstüchtiges Gangwerk handelt, sollte man ein hervorragendes bis sehr gutes Tier nicht eines einzelnen Fehlers wegen von der Zucht ausschließen.

Frau Dr. Stur meint: »*Damit hat ein Hund die Möglichkeit, schlechte Leistungen in einem Merkmal durch besonders gute Leistungen in einem anderen Merkmal zu kompensieren (nicht genetisch, sondern in Form einer* **Gesamtindexzahl** *verschiedener Merkmale). Außerdem kann jedes einzelne Merkmal entsprechend seiner funktionellen Bedeutung gewichtet werden. So wären Merkmale mit rein optischer Bedeutung wie z. B. Farbe am niedrigsten, Merkmale mit ausgeprägter funktioneller Bedeutung wie z. B. das Fundament (Gangwerk oder Gebäude) bzw. mit ausgeprägtem Krankheitswert wie z. B. HD am höchsten gewichtet.*«

Sie führt weiter aus, dass mithilfe der Berechnung eines **Paarungswertes**, der als Summe der durchschnittlichen gewichteten Merkmalswerte der beiden Paarungspartner berechnet wird, sich für jede mögliche Paarung ein **Erwartungswert** für einen

Verfahren zur Erbwertermittlung

summarischen Index der Nachkommen berechnen lässt. Sie schlägt deshalb als vernünftige **Paarungsstrategie** den Zuchtvereinen eine kompensatorische Paarung vor, bei der die besten Hündinnen an die schlechteren Rüden bezüglich festgelegter Merkmale und umgekehrt angepaart werden sollten, da dadurch die Paarungswerte für alle Paarungen im Bereich eines **guten Durchschnitts** bleiben und die genetische Basis in den Rassen größer erhalten wird.

Wichtig bei dieser Auswertungsform ist, dass die Zuchttiere den **Durchschnittswert der Rasse** und nicht den Wert eines Einzeltieres und seiner Nachkommen verbessern.

Zuchtwertschätzung/ BLUP-Methode

Bei landwirtschaftlichen Nutztieren hat man Selektionsmethoden wie den Selektionsindex oder die BLUP-Methode (Best Linear Unbiased Prediction = Bestmögliche lineare unverfälschte Vorhersage) als Zuchtwertschätzung mit gutem Erfolg eingesetzt. Diese BLUP-Technik wurde vor vielen Jahren entwickelt, jedoch wegen der komplizierten Datensammlung und deren Auswertung erst in jüngerer Zeit durch die Möglichkeiten der Computertechnik genutzt. Mittlerweile findet diese Technik im Bereich der Hundezucht immer mehr Eingang in die Arbeit der Rassehundezuchtvereine.

Grundsätzlich erlaubt die BLUP-Technik, jede einzelne Eigenschaft eines Hundes, an der man interessiert ist, aufgrund gespeicherter Daten in einer einzigen Zahl für den Hund auszudrücken. Der Zuchtwert nach dieser Methode beruht auf einem komplexen mathematischen Verfahren.

In die Zuchtwertschätzung zur BLUP-Technik fließen alle im Kapitel »Bewertung der Erbanlagen« genannten Daten ein wie:

› Eigenleistung/Eigenbewertung wie Körungen, Prüfungen, Zuchtschauen
› Bewertung der Vorfahren wie Eltern und Großeltern
› Bewertung verwandter Tiere wie Voll- und Halbgeschwister
› Bewertung der Nachzuchten

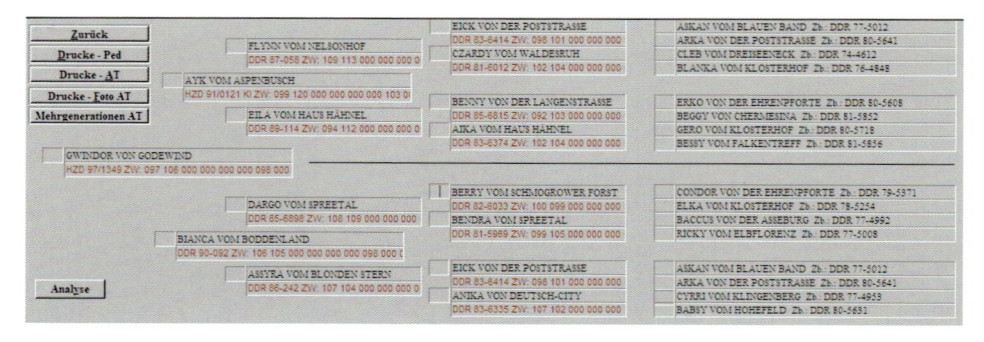

■ *In die Zuchtwertschätzung fließen alle Daten der Ahnen des Zuchthundes ein.*

Verfahren zur Erbwertermittlung

```
Nachkommenliste
  GWINDOR VON GODEWIND   mit 16 registrierten Nachkommen
                                                                    HD  VUK -  -  -  -   RA -  -  -  -
  Vater :    BUSTER VON GRYPSWULD    HZD 94/0561 KI  -  Wurfdatum : 10.04.2000
                                   HD-Frei
                                   GEKÖRT (HZD)
  Züchter :  Inge und Uwe Hansen, Ofeld 46,  24214 Gettorf
                                                         095 102 000 000 000 000 099 000 000 000 000 000
  HZD 00/2397            HERDIS VON GODEWIND             095 104 000 000 000 000 098 000 000 000 000 000
  HZD 00/2396            HANNAH VON GODEWIND             095 104 000 000 000 000 098 000 000 000 000 000
  HZD 00/2395            H.. VON GODEWIND                096 104 000 000 000 000 098 000 000 000 000 000
  HZD 00/2394            HELOS VON GODEWIND              095 104 000 000 000 000 098 000 000 000 000 000
  HZD 00/2393            HALVAR VON GODEWIND             095 104 000 000 000 000 098 000 000 000 000 000
  HZD 00/2392            HALLDOR VON GODEWIND            093 101 000 000 000 000 097 000 000 000 000 000
  HZD 00/2391            HAKON VON GODEWIND              093 102 000 000 000 000 099 000 000 000 000 000
  HZD 00/2390            HÄGAR VON GODEWIND              095 104 000 000 000 000 098 000 000 000 000 000

  Vater :    OKITO VON DEN HANSEATEN    HZD 96/1068  -  Wurfdatum : 13.05.2001
                                   HD-Frei
                                   GEKÖRT (HZD)
  Züchter :  Inge und Uwe Hansen, Ofeld 46,  24214 Gettorf
                                                         097 102 000 000 000 000 101 000 000 000 000 000
  HZD 01/2757            IRA VON GODEWIND                097 104 000 000 000 000 099 000 000 000 000 000
  HZD 01/2756            INJA VON GODEWIND (V)           097 104 000 000 000 000 099 000 000 000 000 000
  HZD 01/2755            IVO-MERLYN VON GODEWIND         103 103 000 000 000 000 098 000 000 000 000 000
  HZD 01/2754            ISKER VON GODEWIND              094 104 000 000 000 000 099 000 000 000 000 000
  HZD 01/2753            INGOLF VON GODEWIND             096 104 000 000 000 000 099 000 000 000 000 000

  Vater :    BAYAR VOM FÜRSTENWALL     25238-98  -  Wurfdatum : 25.02.2003
                                   HD-Frei
                                   HZD 00/2486  JUGENDKÖRUNG (HZD)  NB teilgen.   GEKÖRT (HZD)
  Züchter :  Inge und Uwe Hansen, Ofeld 46,  24214 Gettorf
                                                         098 105 000 000 000 000 102 000 000 000 000 000
  HZD 03/3308            JARA VON GODEWIND               095 104 000 000 000 000 099 000 000 000 000 000
  HZD 03/3307            JANNA VON GODEWIND              096 104 000 000 000 000 099 000 000 000 000 000
  HZD 03/3306            JASPER VON GODEWIND             098 104 000 000 000 000 099 000 000 000 000 000
```

■ *Die Nachkommenliste enthält die Zuchtwerte aller Nachkommen eines Zuchthundes: HD-Zuchtwert, VUK-Zuchtwert für verkürzten Unterkiefer, RA-Zuchtwert für Rutenanomalien.*

Neben der Eigenleistung kann die Einbeziehung verwandter Tiere sowie der Vorfahren die Genauigkeit der möglichen Aussagen wesentlich erhöhen, insbesondere bei relativ niedriger Heritabilität des Merkmals. Alle Verwandten sind informativ für den Zuchtwert eines Hundes, da sie einen Teil des Erbgutes mit ihm gemeinsam haben. Der Informationswert ist vom **Verwandtschaftsgrad** abhängig, wobei enge Verwandte eine hohe Aussagekraft haben und entfernte Verwandte weniger informativ sind. Die aussagekräftigste Information über die tatsächlichen genetischen Gegebenheiten der Zuchttiere liefert die **Beurteilung der Nachkommen**, sowohl bei niedrig heritablen als auch bei erwünschten dominanten Merkmalen, wobei der Informationsgehalt mit der Anzahl der beurteilten Nachkommen steigt.

Das **Ziel der Zuchtwertschätzung** nach der BLUP-Methode ist, alle verfügbaren Daten zu erfassen, sie ohne Emotionen, Sympathien oder Verfälschungen auszuwerten und auch bei Merkmalen mit niedriger Erblichkeit zu guten und aussagekräftigen Ergebnissen zu kommen.

Verfahren zur Erbwertermittlung

Paarungsplanung - Einzelplanung

ZbNr.Rüde :	25238-98 **BAYAR VOM FÜRSTENWALL**
ZbNr.Hündin :	HZD 97/1349 **GWINDOR VON GODEWIND**

Inzuchtkoeffizient (5 Generationen) : 2,34000%
Homogenitätskoeffizient (5 Generationen) : 2,93000%

Zuchtwerte :
97 105 0 0 0 0 100 0 0 0 0 0

Genotypwahrscheinlichkeit :
Auftrittswahrscheinlichkeit ( ) 0,0000 bzw. 0,00%
Auftrittswahrscheinlichkeit ( ) 0,0000 bzw. 0,00%
Auftrittswahrscheinlichkeit ( ) 0,0000 bzw. 0,00%

Zurück | Berechnung | Drucken

ZW1 = HD
ZW2 = VUK
ZW3 = -
ZW4 = -
ZW5 = -
ZW6 = -
ZW7 = RA
ZW8 = -
ZW9 = -
ZW10 = -
ZW11 = -
ZW12 = -

■ *Die Auswahl eines passenden Paarungspartners wird durch die computerunterstützte Zuchtplanung wesentlich erleichtert und deutlich transparenter. Die Zuchtwerte des geplanten Wurfes können ermittelt werden, ebenso der Inzuchtkoeffizient.*

Beispiel HD 1:

Rüde hat einen Zuchtwert für HD von 104.
Hündin hat einen Zuchtwert für HD von 92.
Erwartungswert HD für die Welpen: 104 + 92 = 196 ÷ 2 = 98.

Die Welpen erhalten einen Erwartungswert für HD von 98. Dieser Wert liegt, wenn der Rassedurchschnitt auf 100 festgelegt wurde, unter dem Rassedurchschnitt und verbessert aufgrund des hervorragenden Ergebnisses der Mutterhündin und des Erwartungswertes von 98 der Welpen den Rassedurchschnitt um 2 Punkte. Um sein Zuchtpotenzial (breite Zuchtbasis) nutzen zu können, kann der Rüde trotz seines die 100 überschreitenden Zuchtwertes an diese Hündin angepaart werden, ohne dass man dabei ein schlechtes Ergebnis bei der HD für die kommenden Welpen riskiert.

Verfahren zur Erbwertermittlung

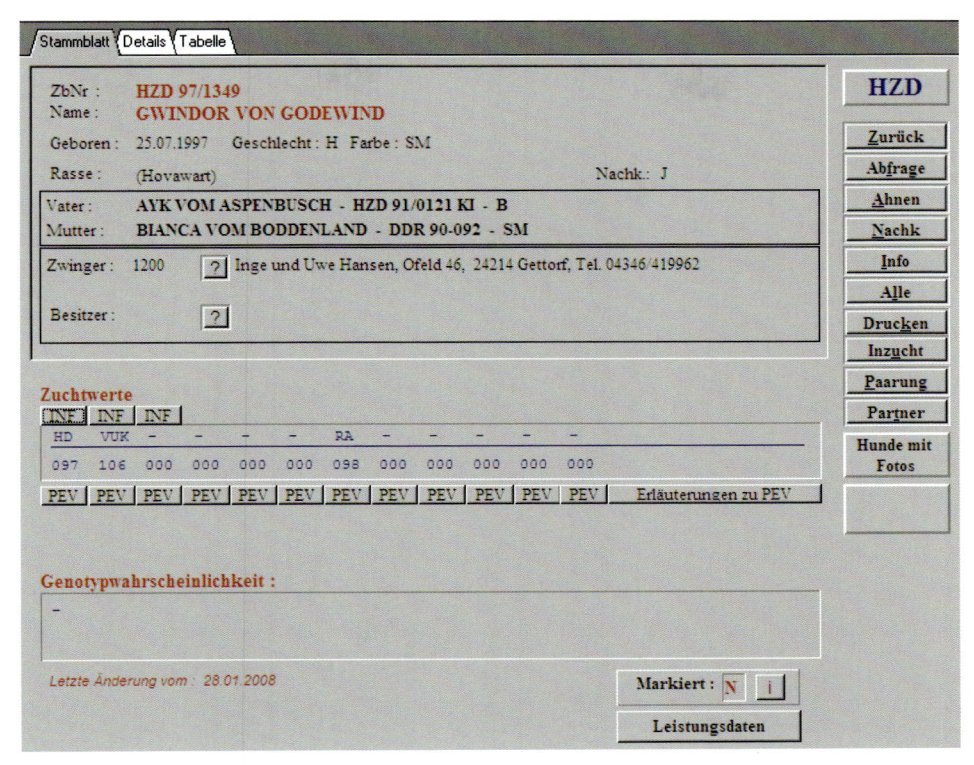

■ *Für jeden im Verein gezüchteten Hund können alle den Hund kennzeichnenden Daten über das Stammdatenblatt abgerufen werden.*

Beispiel HD 2:

Rüde mit Zuchtwert für HD von 104
Hündin hat einen Zuchtwert für HD von 98.
Erwartungswert HD für die Welpen: 104 + 98 = 202 ÷ 2 = 101.

Die Welpen würden in diesem Fall einen Erwartungswert für HD von 101 erhalten. Dieser Wert liegt, wenn der Rassedurchschnitt auf 100 festgelegt wurde, über dem Rassedurchschnitt im HD-Befall und somit wäre diese Verpaarung nicht zulässig.

Verfahren zur Erbwertermittlung

Fallbeispiel:

Ein Zuchtrüde mit Namen Strolch, der bei Schauen nur Formwertnoten von »sehr gut« und niemals »vorzüglich« erreichte, vererbte genetisch hervorragend. Im Erscheinungsbild brachte er in der Nachzucht viele Champions und fast nur »vorzüglich« bewertete Nachkommen. In der HD-Vererbung hatte er am Ende seines Zuchtlebens trotz sehr vieler Nachkommen mit zum Teil HD-mäßig problematischen Hündinnen immer noch einen HD-Zuchtwert von 88. Diese gute Veranlagung hat er an alle seine Nachkommen weitergegeben.

Dabei steht ein Zuchtwert, der ohne Nachkommenüberprüfung entstanden ist – weil der Hund noch keine Nachkommen hat –, nur als Voraussage, was der Hund in der Zucht bringen könnte, während der BLUP-Wert unter Einbeziehung der Nachkommenschaft immer deutlich mehr Hinweise bietet, was der Hund tatsächlich bringen kann.

Der Zuchtwert sagt nichts über den Wert eines Hundes aus, sondern gilt ausschließlich für die festgesetzten Merkmale. Er stellt auch keine Bewertung im Sinne von wertvoll dar. Der Zuchtwert ist ein **Zahlenwert** für jeweils ein Merkmal. Der Zuchtwert eines Hundes wird sich im Laufe seines Lebens immer wieder ändern, weil zusätzliche Informationen durch weitere eigene Würfe, abgelegte Prüfungen seiner Geschwister, HD-Ergebnisse der Nachkommen eines Vollbruders und so weiter hinzukommen und verfügbar werden. Beim Zuchtwert repräsentiert die **Zahl 100** den Rassedurchschnitt. Zahlen unter 100 kennzeichnen Hunde, welche die zu be-

Die Zuchtwertschätzung ersetzt niemals das züchterische Planen, das Feingefühl und die Verantwortung. Mithilfe des Computers wird die Fülle der Informationen über die Zuchttiere lediglich erfasst und ausgewertet und nimmt dem Züchter einen Teil der Arbeit ab. Die Zuchtwertschätzung ist nur eine wichtige Hilfe, um Risikoverpaarungen zu vermeiden. Die Verantwortung des Züchters gegenüber den von ihm gezüchteten Hunden und den Käufern dieser Hunde bedingt, dass alle Möglichkeiten zur Zucht gesunder, wesensfester Hunde genutzt und beachtet werden.

Verfahren zur Erbwertermittlung

■ *Äußere Merkmale wie abstehende Ohren oder Fellfarbe werden oft nur durch ein Gen beeinflusst und nach den mendelschen Regeln weiter vererbt.*

Verfahren zur Erbwertermittlung

trachtende Eigenschaft verringern oder verschlechtern könnten. Werte über 100 stehen für Hunde, welche die zu betrachtende Eigenschaft verstärken könnten. Das heißt, ein Deckrüde, der bei der HD den Wert von 110 hat, verschlechtert den Durchschnitt und damit den Stand der Rasse. Ein Rüde mit dem Zuchtwert von 90 bei HD wird die Rasse verbessern.

Ein hoher Zuchtwert für HD besagt, dass dieser Hund im Durchschnitt mehr Nachkommen mit festgestellter HD hat und haben wird als ein Hund mit niedrigem Zuchtwert.

Wenn man wie bei der Zuchtwertschätzung und der Zucht allgemein Anforderungen an die kommenden Welpen oder die Paarung stellt, muss gefordert werden, dass bezüglich HD ein Zuchthund zuchtzugelassen ist in einer Anpaarung, bei welcher der durchschnittliche Zuchtwert beider Paarungspartner den Wert 100 nicht überschreitet. Die Verteilung der Zuchtwerte für HD ist asymmetrisch und reicht von 76 (hervorragende Hüften) bis 140 (ganz schlechte Hüften). Der **Erwartungswert** für einen Welpen ist der Durchschnitt der Zuchtwerte beider Eltern.

Mit dem Zuchtwert wird versucht, das genetische Potenzial eines Zuchthundes für bestimmte Merkmale so gut wie möglich zu quantifizieren. Durch den Zuchtwert der Elterntiere erhält man eine **Voreinschätzung**, was in den kommenden Welpen in Bezug auf die festgelegten Merkmale stecken kann.

Der jeweilige Rasseclub legt den erwünschten Zuchtwert für die ausgewählten, zu bearbeitenden Merkmale fest. Dadurch entsteht ein verbindlicher **Zuchtplan** mit **Paarungsauflagen**. (Der Erwartungswert ist zunächst HD = 100; sind die Ergebnisse in der Rasse verbessert, wird der Erwartungswert auf 98 oder noch später auf 96 festgelegt.) In der Folge können Paarungen, die im Zuchtwert nicht passen und die von vornherein ein hohes Risiko darstellen, gezielt vermieden werden.

Die Ergebnisse und Aussagen der Zuchtwertschätzung sind jedoch nur so gut wie die ermittelten Eingabedaten. Diese Eingabedaten leiden teilweise unter der subjektiven Beurteilung (für den einen Zuchtrichter oder Körmeister steht das Ohr bereits ab, der andere lässt es gerade noch als korrekt durchgehen) und können dann zu verfälschten Erwartungen führen.

Geschätzte Genotypwahrscheinlichkeiten

Die **Zuchtwertschätzung** in der Hundezucht ist eine hervorragende Informationsquelle bei **polygenetischen** Erbgängen, wie zum Beispiel der Hüftgelenksdysplasie, die zusätzlich stark durch Umweltfaktoren geprägt sind.

Im Bereich der Erbkrankheiten (wie verkürzter Unterkiefer oder Rutenanomalien) oder bei einigen äußeren Merkmalen (wie abstehende Ohren oder Fellfarbe) beeinflusst oft ein Gen ein einziges (monogenes) Merkmal und wird nach den mendelschen Vererbungsregeln meist rezessiv an die Nachkommen weitergegeben. Solche **monogenen Erbdefekte** lassen sich über die Zuchtwertschätzung auch, aber nicht so effizient dar-

Verfahren zur Erbwertermittlung

stellen. Bei einigen Krankheiten lassen sich monogene Erbkrankheiten auch heute schon molekulargenetisch nachweisen (Genotypsicherheit). Molekulargenetiker brauchen zur Ermittlung eines krank machenden Gens das Blut vieler Einzeltiere, die erkrankt sind, und möglichst ganzer Hundefamilien, von denen man sicher weiß, welche Tiere das krank machende Gen tragen und welche nicht. Um in der Zeit bis zum molekulargenetischen Nachweis von monogenen Erbmerkmalen den Züchtern ein relativ sicheres Instrument an die Hand geben zu können, das bei Paarungsplanungen hilfreich ist, ist das Verfahren zur **Ermittlung von geschätzten Genotypwahrscheinlichkeiten** neu erschlossen worden und jetzt für ganze Hunderassen verfügbar.

Der Züchter möchte im Einzelfall wissen, mit welcher Wahrscheinlichkeit sich ein einzelnes Merkmal, für das er sich interessiert, in den Ausgangstieren Vater und Mutter vorhanden ist, ob diese Elterntiere den Genotyp WW (reinerbig dominant), Ww (mischerbig) oder ww (reinerbig rezessiv) tragen und welche **Zuchterwartungen** er danach für den kommenden Wurf haben kann. Interessant ist dieses Wissen natürlich bei den sich rezessiv vererbenden Erbkrankheiten, da die Genkombination der Elterntiere (reinerbig dominant, mischerbige Träger oder möglicherweise rezessiv krank und nicht erkannt) über den Wurf und dessen Gesundheit entscheidet. Bis dieses Wissen durch Gentests gesichert ist, sollte man das Verfahren zur Ermittlung von **geschätzten Genotypwahrscheinlichkeiten (GGW)** anwenden. Hierbei erlaubt ein ausgefeiltes statistisches Programm, alle beobachteten Fälle zu werten und zu Genotypwahrscheinlichkeiten zusammenzufassen. Als Ergebnis erhält man drei Wahrscheinlichkeiten:

1. mit welcher Wahrscheinlichkeit ist der Hund vom Genotyp WW.
2. mit welcher Wahrscheinlichkeit ist der Hund vom Genotyp Ww.
3. mit welcher Wahrscheinlichkeit ist der Hund vom Genotyp ww.

Die Summe der Wahrscheinlichkeiten muss 1 beziehungsweise 100 Prozent sein. Für den Züchter ist nur wissenswert, mit welcher Wahrscheinlichkeit er damit rechnen muss, dass der vorgesehene Deckrüde das Defektgen w weitergeben könnte. Mit dem Vorhandensein von geschätzten Genotypwahrscheinlichkeiten wird die Zucht bis zur Absicherung durch Gentests kalkulierbarer, wenn alle Fehler an den zuständigen Rassehundezuchtverein gemeldet wurden.

7. Verpaarungssysteme

■ *Inzucht bewirkt immer eine Steigerung der Reinerbigkeit.*

Neben der Selektion und der Erbwertermittlung sowie der Zuchtwertschätzung ist die Verpaarung ein weiteres wichtiges **Grundelement der Züchtung**. Während durch die Selektion Veränderungen der Häufigkeit bestimmter Erbanlagen innerhalb der Rasse und somit der Hundepopulation bewirkt werden, wird durch die Anwendung ausgewählter Verpaarungssysteme der Grad der Rein- beziehungsweise Mischerbigkeit beeinflusst. Unterschiede zwischen den Verpaarungssystemen bestehen im Verwandtschaftsverhältnis der zur Zucht verwendeten Tiere.

Inzestzucht

An **Verpaarungssystemen** unterscheidet man:

- **Inzestzucht**
- **Inzucht**
- **Linienzucht**
- **Fremdzucht** oder **Out-Crossing**
- **Merkmalszucht**
- **Panmixie** (absolut zufällige Verpaarung von Hunden der Tiergruppe Hund, die nicht näher betrachtet werden soll)

Verwandtschaft bedeutet im Zusammenhang mit der Hundezucht, dass die zu betrachtenden Tiere **gemeinsame Vorfahren** haben müssen. Lediglich der Grad der Verwandtschaft ist unterschiedlich. Zwei Zuchtpartner, die in der 12. Generation einen gemeinsamen Vorfahren haben, sind weniger miteinander verwandt, als zwei Hunde, die in der 4. Generation einen gemeinsamen Vorfahren haben; diese sind wiederum im Verhältnis gesehen weniger verwandt als zwei Zuchthunde, die bereits in der 2. Generation einen gemeinsamen Ahnen besitzen.

Auch die **Anzahl gemeinsamer Vorfahren** bestimmt den Verwandtschaftsgrad. Zwei Hunde, die in der 2. Generation einen gemeinsamen Ahnen aufweisen, sind weniger eng verwandt als zwei Hunde, die in der 2. und 3. Generation je einen gemeinsamen Ahnen haben.

Inzestzucht

Inzestzucht bedeutet die **Verpaarung von verwandten Hunden 1. Grades**. Dies sind Eltern-/Nachkommenverpaarungen (Vater/Tochter oder Mutter/Sohn) oder Vollgeschwisterverpaarungen.

Wegen der dabei gegebenen Gefahr der **Häufung von Erbfehlern** schreiben die Landesverbände den Rassehundezuchtvereinen vor, ihren Züchtern solche Inzestverpaarungen nur zu erlauben, wenn sie im Interesse der Rasse sind – und auch das nur in Ausnahmefällen.

Den Rassehundezuchtvereinen und den Züchtern sind wegen der großen Gefahren der Verbreitung von Erbfehlern durch **Verdopplung kranker Gene** solche Inzestverpaarungen wegen der **Gesunderhaltung der Rassen** nicht zu empfehlen.

Enge Inzucht oder Inzestzucht kann oder muss allerdings eingesetzt werden, um eine fast ausgestorbene Hunderasse zu erhalten. Hier sind dann oft die verbliebenen Einzeltiere sehr eng miteinander verwandt. Inzestverpaarungen sollten, wenn überhaupt, nur mit größter Umsicht und mit möglichst gesunden Ausgangstieren vorgenommen werden.

Inzucht

Inzucht ist nach allgemeiner Definition die **gezielte Verpaarung von Hunden, die näher miteinander verwandt sind** als der Durchschnitt der Rasse und deshalb gemeinsame Vorfahren besitzen.

Inzucht bewirkt immer eine **Steigerung der Reinerbigkeit**. Der Begriff Inzucht ist relativ zu sehen, da der Verwandtschaftsgrad, ab dem man von Inzucht spricht, nicht genau

Inzucht

> Der **Grad der Verwandtschaft** wird bestimmt durch die Zahl der gemeinsamen Ahnen und durch den Abstand zwischen den Generationen bis zu dem oder den gemeinsamen Vorfahren.

festgelegt ist und von der zu betrachtenden Zuchtpopulation abhängt. Jeder Hund hat zwei Elterntiere, vier Großeltern, acht Urgroßeltern und so weiter. Da sich in jeder weiteren Generation die Anzahl der Vorfahren verdoppelt, gibt es in der viel zitierten 20. Zuchtgeneration immerhin bereits 1.048.576 mögliche Vorfahren. Bei vielen der heute anerkannten Hunderassen haben wir jedoch vor 20 Generationen gar nicht so viele Hunde im Rassebestand gehabt, sodass hieraus deutlich wird, dass einige und manchmal recht viele Vorfahren häufiger, das heißt in mehrfacher Funktion auftreten müssen.

Beschränken Sie sich beim Betrachten eines Stammbaumes auf drei oder vier Zuchtbuchgenerationen, werden Sie Ahnentafeln ohne gemeinsame Vorfahren finden. Gehen Sie jedoch weiter zurück, werden Sie feststellen, dass in jeder Rasse einige wenige Gründertiere den Ursprung der Rasse bilden und deshalb alle Tiere dieser Rasse mehr oder weniger eng miteinander verwandt sind. Darum muss auch die Definition einer engeren Verwandtschaft relativ bleiben.

Inzuchtkoeffizient

Um einen möglichst objektiven Vergleich zwischen verschiedenen Verwandtschaftsgraden zu ermöglichen, hat der amerikanische Wissenschaftler S. Wright ein Modell zur Definition der Inzucht erdacht, das unter Berücksichtigung der Zahl der gemeinsamen Ahnen und Zahl der Generationen den Verwandtschaftsgrad zwischen zwei Tieren angibt und das er als Berechnung des Inzuchtkoeffizienten (IK) bezeichnete. Über diese wichtige Formel erhält man Auskunft darüber, welcher Verwandtschaftsgrad zwischen den Eltern eines Tieres besteht und welchen Inzuchtkoeffizienten es selbst hat.

In jeder Generation sind die Gene, die an die nächste Generation weitergegeben werden, halbiert, sodass ein Hund nur die Hälfte von den Genen, die er besitzt, an seine Nachkommen weitergeben kann. Je mehr Generationen zwischen unserem Zuchthund und seinen Nachkommen liegen, umso mehr werden sich seine Gene vermindern, weil sich der Halbierungsvorgang in jeder Generation wiederholt. Deshalb kann ein Hund nur 50 Prozent seiner Gene an seinen Sohn weitergeben, aber nur 25 Prozent an seinen Enkel und nur noch 12,5 Prozent an seinen Urenkel.

Wenn man Inzucht als Zuchtverfahren anwendet, verdoppelt man die Funktion eines oder mehrerer Vorfahren, in dem diese Hunde sowohl im Stammbaum des Vaters als auch im Stammbaum der Mutter auftreten. Man hofft damit die Chance zu verstärken,

Inzucht

dass die Gene eines gewünschten, vielleicht sehr berühmten Vorfahren in dem Wurf, den wir planen, wieder hervorgebracht werden und gegebenenfalls doppelt auftreten. Je höher der Inzuchtgrad ist, umso höher ist der Anteil der Gene, die verdoppelt sind.

Zur Berechnung des Inzuchtkoeffizienten macht man sich den **Halbierungsvorgang** zunutze. Die Wahrscheinlichkeit, dass Gene an die Nachkommen weitergegeben werden, ist in jeder Generation 1/2. Die Wahrscheinlichkeit, dass der Großvater das vom berühmten Ahnen übernommene Gen an den Vater weitergibt, ist 1/2. Die Wahrscheinlichkeit, dass der Vater dieses Gen an seine Nachkommen weitergibt, ist wieder 1/2. Die Wahrscheinlichkeit, dass der Nachkomme das vom berühmten Ahnen an den Großvater weitergegebene Gen auch tatsächlich erhält, ist daher 1/2 x 1/2 = 1/4. Auf der mütterlichen Seite sind die gleichen Überlegungen anzustellen.

Die Gesamtwahrscheinlichkeit, dass der Nachkomme herkunftsgleiche Gene, die vom berühmten Ahnen stammen, erhält, ergibt sich aus drei Teilwahrscheinlichkeiten, die voneinander unabhängig sind und daher miteinander multipliziert werden müssen.

1. Wahrscheinlichkeit:
Der berühmte Ahne gibt das gewünschte Gen an seine Nachkommen weiter = 1/2.

2. Wahrscheinlichkeit:
Der Nachkomme erhält das Gen des berühmten Ahnen von seinem Großvater = 1/2 x 1/2 = 1/4.

3. Wahrscheinlichkeit:
Der Nachkomme erhält das gewünschte Gen des berühmten Ahnen von seinem Urgroßvater = 1/2 x 1/2 x 1/2 = 1/8.

Für die **Gesamtwahrscheinlichkeit**, herkunftsgleiche Gene vom berühmten Ahnen zu erhalten, ergibt sich nun: 1/2 x 1/4 x 1/8.

Oder als Formel: $(1/2)^{1+2+3}$ oder 1/64 oder 0,0156

Der Inzuchtkoeffizient beträgt also 1,56 Prozent.

Um nicht ständig die Inzuchtkoeffizienten neu ausrechnen zu müssen, kann man die nachfolgende Tabelle nutzen. Die Werte ergeben sich aus der Berechnung $(1/2)^n$, wobei n die Zahl der Generationen zwischen dem

---

Der **Inzuchtkoeffizient** gibt an, um wie viel Prozent die Mischerbigkeit ab- und die Reinerbigkeit eines Hundes gegenüber dem Rassedurchschnitt zugenommen hat.

Inzucht

Einige Inzuchtkoeffizienten
(angelehnt an M.B. Willis, Genetik der Hundezucht)

Art der Paarung	Generationszahl nach der ein gemeinsamer Ahne auftritt	Inzucht-Koeffizient in Prozent	IK gemäß Formel $(1/2^n)$
Vater/Tochter	1/2 auf Vater	25,0	$1/2^2$
Mutter/Sohn	1/2 auf Mutter	25,0	$1/2^2$
Bruder/Schwester	2/2 Großvater 2/2 Großmutter	25,0	$1/2^2$
Halbgeschwister väterlich	2/2 Großvater	12,5	$1/2^3$
Halbgeschwister mütterlich	2/2 Großmutter	12,5	$1/2^3$
Vater/Enkelin	1/3 Vater	12,5	$1/2^3$
Cousin ersten Grades	3/3 Großvater 3/3 Großmutter	6,25	$1/2^4$

Die Elterngeneration ist immer Generation 1.

gemeinsamen Ahnen und dem Vater beziehungsweise der Mutter darstellt. Hierzu wird 1 dazugezählt, um den einen zusätzlichen Generationsschritt zwischen dem zu zeugenden Nachkommen und seinen Eltern in die Berechnung miteinzubeziehen. So erhält man den Wert, den die Tabelle ausweist bei der betreffenden Ziffer.

Die **Formel** von Wright zur Berechnung des Inzuchtkoeffizienten (IK) lautet also:
$$IK = (1/2)^{n1 + n2 + 1}$$

Wobei n1 die Zahl der Generationen zwischen dem Vater und dem gemeinsamen Ahnen und n2 die Zahl der Generationen zwischen der Mutter und dem gemeinsamen Ahnen darstellt.

Bei Verpaarungen von Vollgeschwistern beträgt der Inzuchtkoeffizient der Nachkommen 25 Prozent, bei Halbgeschwistern 12,5 Prozent. Verpaart man Vollgeschwister miteinander, die selbst schon aus einer Vollgeschwisterverpaarung stammen, so steigt der Inzuchtkoeffizient in der zweiten Inzuchtgeneration bereits auf 57,5 Prozent an.

Je stärker die Inzucht betrieben wird, um so wahrscheinlicher und deutlicher sind die negativen und positiven Auswirkungen. Die Zuchtvereine sollten in ihren **Zuchtprogrammen** den Inzuchtkoeffizienten für jedes

Inzucht

■ *Wenn nur wenige Würfe einer Rasse im Jahr fallen, sind züchterische Maßnahmen zur Gesunderhaltung wie Inzuchtbegrenzung wegen des geringen Zuchtpotenzials kaum möglich.*

Zuchttier ausweisen, umso den Züchtern Möglichkeiten und Gefahren der geplanten Verpaarungen aufzuzeigen und damit die Überlegungen bei Zuchtvorhaben zu erleichtern. Für viele der FCI angeschlossenen Vereine ist dies seit Jahren eine Selbstverständlichkeit.

Ahnenverlustkoeffizient

Da die Berechnung des Inzuchtkoeffizienten recht kompliziert ist und Züchter möglichst schnell und einfach erkennen müssen, ob sich aus einer vorgesehenen Verpaarung Gefahren ergeben könnten oder diese Gefahren größer zu sein scheinen als in einer anderen gedachten Verpaarung, bietet die Berechnung des Ahnenverlustkoeffizienten (AVK) eine gute Alternative.

Die Berechnung des Ahnenverlustkoeffizienten geht von der Tatsache aus, dass ein Hund eine **bestimmte Anzahl Vorfahren** hat. Dies sind in der 1. Generation zwei, in der 2. Generation vier, in der 3. Generation acht und in der 4. Generation 16 Vorfahren. Unter diesen Vorfahren können nun einige Hunde doppelt oder sogar dreifach erscheinen, andere wiederum sind nur einfach vorhanden.

Der Ahnenverlustkoeffizient berechnet sich nun als Quotient aus der Anzahl **tatsächlicher Ahnen** und der Anzahl insgesamt

127

Inzucht

Wenn ein Ahne doppelt auftritt, verringert sich die Anzahl möglicher Ahnen um 1, sind es drei Ahnen, die doppelt erscheinen, reduziert sich die Anzahl möglicher Ahnen entsprechend. Sind daher von möglichen 32 Ahnen in einer Ahnentafel neun abzuziehen, weil sie mehrfach erscheinen, ergeben sich 23 ÷ 32 = 0,718 oder 71,8 Prozent der möglichen Ahnen.

Diese Art der Berechnung ist erheblich einfacher für den Züchter als die Berechnung des Inzuchtkoeffizienten und deshalb oft für die tägliche, schnelle praktische Berechnung besser geeignet.

Prof. Dr. W. Schleger hat **Umrechnungen zwischen IK** (Inzuchtkoeffizient) **und AVK** (Ahnenverlustkoeffizient) durchgeführt und dabei festgestellt, dass eine Vergleichbarkeit der Werte gegeben ist mit einer Korrelation von 0,8.

■ *Ob aus diesem Berner-Sennenhund-Welpen ein »zuverlässiger Vererber« wird, ist noch ungewiss.*

möglicher Ahnen. Je mehr Ahnen in einer Ahnentafel mehrfach auftreten, umso stärker ist ein Hund ingezüchtet und je geringer ist die Anzahl der tatsächlichen gegenüber den möglichen Ahnen.

Auswirkungen und Gefahren der Inzucht

Ziel bei der gewollten Anwendung der Inzucht (auch der Linienzucht) ist es, den Grad der Reinerbigkeit und damit die Sicherheit der Vererbung erwünschter Eigenschaften zu erhöhen. Verpaart man

> Inzucht bringt nichts Neues in die Zucht. Sie soll durch das Zielen auf die Reinerbigkeit bestehende erwünschte Merkmale oder Eigenschaften festigen. Mit der gleichen Wahrscheinlichkeit, mit der sich durch Anwendung der Inzucht erwünschte Eigenschaften festigen, erhöht sich auch die Zahl unerwünschter, krank machender Eigenschaften und Merkmale, Defekte und Missbildungen.

Inzucht

■ *Zuchthunde aus anderen Zuchtverbänden können die Rassehundezucht bereichern.*

einen aus Inzucht stammenden Rüden mit einer nicht ingezüchteten Hündin, werden bei den Nachkommen die ingezüchteten Merkmale und Eigenschaften des Rüden stärker in Erscheinung treten als die der nicht ingezüchteten Hündin.

Inzucht zielt darauf ab, Hunde in ihrem Genmaterial reinerbig zu machen. Diese **Steigerung der Homozygotie** und damit das Hervorbringen eines gewünschten Merkmales ist es, was uns Züchter interessiert. Jede Form der Inzucht ist als Zuchtmethode für Anfänger in der Hundezucht wenig ratsam

und geeignet, da hierzu gute genetische und rassespezifische Kenntnisse vorhanden sein müssen. Es reicht nicht, auf einen berühmten Ahnen in der Ahnenreihe seiner Hündin zu schauen und diese mit einem Rüden verpaaren zu wollen, der den gleichen Vorfahren aufweist, und sich vorzustellen, dass dies Inzucht mit positivem Erfolg sei. Nach dem Papier ist es das, aber in den Zuchtauswirkungen hängt alles vom wirklichen Einfluss dieses Ahnen auf beide Zuchttiere ab.

Je näher zwei Zuchthunde miteinander verwandt sind, umso größer ist die Wahrschein-

Inzucht

lichkeit, dass ihre Nachkommen herkunftsgleiche Gene tragen und somit reinerbig für bestimmte Gene sind. Wir haben jedoch keinen Einfluss darauf, welche Gene bei einer solchen Verpaarung homozygot werden – die erwünschten oder die unerwünschten.

Erbfehler werden in der Regel durch rezessive Gene (meist polygene Erbgänge) kontrolliert. Die meisten unerwünschten Merkmale, die durch inzuchtbedingte Reinerbigkeit auftreten, sind die Erbfehler. Nur Nachkommen von Zuchttieren, die das rezessive, erbfehlerbedingende Gen homozygot besitzen, zeigen diesen Erbfehler auch phänotypisch. Heterozygote Hunde sind zwar phänotypisch gesund, geben das Erbfehlergen aber an ihre Nachkommen weiter. Erbfehlergene »schlummern« oft unerkannt über mehrere Generationen in einer Rasse oder Zuchtlinie. Werden nun Inzuchtverpaarungen durchgeführt, nimmt die Häufigkeit homozygoter Gene zu und damit die Wahrscheinlichkeit, dass rezessive Erbfehlergene phänotypisch in Erscheinung treten.

Durch Inzucht können in einer Rasse auch **Gene verloren** gehen. Würden wir in unserem Ausgangsbeispiel der Verpaarung eines glatthaarigen Zuchttieres mit einem Zuchthund mit rezessiver leichter Welle immer alle Hunde mit leichter Welle aus-

Einige Auswirkungen der Inzucht
(angelehnt an M.B. Willis, Genetik der Hundezucht)

Merkmal	Auswirkung
Vitalität	Verminderung
Lebensalter	geringer, Abnahme
Widerstandsfähigkeit gegen Krankheiten	Verminderung
allgemeine Leistungsfähigkeit	Verminderung
Fruchtbarkeit	Verminderung
Wurfgröße	Reduzierung
Samenquantität und -qualität	Verminderung
Totgeburten	Anzahl erhöht
Welpensterblichkeit	Erhöhung
Größenwachstum	Verringerung
Anomalien	Erhöhung
Krankheitsanfälligkeit	Erhöhung
Umweltempfindlichkeit	Erhöhung

Inzucht

Kleine Zuchtpopulationen sind durch Inzucht besonders gefährdet.

scheiden, würden wir die Genfrequenz für leichte Welle drastisch senken. Durch weitere Inzucht der glatthaarigen Hunde würde sich dieser Prozess verstärken und wir hätten nach einigen Generationen durch Inzucht und Selektion das Gen für leichte Welle aus der Rasse eliminiert.

Genauso ist es denkbar, dass ein bestimmtes erwünschtes Merkmal, das durch Inzucht gefestigt werden sollte, mit einem anderen, unerwünschten Merkmal **gekoppelt** war. Oder die Gene, die man durch Inzucht verschwinden lassen will, sind gekoppelt mit einem besonders erwünschten Merkmal.

Kleine Zuchtpopulationen wie bei seltenen Rassen mit nur wenigen Zuchttieren sind durch Inzucht besonders gefährdet. Hier stellen sich positive und negative Folgen der Inzucht relativ schnell ein. Inzucht ist deshalb eine sehr zweifelhafte, zweischneidige Angelegenheit und sollte fachkundigen Experten überlassen bleiben.

Zur Rassenbildung im Aufbau einer Zuchtpopulation kann Inzucht relativ schnell die neuen, festgelegten Rassemerkmale festigen. Bei weiterer Inzucht treten dann immer häufiger bestimmte Nachteile der Inzucht auf, die man als **Inzuchtdepression** bezeichnet.

Die Inzuchtdepression zeigt sich in allgemeiner **Leistungsminderung, Nachlassen der Vitalität, Reduzierung der Fruchtbarkeit oder der Aufzuchtleistungen**. Dabei werden die **Umweltempfindlichkeit** und die **Krankheitsanfälligkeit**, also eine allgemeine Verschlechterung der Konstitution, zunehmen.

Linienzucht

Bei Eigenschaften oder Merkmalen mit relativ hohem Erblichkeitsgrad wie die Körpergröße tritt die Inzuchtdepression nur gering in Erscheinung; bei Eigenschaften mit niedrigem Heritabilitätsgrad wie Fortpflanzung tritt dagegen eine starke Inzuchtdepression auf.

Die aufgeführten Auswirkungen der Inzuchtdepression treten nicht alle gehäuft oder gleichzeitig auf. Das Auftreten von Inzuchtschäden hängt immer davon ab, in welcher Intensität Inzucht eingesetzt wurde. Bei stark ingezüchteten Zuchthunden treten die Negativeffekte schneller und deutlicher hervor. Einige Zuchtlinien oder auch Rassen scheinen einen höheren Inzuchtgrad zu tolerieren als andere, bevor Negativeffekte auftreten.

Linienzucht

Linienzucht ist eine Form der **maßvollen und sinnvollen Inzucht**, bei der die Zuchtpartner verwandt, aber nicht so eng verwandt sind wie bei der Inzestzucht. Für eine Linienbildung kommen nur solche Zuchthunde infrage, bei deren Vorfahren und sonstigen Verwandten wie Geschwister und Halbgeschwister und noch wichtiger bei deren Nachkommen keinerlei genetisch bedingte Fehler aufgetreten sind. Der Grund dafür liegt in der Verdopplung krank machender Gene und der Erhöhung der Reinerbigkeit bei der Verpaarung auch weiter entfernt verwandter Tiere.

Ziel der weiten Inzucht als Linienzucht ist es, die Vererbung erwünschter Eigenschaften durch Verdopplung der positiven Gene und Merkmale zu erhöhen und den Grad der Reinerbigkeit solcher positiver Eigenschaften zu steigern. Damit soll eine **Festigung bestimmter**, im Standard beschriebener **Merkmale** erreicht werden.

Die Linienzucht sollte immer nur sehr verantwortungsbewusst für die Gesamtpopulation der Rasse durchgeführt werden in dem Wissen, dass sich nicht nur positive Eigenschaften und Merkmale verdoppeln können, sondern in gleichem Maße auch negative, unerwünschte Eigenschaften.

Fremdzucht oder Out-Crossing

Bei der **Fremdanpaarung** (Out-Crossing, outcross oder Heterose) handelt es sich um Verpaarungen, bei denen die Paarungspartner weniger miteinander verwandt sind als der Durchschnitt der Population oder Rasse. Diese Form der Verpaarung stellt das Gegenteil der Inzucht dar.

Bei der Fremdzucht handelt es sich um ein Verfahren, bei dem Hunde mit sehr geringer oder gar keiner Verwandtschaft verpaart werden, wodurch sich die Wahrscheinlichkeit zur Mischerbigkeit erheblich erhöht. Genetisch gesehen verstärkt die Verpaarung von ungleichen, nicht oder nur wenig verwandten Tieren den Grad der Heterozygotie und vermindert die Ähnlichkeit zwischen Eltern und Nachkommen. Bei solchen Verpaarungen werden weniger extreme Typen auftreten. Es besteht bei den Nachkommen eine Tendenz zur Gleichförmigkeit, bei po-

Fremdzucht oder Out-Crossing

■ Hundefreundschaften sind wichtig, denn gemeinsame Unternehmungen mit Artgenossen machen besonders Spaß und fördern ein ausgeglichenes Sozialverhalten.

lygenen Merkmalen eine Art Mittelmaß. Fremdzucht oder Out-Crossing ist bei Zuchtlinien besonders wichtig, die einen gewissen Inzuchtgrad aufweisen. Hierdurch erhöht sich der Grad der Mischerbigkeit (Heterosiseffekt) und damit die Gesunderhaltung der Zuchtlinie oder Rasse. Es wird also eine Erhöhung der Vitalität, eine Verbesserung der Konstitution und bestimmter Leistungen erreicht. Bezüglich dieser Merkmale sind die Nachkommen aus Fremdanpaarungen den Elterntieren überlegen.

Zur Fremdzucht eignen sich besonders Hunde aus anderen Zuchtgebieten. Hierbei ist jedoch darauf zu achten, dass es sich um besonders gute Zuchttiere handelt. Bei Importhunden sollten möglichst viele Informationen eingeholt werden, damit sich nicht unbeachtet Zuchtfehler einschleichen, die man ja gerade vermeiden wollte. Auch Zuchthunde aus anderen Zuchtverbänden der Rasse, die ebenfalls der FCI angehören, können für eine Fremdanpaarung geeignet sein.

Merkmalszucht

Gute Laufeigenschaften sowie Gesundheit sind für Schlittenhunde unerlässlich.

Fremdzucht ist ein wichtiges Verpaarungssystem. Ein wichtiger Nachteil ist, dass keine Festigung erwünschter Merkmale möglich ist, da die genetische Grundlage eine Erhöhung der Mischerbigkeit darstellt.

H. Wachtel beschreibt in seinem Buch »Hundezucht 2000« ausführlich die Nachteile der Inzucht und fordert die Rassehundezuchtvereine und die Züchter nachdrücklich auf, mehr Fremdzucht wegen der Erhöhung der Gesundheit und der Vitalität durchzuführen, um damit die gefährliche Anhäufung der »Schadgene« oder »Defektgene« zu vermeiden.

Merkmalszucht

Bei der Merkmalszucht spielt der Verwandtschaftsgrad der Zuchthunde untereinander keine Rolle. Die Merkmalszucht stellt eine **Selektion von Zuchttieren** nach bestimmten Merkmalen dar. Merkmale, auf die in einer Zuchtlinie selektiert werden kann, sind beispielsweise besonders schöne Tüpfelung oder Markenzeichnung oder hervorragendes Gangwerk. So genannte Leistungslinien selektieren Zuchtpartner nach erlernten, erbrachten Leistungen, wenn zum Beispiel

Merkmalszucht

beide Zuchtpartner bestimmte Prüfungen abgelegt haben müssen.

Die Merkmalszucht geht von dem Grundgedanken aus, dass Hunde, die ein Merkmal in besonders ausgeprägter Form im Phänotyp zeigen, dieses Merkmal auch in ihrem Genotyp tragen und es deshalb an ihre Nachkommen eher weitergeben werden als Zuchthunde, die dieses Merkmal nicht im Erscheinungsbild zeigen.

Die Merkmalszucht ist eine **Zucht mit gleichen Zuchtpartnern** im Phänotyp und deshalb eine Annahme von Wahrscheinlichkeiten, die erst durch Nachkommen bewiesen werden müssen. Bei der Zucht verwandter Tiere züchtet man mit Hunden, die mit hoher Wahrscheinlichkeit ähnliche Gene besitzen. Paaren wir Zuchtpartner, die gleich aussehen, ist das nicht unbedingt der Fall. Die Hunde können im Erscheinungsbild ähnlich sein, aber unähnliche Genausstattungen besitzen.

Die phänotypische Erscheinung ist kein guter Anhaltspunkt für die zugrunde liegenden **Genotypen**. Züchten wir mit Hunden, die ein gleiches Merkmal zeigen, deren **Genausstattung** aber ungleich ist, dann ist es unwahrscheinlich, dass sich dieses Merkmal verstärkt weiter vererbt.

Bei einfachen Merkmalen wie der Fellfarbe kann die Verpaarung gleicher Partner sehr ungleiche Ergebnisse entstehen lassen. Bei komplizierteren Erbgängen durch Polygenie wird ein **Zuchterfolg** in Form von Zuchtverbesserung nur dann eintreten können, wenn sowohl die Zahl der Genpaare, die das Merkmal steuern, hoch ist als auch die Korrelation zwischen den Erbwerten der beiden Zuchttiere.

Besonders gering ist der Erfolg aus Merkmalszuchten, wenn man versucht, viele Einzelmerkmale zugleich zu verbessern. Die Verpaarung von **gleichen Partnern** wird also die Reinerbigkeit nicht verstärken. Sie kann jedoch die **Ähnlichkeit** zwischen Eltern und Nachkommen verbessern. Diese Annahme beruht darauf, dass immer eine gewisse Ähnlichkeit zwischen Nachkommen und Eltern besteht.

Wenn man die große Zahl an Merkmalen betrachtet, die der Züchter zu verbessern wünscht, so wird durch Zucht von gleichen Partnern die Ähnlichkeit nur wenig gesteigert. Es kann jedoch ein relativ **ähnlicher Hundetypus** entstehen. Im Allgemeinen gelingt es solchen Hunden jedoch nicht, ihren Typ ingezüchteten Hunden aufzuprägen, da keine **Erbüberlegenheit** besteht.

Merkmalszucht erhält die Mischerbigkeit in einer Rasse, bringt aber nur **geringe Zuchtfortschritte**. Bei einigen Merkmalen wie zum Beispiel die Leistung bei Schutzhunden wird kein Erfolg eintreten, da diese Merkmale nicht erblich sind. Anders verhält es sich mit erblichen Merkmalen wie bestimmten Hüteeigenschaften oder einigen Jagdeigenschaften.

Die Zucht »Gleiches mit Gleichem« könnte neue Dimensionen bekommen durch die Einbeziehung **molekulargenetischer Erkenntnisse**, die Aufschluss über genetische Veranlagungen der Zuchtpartner geben könnten.

8. Erbfehler

■ *Kleinhunde wie dieser Chihuahua sollten eine bestimmte Mindestgröße nicht unterschreiten.*

Die Gesamtheit der **erblichen Abweichungen und Störungen** von der normalen phänotypischen Ausprägung eines Organismus fasst man unter dem Begriff Erbfehler zusammen. Erbfehler sind erblich bedingte, aus züchterischen oder gesundheitlichen Gründen unerwünschte Abweichungen vom Rassetypischen oder Normalen.

Man kann die Erbfehler wie folgt unterteilen:

- **Rasse- oder Zuchtfehler** als Abweichung vom Rassestandard ohne Beeinträchtigung der Gesundheit
- **Erblich bedingte Mängel oder Krankheitszustände** mit Beeinträchtigung der Gesundheit durch genetisch bedingte Erkrankungen und
- **Erb-Umwelt-Erkrankungen** als genetisch bedingte Erkrankungsbereitschaft (Disposition)

Rasse- oder Zuchtfehler, die auf die Gesundheit des Hundes keine Auswirkung haben, sind zum Beispiel die Farbe Weiß an Stellen, an denen es laut Standard unerwünscht ist, oder Hängeohren bei Rassen, die nach dem Standard Stehohren haben müssen. Hiermit wollen wir uns nicht weiter beschäftigen, da solche Abweichungen lediglich bestimmten **Schönheitsvorstellungen** dienen und die funktionale Gesundheit des Hundes nicht beeinträchtigen. Die Rassezuchtvereine sollten angesichts der vielen bekannten Erbfehler und der **Genverarmung** durch zu viel Inzucht oder den uneingeschränkten Einsatz einiger weniger Spitzenrüden überlegen, ob standardmäßig unerwünschte Schönheitsvorstellungen nicht unberücksichtigt oder unter diesem Aspekt wenigstens angemessen negativ bewertet werden können.

Daneben gibt es ohne die Erbfehler und Erbkrankheiten eine Reihe von **Rassemerkmalen**, die erwünscht und sogar erst **durch gezielte züchterische Maßnahmen** entstanden sind, die jedoch als Krankheitszustände bezeichnet werden müssen, da sie den Hund krank machen. Solche Rassemerkmale sind verkürzter Gesichtsschädel (Atemprobleme), extrem lose Fellhaut (Hautkrankheiten und Hängelid) oder sogar offene Fontanellen. Hierzu gehören auch übertriebener Zwergwuchs, extrem langes Haarkleid, zu kleine oder zu große Augen, Apfelköpfe und zu kurze Beinstummel oder auch Riesenwuchs.

Diese körperlichen Missbildungen werden als **Qualzuchten** bezeichnet und sollten von den Rassehundezuchtvereinen wenigstens in den Übertreibungen aus den Rassestandards, wie im Tierschutzgesetz in § 11b vorgesehen, entfernt werden. Nach diesen Bestimmungen ist es verboten, Wirbeltiere zu züchten, wenn der Züchter damit rechnen muss, dass bei der Nachzucht **aufgrund vererbter Merkmale Leiden oder Schäden** auftreten. Solche körperlichen Missbildungen sollen – so weit erforderlich – mit den Erbkrankheiten wegen der gesundheitlichen Beeinträchtigungen mitbetrachtet werden.

Ursachen, Einteilung und Bedeutung von Erbfehlern

Erbkrankheiten können (müssen aber nicht) durch **Mutationen** entstehen, wobei es zum Austausch oder Verlust einer oder mehrerer Basen der DNS-Kette kommt. Dies wiederum kann zu Strukturänderungen von Enzymen oder Proteinen führen, sodass das betreffende Enzym seine normalen Aufgaben

Ursachen, Einteilung und Bedeutung von Erbfehlern

nicht mehr erfüllen kann oder Strukturen gestört sind und deshalb Organe durch eine veränderte Zusammensetzung anfällig oder krank reagieren.

Heute sind etwa **450 Erbkrankheiten** bei Rassehunden bekannt. Genetisch gesehen kann man Erbfehler unterscheiden in:

- Erbfehler, die durch einen **einzigen Genort** bestimmt sind (monogene oder monofaktorielle Erbfehler) als dominante oder rezessive Gene.
- Erbfehler, die durch **mehrere additiv wirkende Genorte** bestimmt sind (polygene oder multifaktorielle Erbfehler).

Relativ selten werden Fehler dominant vererbt. Die meisten Erbkrankheiten folgen einem rezessiven Erbgang, bei dem die Anlageträger nicht immer im Erscheinungsbild erkennbar sind. So lange keine Genmarker für eine Erkrankung bekannt sind, ist die Beurteilung der Nachkommen (Vorhandensein der Erbkrankheit im Wurf) die einzige Möglichkeit, verdeckte Krankheitsüberträger zu erkennen.

Die Zahl der Erbkrankheiten ist wahrscheinlich nicht so stark angestiegen, wie oft vermutet wird. Früher fanden die Erbkrankheiten nicht so viel Aufmerksamkeit, weil die **Bekämpfung** der **Infektionskrankheiten** an erster Stelle stand. Sehr viele Hunde starben etwa an Staupe oder Parvovirose, oft in sehr jungem Alter. Durch die Entwicklung der **Schutzimpfungen** wurden die Infektionskrankheiten dann weitgehend zurückgedrängt. Durch die fortschreitende Apparatemedizin und die Weiterentwicklung der Veterinärmedizin mit verbesserten Diagnoseverfahren ist es möglich geworden, Erbkrankheiten zu erkennen und festzustellen.

Bei den Erbfehlern unterscheidet man nach dem **Zeitpunkt des Auftretens** folgende Erbfehler:

- **pränatale** (vorgeburtliche)
- **perinatale** (kurz vor, während oder nach der Geburt auftretende)
- **juvenile** (in der Jugendentwicklung auftretende)
- **adulte** (im Erwachsenenalter, also nach der Geschlechtsreife auftretende)

Die pränatalen Erbfehler werden oft als Fruchtbarkeitsstörung der Hündin ausgelegt, da sie als solche nicht erkannt werden oder erkannt werden können. Zu den perinatalen Erbfehlern gehört das Loch im Herzen – der offene Ductus arteriosus Botalli persistens (PDA) –, zu den juvenilen Erbkrankheiten der verkürzte Unter- oder Oberkiefer. Bei den adulten Erbfehlern besteht das Problem, dass sie erst sehr spät erkannt werden. Hier haben die Zuchttiere oft schon Nachkommen, bevor die Erkrankung manifest wird. Eine weitere Möglichkeit der Einteilung der Erbfehler besteht in:

- **Letalfaktoren** (tödliche Erbfehler)
- **Semiletalfaktoren** (mehr als die Hälfte der betroffenen Hunde stirbt bis zur Geschlechtsreife)
- **Subvitalfaktoren** (mehr als die Hälfte der betroffenen Hunde erreicht die Geschlechtsreife)

Ursachen, Einteilung und Bedeutung von Erbfehlern

Bei der Beschreibung der einzelnen Erbkrankheiten werde ich auf diese vorgenannten Bezeichnungen zurückgreifen. Alle genannten Faktoren (Letal-, Semiletal- und auch Subvitalfaktoren) sollten, wenn sie bei einem Zuchttier oder dessen Nachzucht auftreten, zu einem **Zuchtausschluss** mindestens beider Zuchtpartner und gegebenenfalls auch des Nachzuchtwurfes führen, da sonst todbringende Faktoren und Gene in den Rassen verbreitet werden.

Daneben gibt es noch **geschlechtsgekoppelte Erbfehler** (wie Bluterkrankheit) oder **geschlechtsbegrenzte** Erbkrankheiten (wie Fehlen eines oder beider Hoden = Kryptorchismus) sowie **geschlechtsunabhängige** (autosomale) Erbfehler, was auf die meisten Erbfehler zutrifft.

Neben den »echten« Erbkrankheiten haben die **Erb-Umwelt-Erkrankungen** eine große praktische Bedeutung. Oft führt eine Genmutation nicht zum völligen Versagen des veränderten Enzyms, sondern zu Abweichungen von der vollen Funktionsfähigkeit, was sich in größerer Anfälligkeit gegen Umweltveränderungen zeigt. Es handelt sich dann um eine Erb-Umwelt-Erkrankung, die sich in erhöhter Krankheitsanfälligkeit oder so genannter Disposition darstellt.

Die Erkrankung selbst ist von den Eltern an die Nachkommen vererbt worden. Sie tritt aber erst dann auf, wenn bestimmte Um-

■ Viele sehr alte Hunde in einer Zuchtlinie sind ein hohes und erstrebenswertes Zuchtziel und sollten bei der Zuchtwahl immer Berücksichtigung finden, da sie beste Gesundheit in dieser Linie belegen wie dieser 13-jährige Hovawartrüde, der Vater vieler gesunder und ebenfalls langlebiger Nachkommen war.

welteinflüsse hinzukommen. Ein Beispiel für eine Erb-Umwelt-Erkrankung ist die Hüftgelenksdysplasie. Der betroffene Hund hat zum Beispiel eine abgeflachte Hüftgelenkspfanne oder andere Veränderungen am Oberschenkelhals oder Gelenkkopf, die sich im Röntgenbild zeigen, wenn die genetische Veranlagung vorhanden ist. Ob und in welcher Schwere die Erkrankung sichtbar wird, hängt entscheidend von der körperlichen Belastung und der Ernährung des jungen Hundes ab.

Die Erb-Umwelt-Erkrankungen sind quantitative Merkmale und treten deshalb bei den betroffenen Hunden in unterschiedlicher Stärke oder Ausprägung auf. Oft zeigt die Vielzahl der Fälle einen mittleren Schweregrad und nur wenige Hunde erkranken schwer oder leicht.

Diagnose der Erbfehler

Nicht jede angeborene, bei der Geburt vorhandene Missbildung oder Krankheit muss erblich sein. Auch Umweltfaktoren können Einfluss auf die im Mutterleib befindlichen Embryonen nehmen und die Feten schädigen.

Solche Schädigungen können durch Infektionserreger wie Bakterien und Viren, durch Gifte, Medikamente, Nährstoffmangel, Strahlenschäden oder Ähnlichem entstehen.

Erinnern Sie sich noch an die Contergan-Schädigungen beim Menschen? Oder denken Sie an das Röntgenverbot bei Schwangeren (Mensch und Hund) oder das Auftreten und die Folgen von Röteln bei schwangeren Frauen. Diese Aufzählung kann beliebig fortgeführt werden.

Die durch Umwelteinwirkungen entstandenen Missbildungen werden als Phänokopien bezeichnet und haben eine Heritabilität von null. Es ist jedoch nicht einfach, erblich bedingte Missbildungen von nichterblichen zu unterscheiden. Der wichtigste Unterschied zwischen Erbfehlern und Phänokopien besteht darin, dass bei umweltbedingten angeborenen Krankheitszuständen gesunde und kranke Hundewelpen nicht in **bestimmten Zahlenverhältnissen** auftreten. So kann beispielsweise der gesamte Wurf betroffen sein und nicht wie nach den mendelschen Regeln bei rezessiven Erbgängen 25 Prozent der Welpen.

Tritt bei einem Züchter ein ganzer Wurf mit angeborenen Zahnfehlern oder Augendefekten auf, so wird meist unterstellt, dass eindeutig Erblichkeit vorliegen muss. Dies ist jedoch nicht so, weil sonst bei einem Elterntier der Fehler auch bereits zweifelsfrei vorkommen und mindestens bei einem Zuchtpartner ein dominanter Erbfaktor reinerbig vorhanden sein müsste und der Rassezuchtverein sowie der Züchter die Hunde mit fehlenden Zähnen oder angeborenen Augendefekten ja niemals zur Zucht eingesetzt hätten. Hinzu kommt, dass Erbfehler kaum dominant reinerbig auftreten. Bei dem Beispiel mit fehlenden Zähnen bei Welpen des gesamten Wurfes kann es sich um Schäden durch den Einsatz von Antibiotika während der Trächtigkeit und bei

Diagnose der Erbfehler

den angeborenen Augendefekten um Schäden durch Vitamin-A-Mangel während der Trächtigkeit handeln. Es können aber auch noch ganz andere Faktoren zum Beispiel im Stoffwechsel die Ursache sein.

Für das Erkennen von Erbkrankheiten oder Erb-Umwelt-Erkrankungen wirkt sich erschwerend aus, dass nicht jede Erbkrankheit schon bei oder kurz nach der Geburt sichtbar wird. Anomalien der Geschlechtsorgane wie Hoden- oder Eierstockunterentwicklung lassen sich manchmal erst dann feststellen, wenn die Hunde in die Geschlechtsreife kommen und die Geschlechtsorgane in Funktion treten sollten.

Bestimmte Erkrankungen, an deren Entstehung Erbfaktoren beteiligt sind (Erb-Umwelt-Erkrankungen/Rassedispositionen), treten erst dann auf, wenn die entsprechenden Umweltfaktoren sie auslösen.

So wird ein Dachshund, der die Anlage für Dackellähme trägt, dann an Dackellähme erkranken, wenn er von Jugend an täglich mehrfach vier Stockwerke ohne Fahrstuhl die Treppen hinauflaufen muss, während ein Dachshund mit gleicher Veranlagung, der in einem Bungalow ebenerdig wohnt, wahrscheinlich nicht an Dackellähme erkranken wird.

Wichtig für alle Zuchtvereine und Züchter ist deshalb das **Sammeln von Informationen** über die zur Verfügung stehenden Zuchthunde sowie deren Vorfahren, Geschwister und Nachkommen. Hierbei müssen alle Angaben so **ehrlich und gewissenhaft** wie möglich gemacht werden. Treten in einem Wurf Missbildungen wie Gaumenspalten oder fehlende Augen auf, dürfen die Welpen nicht einfach ohne Angabe der Gründe vom Züchter beseitigt werden.

Erst das genaue Festhalten jedes Fehlers oder jeder Abweichung vom Normalen ermöglicht es, unter Berücksichtigung aller genetischen Faktoren möglichst gesunde Hunde weiterzuzüchten. Durch die **Verschleierung** solcher Tatbestände durch die Züchter werden **Erbfehler in den Rassen verbreitet** und großer Schaden für die gesamte Population angerichtet.

Eine Möglichkeit, familiäre Anhäufungen von Erbdefekten systematisch zu überprüfen, ist außer einfachen Aufzeichnungen durch den Züchter die so genannte **Pedigree-Analyse**. Hierbei wird das Auffinden von Merkmalsträgern in der Ahnentafel des untersuchten Hundes ebenso beachtet wie die Suche nach rezessiven Erbfehlergenen bei den gemeinsamen Vorfahren der Eltern, die für das aufgetretene Erbfehlergen bei dem untersuchten Hund verantwortlich sein könnten. Je mehr gemeinsame Ahnen in der Ahnentafel des zu betrachtenden Hundes den gleichen genetischen Defekt

Tritt in einer Hunderasse oder in einer Zuchtlinie ein krank machendes Merkmal gehäuft auf, so muss man von einem Erbfehler ausgehen.

Erbkrankheiten und Molekulargenetik

> Tritt ein genetischer Defekt überwiegend oder sogar ausschließlich bei den Nachkommen eines bestimmten Deckrüden auf, so muss man ebenfalls von einer genetischen Grundlage des Erbfehlers ausgehen.

zeigen (oder deren Geschwister), desto größer ist die Wahrscheinlichkeit, dass der Defekt durch Homozygotie eines rezessiven Erbfehlergens entstanden ist. Dies zeigt die Pedigree-Analyse auf.

Ein Welpe kann nur dann homozygot für ein rezessives Erbfehlergen sein, wenn seine im Erscheinungsbild gesunden Eltern heterozygot an dem betreffenden Genort sind.
Sind in einem Wurf mit acht Welpen zwei oder auch nur ein Welpe krank, also mit dem phänotypischen Defekt betroffen, wird der Defekt vermutlich durch ein rezessives Gen bedingt, das beide Elterntiere in heterozygoter Form tragen.
Beim Auftreten eines krank machenden Letal-, Semiletal- oder Subvitalfaktors sollte aus zuchthygienischen Gründen überlegt werden, ob ein Zuchtausschluss der Elterntiere und der Geschwister sinnvoll, möglich und erforderlich ist.

Wegen der hohen Entwicklungskosten und weil Hundevereine allein zurzeit nicht in der Lage sind, die Kosten für die Untersuchung auf alle bekannten Erbfehler aufzubringen, ist diese Diagnoseform noch zu selten. Dies wird sich jedoch in naher Zukunft ändern. Dadurch werden Zuchtentscheidungen vor einem Zuchteinsatz eines Zuchthundes in der Zukunft durchschaubarer und fundiert richtig. Es wird dann möglich sein, noch gesundere Hunde zu züchten.

Erbkrankheiten und Molekulargenetik

Erbkrankheiten sind über die vielen Hundegenerationen seit der Domestikation des Wolfes durch Kreuzungsgenetik und Inzucht in den verschiedenen Hunderassen und durch Anhäufung von Krankheitsallelen vermehrt aufgetreten.

> Eine absolute Sicherheit für die Erkennung erblicher Defekte liefert die **Genanalyse**. Bei einigen wenigen Defekten und bei wenigen Rassen sind diese Möglichkeiten auch heute schon nutzbar. Hier wird durch Diagnoseverfahren mit einem Strich-Code das krank machende Gen in der DNS-Kette markiert und der untersuchte Hund als Merkmalsträger identifiziert oder entlastet.

Erbkrankheiten und Molekulargenetik

■ Durch die vielfältigen Kombinationsmöglichkeiten des Erbgutes von beiden Eltern besitzt jeder Nachkomme trotz der Ähnlichkeit mit seinen Eltern individuelle Merkmale.

Hier kann nun die **Molekulargenetik** einsetzen und dem Züchter ein oder sogar das entscheidende Informationselement anbieten. Denn die heutigen Kenntnisse über das Erbmaterial (DNS), die den jeweiligen **vollständigen genetischen Bauplan**, der jedem Lebewesen zugrunde liegt, enthalten, sind zur Erkennung von Erbkrankheiten innerhalb einer Hunderasse für jeden Züchter von elementarer Bedeutung.

Die genetische Information aller Lebewesen kann man sich als Text aus nur vier Buchstaben (hier Nukleotiden) gespeichert vorstellen. Dieser Text in seiner linearen Abfolge ergibt **die helixförmige DNS** (siehe auch Kapitel DNS), die in Chromosomen organisiert ist und die jeweiligen körperlichen Merkmale wie Körperbau, Größe, Haarfarbe, Wesenseigenschaften und Stoffwechselvorgänge einschließlich Enzymhaushalt bestimmt. In den Körperzellen liegt die genetische Information (etwa 2,4 Milliarden Nukleotidpaare beim Hund auf 39 Chromosomen verteilt) jeweils doppelt vor, wobei je ein vollständiger Chromosomensatz von der Mutter und vom Vater stammt. Jeder Hund ist also etwas Einzigartiges und Besonderes, geprägt durch die Genkombination von Eigenschaften, die er von beiden Elterntieren mitbekommen hat. Gene entsprechen einem bestimmten Ab-

Erbkrankheiten und Molekulargenetik

schnitt auf dem DNS-Molekül und enthalten die Anleitung zur Herstellung eines spezifischen Moleküls, eines Proteins, das eigentliche **Funktionselement** in der Zelle und im Organismus. Die in der Basensequenz der DNS niedergelegte Information, der **genetische Code**, wird in Eiweißmoleküle (Proteine oder Enzyme) übersetzt, die zur Aufrechterhaltung der Körperfunktionen benötigt werden. Bei der Zellteilung wird die DNS in der Regel korrekt kopiert, sodass identische Gene entstehen.

Die meisten Gene führen ihre vorgegebenen Aufgaben korrekt aus. Durch gelegentliche Fehler der Enzyme beim Kopiervorgang können Mutationen (Erbsprünge) entstehen, die an die folgenden Zellgenerationen weitergegeben werden. Ein Gen kann vergleichsweise wie ein Computerprogramm angesehen werden, bei dem an den verschiedensten Stellen Fehler auftreten können. Die meisten dieser Fehler haben die gleiche Wirkung wie bei unseren Computern: Das Programm funktioniert anders, schlecht oder sogar überhaupt nicht mehr.

Die Erbeinheiten werden durch die Einwirkung bestimmter Chemikalien, durch

■ Erbgesunde Hunde sollten das Ziel jeder Zucht sein.

Erbkrankheiten und Molekulargenetik

natürliche oder künstliche Strahlung oder Störungen bei der Zellteilung verändert. Die Anzahl entstehender Mutationen wird oft überschätzt. Die **DNS-Wartungsenzyme** sind so wirkungsvoll und effektiv, dass sich jährlich von den 2,4 Milliarden Nukleotidbasenpaaren im gesamten Hundegenom nur etwa 15 verändern und damit mutieren.

Mutationen und mit ihnen auch die Erkrankung werden von den Eltern auf ihre Nachkommen übertragen, also vererbt. Bei monogenen Erbkrankheiten (sehr häufig) sind Mutationen in nur einem Gen für die Krankheit verantwortlich.

Wird die Erbkrankheit dominant vererbt (selten), wird der einzelne Gendefekt nicht durch einen »normalen« Genpartner ausgeglichen werden können. Die Krankheit würde sich ausbilden, wann immer eine solche dominante Genmutation vorkommt.

Beim Vorliegen nur einer Genmutation im jeweiligen Individuum wird es bei rezessiv vererbbaren Erkrankungen nicht zum Ausbruch der Erbkrankheit kommen. Die mutierte defekte Genkopie wird bei einer rezessiven Vererbung von der zweiten gesunden, nicht mutierten Kopie überdeckt und überlagert. Sollten jedoch die mütterliche als auch die väterliche Kopie des Gens die gleiche Mutation tragen, wird der Nachkomme erkranken. Wenn beide Elterntiere heterozygot für die Genmutation sind, besteht für jeden Welpen aus dieser Verpaarung bei rezessiven Erbkrankheiten ein Risiko von 25 Prozent, dass er von jedem Elterntier genau die defekten Genmutationen erbt und damit die Erkrankung ausbricht oder sichtbar wird.

DNS-Tests

Für Züchter und Zuchtvereine besteht das Problem bei rezessiven Erbkrankheiten darin, dass man einem Welpen oder erwachsenen Hund äußerlich nicht ansehen kann, ob er Träger einer Erbkrankheit ist. Dadurch besteht die Gefahr, dass sich durch Inzucht (auch Linienzucht) nicht erkannte Mutationsträger häufen und insbesondere in inzuchtgefährdeten Rassen die krankheitsverursachenden Allele in den oft genetisch kleinen Populationen stark ausbreiten und dann zu gehäuften Erkrankungsfällen führen.

Molekulargenetische Diagnostik durch spezielle **DNS-Tests** bietet hier im Vergleich zu anderen Diagnoseverfahren die größtmögliche Sicherheit.

Eine Diagnose kann mithilfe von DNS-Tests in jedem Alter des Hundes, also sogar oft schon lange **vor Ausbruch der Erkrankung** gestellt werden. Die Züchter erhalten hierdurch die Möglichkeit, Welpen ohne Krankheitsrisiko gezielt für die Zucht auszuwählen. Ohne einen solchen DNS-Test bleiben Mutationsträger unentdeckt und geben unvermeidlich oder zufällig die Mutation an einige ihrer Nachkommen weiter. Sind diese Abweichungen selten in einer Rasse, ist die Wahrscheinlichkeit sehr gering, dass zwei unverwandte Tiere die gleiche Mutation tragen und an die Nachkommen vererben. In allen Hunderassen, also genetisch kleinen Populationen (auch zahlenmäßig große Rassen stammen von nur wenigen Ausgangstieren ab), hat der Zufall deshalb entsprechend große Chancen, unerwünschte

Erbkrankheiten und Molekulargenetik

oder gar krank machende Mutationen in der Rasse zu verbreiten.

Diesem Problem können nur DNS-Tests wirklich effizient entgegenwirken. Die krankheitsverursachende Mutation wird durch den DNS-Test in dem gewünschten, bekannten Gen nachgewiesen und ist dadurch sehr sicher und eindeutig identifizierbar. Haben die Elterntiere durch Gen-Tests nachgewiesen kein krankheitsverursachendes Gen in ihrem Erbgut, können sie auch keines an ihre Nachkommen weitergeben. Heterozygote Anlagenträger lassen sich über den Test eindeutig herausfinden. Sie können dann, wenn sie gezielt mit homozygot gesunden Hunden angepaart werden, in der Zucht bleiben, sodass die genetische Vielfalt in der Rasse erhalten bleibt.

Für monogene Erbkrankheiten beim Menschen sind heute über 1.500 DNS-Diagnosetests bekannt. Beim Hund ist die Anzahl der kommerziell angebotenen direkten und indirekten DNS-Tests (zurzeit mehr als zwei Dutzend) noch sehr eingeschränkt möglich. Sie werden angeboten für Progressive Retina-Atrophie (verschiedene Rassen) sowie Nierendysplasie, Narkolepsie, Myopathie, Muskeldystrophie, Hämophilie B und so weiter für jeweils einzelne Rassen. Die zurzeit möglichen kommerziell verfügbaren DNS-Tests beim Hund können jederzeit über die Gesellschaft zur Förderung Kynologischer Forschung e. V. (GKF) in Bonn erfragt oder über das Internet abgerufen werden.

Für einen DNS-Test wird zunächst aus dem eingesandten Probematerial (Haare, Maulschleimhautzellen oder am besten Blut) die enthaltene DNS isoliert. Für die **Genanalyse** wird der Genabschnitt, der für die Untersuchung benötigt wird, mittels der **Polymerase-Ketten-Reaktion** (Polymerase Chain Reaction = PCR) millionenfach vermehrt. Die unterschiedlichen Analyseschritte der Basenfolgen werden dokumentiert und ausgewertet. Bei monogenen Erbgängen unterscheidet man hier zwei Prinzipien.

1. Direkte Gendiagnostik

Beim direkten Gentest ist der zur Erkrankung führende Erbsprung, also die Mutation, im Gen bekannt. Deshalb kann die mutierte Zustandsform des Gens durch ein spezielles Nachweisverfahren mittels Gensonde oder PCR direkt identifiziert werden.

2. Indirekte Gendiagnostik

Beim indirekten Gentest ist das betroffene Gen noch nicht bekannt. Jedoch ist die krankheitsverursachende Mutation mit einem genetischen Marker ganz eng verknüpft, was durch Analysen von informativen Hundefamilien als Kopplung geklärt werden konnte. Über diesen Marker ist es möglich zu diagnostizieren, ob der untersuchte Hund die Erbkrankheit bekommen oder gesund bleiben wird. Ein indirekter Test bietet jedoch nie hundertprozentige Sicherheit.

Für die Untersuchung muss mit Kosten von etwa 50,- bis 150,- Euro (Stand 2008) gerechnet werden.

Erbkrankheiten und Molekulargenetik

■ *Der Shar Pei gehört zu den Rassen, bei denen häufig Allergien festgestellt werden.*

Durch den Einsatz molekulargenetischer Diagnostik kann es schon jetzt und verstärkt in der Zukunft gelingen, in der Hundezucht Erbkrankheiten, für die bereits DNS-Tests entwickelt wurden, aus den unterschiedlichen Rassen herauszuzüchten, wenn durch Untersuchung aller in der Zucht sich befindender Zuchthunde und anschließender gezielter Verpaarung nur gesunde Hunde eingesetzt werden. Stehen solche Tests zur Verfügung, sollte gerade bei kleinen Hundepopulationen zuerst nicht auf den Einsatz von heterozygoten Anlageträgern verzichtet werden, um die genetische **Vielfalt in den Rassen** zu erhalten.

Disposition

In der Tiermedizin versteht man unter einer Disposition die Veranlagung oder die Bereitschaft eines Tieres (**Individualdisposition**) oder einer Tiergruppe (**Rassendisposition**) bei entsprechenden auslösenden Faktoren mit einer bestimmten Erkrankung gehäuft zu reagieren. Eine Rassenanfälligkeit bedeutet nicht, dass alle oder auch nur die Mehrheit aller Individuen einer Hunderasse an speziellen Krankheiten erkranken werden oder müssen. Rassendisposition besagt lediglich, dass in einer bestimmten Hunderasse die fragliche Störung (Erkrankung) in einer prozentual größeren Häufigkeit auftritt als in anderen Rassen.

Der Grad der Ausprägung der erblichen Veranlagung ist bei vielen körperlichen und funktionellen Merkmalen des Hundes durch äußere Umwelteinwirkungen beeinflusst. Das gilt insbesondere für solche Merkmale, die durch mehrere Gene gesteuert werden. Unter Umwelt im genetischen Sinn versteht man alle Faktoren, die von außen auf den reaktionsfähigen Genotyp einwirken, also auf Haltung, Fütterung, Temperatur, Licht, aber auch Einflüsse durch den Besitzer oder andere Hunde. So ist die optimale Ernährung (lieber restriktiv als zu viel) eine Voraussetzung dafür, dass das genetisch festgelegte Wachstumspotenzial realisiert wird. Mangelernährung, Erkrankung, Bewegungsmangel und andere Einflüsse wirken auf den Genotyp sehr begrenzend.

Rassendispositionen finden sich bei vielen Hauterkrankungen (Atopische Dermatitis zum Beispiel bei Airedale Terrier, Dalmatiner, Mops, Boxer und Mastiff), Allergien (Futtermittelallergien zum Beispiel bei Boxer, Labrador Retriever und Shar Pei) und natürlich bei Skeletterkrankungen (Ellbogengelenksdysplasie und Hüftgelenksdysplasie bei überwiegend großen Hunderassen) sowie Tumorerkrankungen.

9. Vererbbare Erkrankungen

■ *Eine dunkle Augenfarbe wie bei diesen Cairn Terriern ist in vielen Rassestandards erwünscht. Bei diesen beiden gibt es auch keine standardbedingte Augenanomalie.*

Beim Hund gibt es aufgrund der Rassenvielfalt die angesprochene große Anzahl von genetisch bedingten Erbfehlern. In vielen guten Genetikbüchern sind die Erbkrankheiten ausführlich beschrieben. In diesem Buch sollen die häufigsten, für den Züchter bedeutsamen Erbfehler nach ihrem Auftreten in den Organsystemen des Körpers angesprochen werden. Selten vorkommende oder noch zu wenig bekannte Erkrankungen werden zugunsten der häufigeren vernachlässigt.

Die Tabellen am Ende jedes folgenden Kapitels sind Zusammenstellungen der Meinungen der Genetiker (siehe Literaturverzeichnis).

Augenerkrankungen

Augenerkrankungen können nur mithilfe spezieller Ausrüstung erkannt werden. In der Regel wird Sie Ihr Tierarzt zu diesem Zweck an einen so genannten Augenfachtierarzt überweisen.

Die Vorsorgeuntersuchungen für Augenerkrankungen sind vor vielen Jahren in England erstmals vorgeschlagen und über den Animal Health Trust eingeführt worden. Dr. Keith Barnett war es, der Anfang der 1980er-Jahre auf dem Kontinent auf die Möglichkeiten schmerzfreier Vorsorgeuntersuchungen zur sicheren Aufdeckung vererbter Augendefekte aufmerksam gemacht hat. In der Folge wurde in der Schweiz ein Fonds gegründet, aus dem bei allen großen Hundeausstellungen Vorsorgeuntersuchungen angeboten und bezahlt wurden und aus dem regelmäßig Seminare für Tierärzte finanziert werden. Auf diese Weise wurden zum Teil auch Tierärzte aus Deutschland auf diese neuen Möglichkeiten aufmerksam und bildeten sich fort.

In der Schweiz wird dieser Augenuntersuchungs-Fonds von der Med. Vet. Fakultät verwaltet. Die SKG hat in praktisch allen Zuchtreglements der Rassehundeclubs die Augenuntersuchungen als zwingend festgeschrieben.

In Deutschland sind die Augenfachtierärzte im so genannten »Dortmunder Kreis« zusammengeschlossen. Diese Fachtierärzte sind den VDH-Zuchtvereinen gegenüber berechtigt, bestimmte augenärztliche Diagnosen zu stellen und dafür Gutachten und Bewertungsbögen abzugeben, die den Vereinen als Grundlage für zuchthygienische Maßnahmen dienen.

Vermutlich gibt es keine Hunderasse mehr, bei der nicht irgendein Verdacht auf eine Augenerkrankung bekannt ist. Manche Erkrankungen am Auge sind erst durch rassebedingte, züchterische Übertreibungen von Standardmerkmalen entstanden. Sie bereiten der Rasse und vor allem jedoch den Besitzern des betroffenen Einzeltieres Probleme, hohe Tierarztkosten bis hin zu Operationen, die der VDH allerdings verbietet, da sie nur die genetische Veranlagung des Hundes verschleiern und seinen Nachkommen die gleichen Probleme und Schwierigkeiten bereiten werden. Hier sind die Rassezuchtvereine gefordert, die Zuchtordnungen so zu verändern, dass diese krank machenden Übertreibungen ausgeschlossen werden.

Standardbedingte Augenanomalien

Krank machende, rassetypische und zum Teil standardbedingte Augenanomalien sind:
- **Mikrophthalmie** (zu kleines Auge)
- **Distichiasis** (Verdopplung einer gegen den Augapfel gerichteten Wimpernreihe)
- **Exophthalmie** (hervorquellendes Auge)
- **Entropium** (Einrollung des freien Lidrandes nach innen)
- **Ektropium** (Auswärtsdrehung meist des unteren Augenlides)

Eine **Mikrophthalmie** soll zum Beispiel dem Collie einen »süßen Ausdruck« verschaffen. Mikrophthalmus ist eine ernst zu nehmende Erkrankung, die mit der marmorierten Farbgebung bei verschiedenen Rassen ge-

Augenerkrankungen

■ *Mikrophthalmie kann auch bei Rassen vorkommen, für die kleine Augen nicht typisch sind. Dieser Pudel ist aber vollkommen gesund.*

koppelt zu sein scheint. Die Erkrankung befällt auch Rassen, für die kleine Augen nicht typisch sind (wie Pudel, Zwergschnauzer oder Dobermann), und ist meist mit anderen schweren Augenerkrankungen wie Grauer Star (Katarakt) oder Netzhautablösung vergesellschaftet.

Die **Distichiasis** bewirkt eine ständige Reizung der Hornhaut und der Bindehäute und kommt in Rassen mit Entropium und **Exophthalmie** gehäuft vor (wie Bulldogge, Pekingese oder Mops).

Entropium und **Ektropium** gehören zu den wohl häufigsten Augenerkrankungen und treten bei einigen Rassen gemeinsam auf (wie Basset Hound, Mastiff, Bullmastiff, Bloodhound oder Bernhardiner). Sie sind meist auslesebedingte Defekte, die in den Rassestandards ihre Begründung haben. Oft werden Hunde mit Entropium oder Ektropium operiert, um das aufgetretene Übermaß der Erkrankung nicht sichtbar werden zu lassen. Dies ist jedoch für die Zucht mit diesen Hunden fatal, da sie ihre genetische Veranlagung weitergeben werden. Hier sind die Ursprungsländer, die die Rassestandards aufstellen, gefordert. Sie sollten die Rassestandards unbedingt überdenken und entsprechend verändern.

Dermoidzysten sind bei vielen Hunderassen auftretende Fehlbildungen der Hornhaut von

Augenerkrankungen

hautähnlicher Beschaffenheit meist sogar mit Haaren bewachsen. Diese wulstige Gewebezubildung, insbesondere aber die Dermoidbehaarung, übt einen ständigen Reiz auf das Auge aus und führt zu permanenter eitriger Augenentzündung (Konjunktivitis) und je nach Größe auch zu Gesichtsfeldeinschränkungen. Dermoide müssen operativ entfernt werden.

Bei Terrierrassen findet sich häufiger die **Linsenluxation**, ein angeborener, erblicher Defekt des Aufhängeapparates der Linse.

■ *Der Irische Setter gehört zu den Rassen, bei denen direkte Gentests zum Erkennen von PRA schon möglich sind.*

Zu den **besonders schweren erblichen Augenerkrankungen** gehören:
❱ **Vererbter Katarakt** (grauer Star; nicht zu verwechseln mit dem Alterskatarakt)
❱ **Progressive Retina-Atrophie** (PRA; fortschreitende Netzhautdegeneration)
❱ **Collie-Augen-Anomalie** (CAA oder CEA)
❱ **Retina-Dysplasie** (Netzhaut-Ablösung)

Grauer Star

Der **Graue Star** (Katarakt, Cataracta juvenilis) ist eine teilweise oder totale Undurchsichtigkeit der Linse, die angeboren oder auch erworben sein kann. Der so genannte Jugendstar beginnt meist im ersten Lebensjahr und reift innerhalb von Monaten oder Jahren. Der Jugendstar gilt als erblich und folgt einem rezessiven Vererbungsmodus. Beim angeborenen Katarakt sind meist beide Augen betroffen. Die Sehstörung macht sich sehr früh bemerkbar. Der Besitzer merkt es daran, dass sein Welpe einem Hindernis nicht ausweicht.

Progressive Retina-Atrophie

Netzhaut oder Retina heißt die innere Auskleidung des Augapfels, der eigentliche lichtempfindliche Teil des Auges. Atrophie bedeutet Schrumpfung. Eine beidseitige, gleichartige, fortschreitende Fundusdegeneration heißt **Progressive Retina-Atrophie (PRA)**. Im Falle der Netzhaut sind deren lichtempfindlichen Zellen ungenügend entwickelt und verkümmern immer mehr. Die Krankheit äußert sich anfangs in zu-

Augenerkrankungen

Progressive Retina-Atrophie (PRA)	
Erkrankung	Fortschreitender Netzhautschwund mit nachfolgender Erblindung. Wichtig ist eine möglichst frühzeitige Erkennung der Erkrankung durch eine Augenuntersuchung.
Symptome	Vergrößerung der Pupillen; Nachtblindheit; fortschreitendes Fehlen der Blutgefäße im Augenhintergrund; Blindheit
Diagnose	Augenuntersuchung; ERG (Elektroretinografie)
Therapie	keine
Prognose	schlecht
Genetik	Rezessiver monogener autosomaler Erbgang Einteilung in vier PRA-Grade: 0 = normal 1 = leichtgradig 2 = mittelgradig 3 = hochgradig
DNS-Test	Nur für monogene Merkmale möglich; Voraussetzung: Stammbaumangaben müssen stimmen oder durch DNS-Profile (Vaterschaftsnachweise) bewiesen werden
Mutationstest	Zuchtvorteile; möglichst frühzeitige Diagnose; Identifikation heterozygoter Mutationsträger (Mutationsträger können in der Zucht bleiben); genetische Variabilität bleibt erhalten

nehmender Dämmerungsschwachsichtigkeit und Nachtblindheit (Stäbchendegeneration). Später verschlechtert sich auch das Tagsehen und es führt meist zu völliger Erblindung. Die Krankheit ist erblich und wird rezessiv weitergegeben.

Zur Erkennung der Erkrankung PRA sind heute Gentests möglich. Direkte Gentests sind zurzeit beim Irischen Setter, Cardigan Welsh Corgi, Samojeden, Siberian Husky, Zwergschnauzer, Bullmastiff, Englischen Mastiff und dem Sloughi möglich, weil das PRA verursachende Gen bekannt ist. Indirekte Gentests sind bei Chesapeake Bay Retriever, Australian Cattle Dog, Chinese Crested Dog, Entlebucher Sennenhund, Finnischem Lapphund, Toy und Zwergpudel, American und English Cocker Spaniel, Portugiesischem Wasserhund und Labrador Retriever bekannt. Bei indirekten Gentests ist das Gen, in dem

Augenerkrankungen

sich die PRA verursachende Mutation befindet, noch nicht bekannt.
Hier kann aber über einen Genmarker (ein bekannter Genabschnitt) die PRA-Erkrankung identifiziert und nachgewiesen werden. Auch Hunde, die das krank machende Gen nicht tragen, können so festgestellt werden. Es ist durch einen indirekten Gentest jedoch nicht möglich Hunde, die Träger des PRA-Allels sind, zu erkennen.
Da täglich neue Rassen bei den direkten oder indirekten Gentests hinzukommen, sollte entweder über den zuständigen Rassehundezuchtverein oder über Labore mit Gentests erfragt werden, ob solche Tests für die betroffene Hunderasse bereits vorliegen und durchgeführt werden können.

Augenanomalie des Collies

Die **Augenanomalie des Collies** (CAA oder englisch CEA = Collie Eye Anomaly) ist eine angeborene, vererbbare Erkrankung des Auges, die in unterschiedlichen Graden auftreten kann und eines oder beide Augen betrifft. Die Erkrankung beinhaltet eine embryonale Entwicklungsstörung des Augenhintergrundes mit nicht pigmentierten Bereichen, ausgeprägter Verdrehung der Netzhautarterien und -venen, Vertiefungen und wurmförmigen Streifen nahe der Augenpapille bis hin zur Netzhautablösung. Bei der CEA kann die Erkrankung durch augenfachärztliche Untersuchung des Welpen in den ersten sechs bis acht Wochen festgestellt werden.

Retina-Dysplasie

Die **Retina-Dysplasie** ist eine vielgestaltige, durch Faltenbildung der Netzhaut gekennzeichnete, angeborene, erbliche Erkrankung des Auges. Bei der totalen Retinadysplasie ist angeborene Blindheit vorhanden.

Die aufgeführten erblichen Augenerkrankungen (Katarakt, PRA und CAA) führen alle in den verschiedenen Stadien von **leichter bis zu völliger Blindheit**, eine für Besitzer und Hund furchtbare Situation. Betroffene Hunde sollten, wenn möglich, aus der Zucht genommen werden.
Deshalb ist es von entscheidender Bedeutung, dass jeder Hund von einem Augenspezialisten untersucht wird. Die Untersuchung ist absolut schmerzfrei und dauert nur einige Minuten. Im Alter von einem Jahr können diese Erkrankungen erkannt werden (außer CEA; diese kann bereits im Welpenalter diagnostiziert werden). Somit ist gewährleistet, dass ein befallenes Tier gar nicht in die Zucht genommen wird.
Für die aufgeführten Erkrankungen sind von den Augenfachtierärzten Untersuchungsbö-

> Für alle Züchter und alle Rassen sollte ein gesundes und in seiner Funktion nicht eingeschränktes Auge beim Hund eine Selbstverständlichkeit sein.

Hauterkrankungen

Übersicht zu Augenerkrankungen		
Bezeichnung	**Art des Defekts**	**Erbgang**
Mikrophthalmus	zu kleines Auge	vor allem bei merle-farbenen Hunden, unklar
Distichiasis	Verdopplung einer Wimpernreihe	monogen mit Dominanz
Exophthalmie	hervorquellende Augen	monogen mit Dominanz
Entropium	Einrollen des Lidrandes	unklar
Ektropium	Auswärtsdrehung des Augenlids	unklar
Katarakt (vererbter)	Grauer Star	autosomal-rezessiv, unklar (dominant?)
Progressive Retina Atrophie	Degeneration der Netzhaut	autosomal-rezessiv
Retina Dysplasie	Netzhautablösung	autosomal-rezessiv
Collie-Augen-Anomalie	verschiedene Augendefekte	autosomal-rezessiv
Dermoid-Zysten	haarige Hornhaut-Zysten	unklar
Linsenluxation	Fehlstellung der Linse	unklar

gen entwickelt worden, die in vielen Rassen bereits zu **Pflicht-Augenuntersuchungen** aller zur Zucht verwendeten Hunde geführt haben.

Hauterkrankungen

Einige Hauterkrankungen sind in diesem Buch bereits bei der Vererbung der Haarfarben angesprochen worden. Sie werden hier nur zur Vollständigkeit nochmals mit aufgeführt. Das Haarkleid beim Hund ist über die Jahrtausende hinweg neben den Abwandlungen wegen bestimmter Gebrauchsfähigkeiten immer den jeweiligen Modetrends unterworfen gewesen. Auch hierbei neigt der Mensch beim Herauszüchten zu Übertreibungen wie extrem langes Fell oder gar Nacktheit. Bei den Vorlieben für bestimmte Farben ist zu bemerken, dass das Ausgefallenste gerade bevorzugt wird, unabhängig davon, ob mit dieser Farbe Krankheiten einhergehen und gekoppelt sind.

Bei Hautkrankheiten ist ein genetischer Erbgang nicht häufig, deshalb ist hier immer vorher durch den Tierarzt oder Tierderma-

Hauterkrankungen

Die Haarlosigkeit ist bei den Nackthunden ein Rassemerkmal.

tologen diagnostisch zu klären, ob nicht Parasiten oder Erkrankungen anderer Organe die Hautveränderungen hervorrufen. Einige Drüsenstörungen können zu abnormen Veränderungen der Haut und des Haarkleides führen wie Schilddrüsenunterfunktion (Hypothyreoidismus) oder Überfunktion der Nebennierenrinde (Hyperadrenokortikalismus).

Die **angeborene Haarlosigkeit** ist bei Hunden eine Erbkrankheit. Das Merkmal »Haarlosigkeit« ist bei den Nackthunden zum Rassemerkmal geworden.

Beim **Ehlers-Danlos-Syndrom** liegt eine abnorme Rissigkeit und Hyperelastizität der Haut mit Wundheilungsstörungen vor.

Pigmentmangelerscheinungen

Pigmentmangelerscheinungen zeigen sich in Albinismus (völliges Fehlen von Pigment), extremer Weißfärbung (Dalmatiner, Bull Terrier, Boxer), Blaufärbung (Blaues-Dobermann-Syndrom) oder Merle-Färbung (Collie, Dachshund). Alle diese Farbmangelerscheinungen gehen einher mit verminderter Fruchtbarkeit, Infektionsan-

Hauterkrankungen

fälligkeit, erhöhten Todesraten vor und nach der Geburt und erheblichen Seh- oder Hörfehlern. Der Merle-Faktor ist ein Defekt-Gen, das bei reinerbigem Auftreten meist die normale Lebensfähigkeit nicht einmal ermöglicht, mindestens jedoch schwere Sinnesorgandefekte mit sich bringt, die bei den mischerbigen Varianten in abgeschwächter Form auftreten. Deshalb sollte in jedem Fall auf die Verpaarung von zwei Weißtigern verzichtet werden, um so das Risiko extrem geschädigter Nachkommen zu vermeiden.

Allergien

Allergien beruhen auf meist lang anhaltenden und sehr heftigen Fehlreaktionen des Immunsystems. Eine Allergie entwickelt sich gegen oft harmlose Stoffe oder Substanzen, wenn eine erbliche Veranlagung vorhanden ist. Nach Schätzungen weisen etwa 10 bis 15 Prozent aller Hunde eine solche erbliche Veranlagung zu Allergien auf.

Beim Hund ist die Haut das am häufigsten von allergischen Erkrankungen betroffene Organ. Die allergischen Reaktionen der Haut ähneln sich unabhängig von der die Allergie auslösenden Ursachen sehr. Hauptsymptom der Allergie ist der Juckreiz. Die Allergien auslösenden Allergene sind vielfältig. Zu den allergischen Erkrankungen gehören die Atopie (Atopische Dermatitis), die allergische Kontaktdermatitis, die Flohstichallergie oder Allergie gegen andere Ektoparasiten und Insekten (wie Wespen), Hausstauballergien, Futtermittelallergien und Arzneimittelallergien. Es gibt also viele Arten von Allergien mit den unterschiedlichsten Auslösern und dadurch bedingt auch verschiedene Therapieformen. Es ist deshalb unbedingt notwendig, die genaue Diagnose mithilfe spezieller Untersuchungen (Tupfer-, Abklatsch- oder Haarproben, Hautgeschabsel oder Hautstanzen, Blutproben oder Hauttests) zu stellen.

Da der Hund zuerst Kontakt mit den Allergenen gehabt haben muss, um die Krankheit erkennbar werden zu lassen, manifestiert sich die Atopie erst im Alter zwischen ein und drei Jahren (selten jünger als ein oder älter als sechs Jahre).

Bei einer Atopie, Kontaktallergie oder Futtermittelallergie ist der Juckreiz anfangs meist das einzige Symptom. Hautveränderungen und Hautverletzungen entstehen erst durch das Kratzen, Beißen und Lecken der Haut, wodurch Bakterien, Pilze und Hefen begünstigt werden. Allergisch bedingte Hautkrankheiten können in jedem Lebensalter des Hundes auftreten. Als Therapie gibt es nur die Allergenvermeidung, Linderung der Symptome und Einflussnahme auf das Immunsystem (Hyposensibilisierung).

Bei Atopien wird ein polygenetischer Erbgang mit Schwellenwert angenommen, da es rasse- und familienbezogene deutliche Häufungen gibt.

Sebadenitis

Sebadenitis ist eine Hauterkrankung mit gestörter Verhornung, die durch eine chronische, granulomatöse Entzündung verursacht wird und schließlich eine Degeneration der Talgdrüsen bewirkt. Der betroffene Hund

Hauterkrankungen

zeigt ein schütteres Haarkleid, runde Stellen mit komplettem Haarausfall und Seborrhoe. Ganze Haarbündel sind mitsamt der Haarwurzel ausziehbar. Die Erkrankung beginnt oft am Kopf und an der Rute. Als Krankheitsursache werden Autoimmunvorgänge vermutet. Betroffene Rassen sind Pudel, Samojede, Bobtail, Lhasa Apso, Akita Inu und Magyar Vizsla. Über die Mechanismen, die zur Zerstörung der Talgdrüsen mit allen Konsequenzen führen, wird bis heute spekuliert. Untersuchungen in den USA an befallenen Pudeln lassen einen autosomal rezessiven Erbgang vermuten.

Cushing-Syndrom

Cushing-Syndrom (Morbus Cushing, Hyperadrenokortizismus oder Nebennierenrindenüberfunktion) ist eine bei Zwergpudeln, Boxern, verschiedenen Terriern und Dachshunden verstärkt auftretende Erkrankung mit deutlicher familiärer Häufung. Sie resultiert in etwa 80 Prozent der Fälle aus einer Tumorbildung an der Hirnanhangdrüse und in etwa 10 Prozent der Fälle aus einer Tumorbildung an der Nebenniere (oder durch unkritische langfristige Gabe von Cortison-Präparaten). Ausgelöst wird die Erkrankung durch einen übermäßigen Cortisolgehalt im Blut.

Dieses Hormon erfüllt viele lebenswichtige Aufgaben im Stoffwechsel und bei der Bekämpfung von Entzündungen. Die Folgen für den Körper sind vor allem Lethargie, Leistungsabfall, Hängebauch, übermäßiges Trinken, übermäßiges Fressen, häufige Infektionen der Harnwege, der Atemwege und der Lunge sowie neurologische Ausfälle. Besonders auffällig sind jedoch die Veränderungen an Haut und Haar mit großen kahlen Stellen auf beiden Seiten des Rumpfes, dünnes, trockenes, helleres Haar und unelastische, dünne Bauchhaut mit Mitessern und Schuppen sowie großen Blutergüssen nach kleinen Verletzungen.

Aufgrund des familiären Auftretens der Erkrankung geht man von einer vermut-

Übersicht zu Hauterkrankungen

Bezeichnung	Art des Defekts	Erbgang
Haarlosigkeit	kein oder fast kein Haarkleid	autosomal dominant
Albinismus	Fehlen von Pigment	nicht bekannt
extreme Weißfärbung	Pigmentverlust	nicht bekannt
Blaufärbung	Pigmentverlust, Hautentzündung usw.	nicht bekannt
Merlefärbung	Pigmentverlust	nicht bekannt
Ehlers-Danlos-Syndrom	brüchige, dünne Haut, starke Faltenbildung	autosomal dominant

Skeletterkrankungen

lich rezessiven erblichen Veranlagung aus. Die Tierärztliche Hochschule in Hannover forscht zurzeit an der Aufklärung der an dieser Erkrankung beteiligten Gene und der molekulargenetischen Grundlagen des Cushing-Syndroms exemplarisch am Rauhaardackel. Hierzu sollen so genannte Kandidatengene untersucht werden. Kandidatengene sind Gene, die beim Menschen durch Mutation ein Krankheitsbild hervorrufen, das dem des Hundes sehr ähnelt.

Darüber hinaus gibt es noch einige Hauterkrankungen, die entweder so selten sind, dass sie hier nicht erwähnt werden müssen, oder andere, über deren Erblichkeit zurzeit keine Einigung besteht und die auch anderen Ursprungs sein können wie die atopische Dermatitis oder allergische Inhalationshauterkrankungen, die auch den Allergien zugerechnet werden können.

Skeletterkrankungen

Da unsere Hunde Lauftiere sind, kommt einem gesunden Skelett eine große Bedeutung zu. Die bekannteste genetische Veränderung des Skeletts ist die Hüftgelenksdysplasie (HD). Bei den Knochen- und Skelettproblemen spielen Umweltfaktoren, insbesondere die Ernährung, eine wichtige Rolle. Die Genetik von Skeletterkrankungen gibt hier den Rahmen, aber die **Ausgewogenheit der Ernährung** kann letztlich die Höhe des entstehenden Schadens beeinflussen. Viele Züchter versuchen, durch die Fütterung von Zusatzstoffen wie Vitaminen und hohen Kalziumgaben die genetische Skelettveranlagung zu beeinflussen. Ungleichgewichte gegenüber einer ausbalancierten Ernährung bringen hier mehr Schaden als Nutzen wie zu hohe Vitamin A- und Vitamin D-3-Gaben. Zu den Umweltfaktoren, die die Gesundheit eines Skelettes beeinflussen, gehört neben der Ernährung eine vernünftige **Bewegung ohne Überbelastungen**. Zu viel Treppensteigen, Springen oder gar Neben-dem-Fahrrad-Herlaufen in jungem Alter kann dem Hund nur schaden und eine genetische Veranlagung negativ beeinflussen. Umweltfaktoren, die zu Skelettveränderungen auch in der Zahnbildung führen können, sind Medikamente oder Gifte sowie Strahlenbelastungen, die bereits den Fetus schädigen und uns das Erkennen eines genetischen Mangels oder Fehlers erschweren oder unmöglich machen. Cortison und Antibiotika in höheren oder längeren Dosierungen werden neben den Schäden an den Organen Leber und Niere auch die Skelettentwicklung bei jungen Hunden behindern und beeinflussen. Solche Faktoren sind neben der Genetik jeweils bei aufgetretenen Schädigungen in Würfen oder in der Entwicklung eines Einzelhundes zu bedenken und zu berücksichtigen.

Verkürzung des Ober- oder Unterkiefers

Der Schädel kann ebenfalls von genetisch bedingten Veränderungen betroffen sein. Auch hier sind einige Defekte wie Verkürzungen des Ober- oder Unterkiefers zu Rassemerkmalen benannt worden. Durch solche Abweichungen vom normalen, ge-

Skeletterkrankungen

Kieferanomalien sind, sofern nicht rassebedingt erwünscht, genetische Abweichungen vom Normalgebiss wie hier dieser Vorbiss.

sunden Gesicht wird natürlich auch die normale Funktionsfähigkeit beeinflusst, das Beiß- und Kauvermögen sowie die Atmung eingeschränkt, normales Aufbeißen von Fruchthüllen nach der Geburt erschwert oder unmöglich gemacht sowie ein sauberes Abnabeln verhindert.

Die Verkürzung des Unterkiefers kann wenige Millimeter bis einige Zentimeter betragen. Sie führt in der Regel zum Zuchtausschluss der betroffenen Hunde. Die Verkürzung des Unterkiefers wird unabhängig vom Wachstum des Oberkiefers und umgekehrt vererbt.

Die Verkürzung des Oberkiefers tritt überwiegend bei kurzköpfigen (brachycephalen) Rassen auf und stellt dort ein Rassemerkmal dar (wie bei Boxer, Mops, Pekingese oder Bulldogge). Oft gehen diese Verkürzungen des Oberkiefers mit schwerwiegenden anderen Erkrankungen wie Atembeschwerden oder Fehlentwicklungen des Gaumens einher. Würfe kurzköpfiger Rassen, in denen fast oder sogar alle Welpen Gaumenspalten aufweisen, sind bei ehrlicher Zuchteinschätzung keine Seltenheit.

Gebissfehler

Neben dem Kiefer spielt bei Hunden und hier besonders für Ausstellungen das Gebiss eine große Rolle. Bestimmte fehlende Zähne beeinträchtigen die Ausstellungsbewertung vieler Rassen und führen zum Zuchtausschluss der betroffenen Hunde.

Ein gesundes Hundegebiss sollte **vollzahnig** (42 Zähne) sein. Gebissfehler sind Zahnstellungsfehler sowie Zahnüber- und Zahnunterzahlen.

Zahnstellungsfehler sind Drehungen der Zahnachse (selten), Vor- oder Rückbiss, Kreuzbiss und Zangengebiss.

Meist wird die **Zahnüberzahl** (Polyodontie), da sie oft den Zahn P1 betrifft, als unbedeutend gewertet und deshalb nicht weiter beachtet. Die **Zahnunterzahl** (Oligodontie) betrifft die Prämolaren (vordere Backenzähne) und die Molaren (hintere Backenzähne). Da Zahnunterzahl auch den wild lebenden Wolf betrifft, geht man davon aus, dass es sich beim Fehlen von Zähnen (P1 und P3) um rudimentäre Zähne (wie beim Menschen der Weisheitszahn) handelt. Viele Rassezuchtvereine lassen deshalb das Fehlen zweier Zähne wie zwei P1 oder ein P1 und ein M3 in ihren Rassestandards zu.

Skeletterkrankungen

Das Fehlen von Zähnen, die für den normalen Beißvorgang benötigt werden (alle Zähne außer P1 und M3) ist meist nicht gestattet und führt zum Zuchtausschluss des betreffenden Hundes. Einige Wissenschaftler meinen zu Recht, diese Überbewertung fehlender Zähne gegenüber der Vielzahl schlimmer Erbkrankheiten, die alle viel notwendiger in der Zucht beachtet und mit Zuchtauflagen bedacht werden müssten, sei unberechtigt und schlagen deshalb vor, Hunde erst aus der Zucht auszuschließen, wenn mindestens zwei nebeneinander liegende Zähne (etwa P3 und P4) fehlen.
Zahnstellungsfehler werden unabhängig von fehlenden Zähnen vererbt.

Zwerg- und Riesenwuchs

Zwergwuchs und **Riesenwuchs** stellen ebenfalls Abweichungen eines normalen Skeletts dar, die durch Mutation und dann Selektion und Bevorzugung bei der Auswahl durch den Menschen zu den heutigen **Zwerg- und Riesenrassen** führten (vom Chihuahua bis zum Irischen Wolfshund). Solange die Verzwergung proportional ist, also alle Organe und sonstigen Körperteile im gleichen Maße betrifft, entstehen für die betroffenen Tiere und Rassen daraus meist keine besonderen Probleme. Erst wenn die Verzwergung unproportioniert (Längenwachstum und Gesichtsschädel) abläuft, entstehen gesundheitliche Probleme wie Atembeschwerden (wie bei Bulldogge und Pekingese), Degeneration der Zwischenwirbelscheiben (chondrodystrophisch wie bei Dachshund und Basset Hound) oder sogar

■ *Bei Kleinhunderassen sollten »Übertreibungen« in Gewicht und Größe vermieden werden.*

Schädeldeformationen wie persistierende (nicht schließende) Fontanellen (wie bei Chihuahua, Pekingese und Yorkshire Terrier). Hier sollten die Rassezuchtvereine die »Übertreibungen« durch Mindestgrößenangaben oder Mindestgewichte in den Rassestandards zum Wohle der Gesundheit der Hunde verändern und beschränken.

Dackellähme

Bei den **chondrodystrophischen Rassen** (wie Dachshund und Basset Hound) tritt als Folge der Degeneration der Zwischenwirbelscheiben **Bandscheibenvorfall**, bekannt auch als Dackellähme, auf.

Skeletterkrankungen

Patella-Luxation

Eine weitere krankhafte, erbliche Veränderung ist die ebenfalls bei kleinen und Zwerghunderassen überproportional auftretende **Knieschleiben-Verrenkung/-Verlagerung (Patella-Luxation)**. Hierbei handelt es sich um ein- oder beidseitige Fehlentwicklungen des Kniegelenks meist mit ungleich langen Bändern, die die Kniescheibe an ihrem Platz halten sollen. Die Kniescheibe ist dann locker und bleibt nicht in ihrer richtigen Lage. Die Erkrankung kann mit hochgradigen Schmerzen und ausgeprägter Lahmheit einhergehen, aber auch symptomlos erscheinen. Bei geringgradiger Ausprägung kann die Kniescheibe durch Streckung in ihre ursprüngliche Lage zurückversetzt werden. Bei schwereren Graden der Erkrankung lässt sich die Kniescheibe nicht in die Ursprungslage zurückversetzen. Es entsteht der so genannte »Schubladeneffekt«, der gleichzeitig auf einen Riss des Kreuzbandes oder Meniskus hinweist.

Die **Patella-Luxation** (Luxatio patellae = PL als angeborene, kongenitale Erkrankung) wird in vier Schweregrade eingeteilt, wobei PL 0 Hunde bezeichnet, die frei von PL sind und Grad 4 bedeutet, dass die Patella permanent stationär luxiert und eine Reposition nicht möglich ist. Betroffen sind vor allem Zwerg- und Mittelpudel, Yorkshire Terrier, Chow-Chow, Cocker Spaniel, Pekinese, Dachshund, Terrier und Spitz. Ein polygenetischer Erbgang mit einer Umweltkomponente wird vermutet und sollte über Zuchtwertschätzung von den Rassezuchtverbänden und Ausschluss schwerer Patella-Grade beeinflusst werden. Eine Schweizer Studie hat für die Rasse Papillon eine Heritabilität der Patella-Luxation von 50 Prozent festgestellt.

Calve-Perthes-Erkrankung

Ähnlich steht es mit der **Calve-Perthes-Erkrankung**, der »Hüftgelenksdysplasie« der kleinen Hunde. Es erkrankt meist nur eine Seite der Hüfte. Die Hüftgelenkspfanne (Acetabulum) ist nur selten davon betroffen. Vielmehr handelt es sich um eine Nekrose (Vergrößerung durch Zubildung, krankhafte Veränderung) des Oberschenkel-Gelenkkopfes (Femurs).

Ellbogengelenksdysplasie

Die **Ellbogengelenksdysplasie (ED)** beim Hund ist ein chronisch verlaufender Krankheitskomplex des Ellbogengelenks schnellwüchsiger Hunderassen und stellt eine erblich bedingte Veranlagung zur Entwicklungsstörung des wachsenden Skeletts dar. Umweltfaktoren wie schnelles Körpermassewachstum durch Fütterungsfehler sind begünstigende, prädisponierende wichtige Faktoren. Die Erkrankung beginnt im Alter von vier bis acht Monaten (späte Wachstumsphase) mit Lahmheit, Steifigkeit am Morgen oder nach Ruhepausen, schmerzhaften Veränderungen des Gelenks und der gelenkbildenden Knochenteile (Osteoarthrose). Die Krankheit schreitet für den betroffenen Hund lebenslang fort und ist nicht heilbar. Betroffen sind alle großwüchsigen Hunderassen wie Deutscher

Skeletterkrankungen

■ *Die Ellenbogengelenksdysplasie tritt beim Labrador Retriever sehr häufig auf.*

Ellbogengelenksdysplasie (ED)	
Erkrankung	Es gibt vier Primärläsionen: **LPA** – loser »Processus anconaeus« (Ellbogenfortsatz) **FPCM** – fragmentierter »Processus coronoideus mediales« (Kronenfortsatz) **OCD** – Osteochondrosis dissecans (Gelenkmaussyndrom) **INC** – Inkongruenz oder Stufenbildung zwischen den Gelenkflächen von Radius (Speiche), Ulna (Elle) und Humerus (Oberarmbein) Falsche Ernährung und zu frühe körperliche Überbelastung können die Krankheit verstärken.
Symptome	frühes Lahmen (zwischen 4. und 8. Lebensmonat); Entwicklungsstörung
Diagnose	Röntgen; CT (Computertomografie); MRT (Kernspintomografie); Arthroskopie (Gelenkspiegelung)
Therapie	entzündungshemmende und schmerzstillende Medikamente; Operation; Goldakupunktur

Skeletterkrankungen

Prognose	nicht gut
Genetik	polygen mit Schwellenwert; große Bandbreite Einteilung in vier ED-Grade: 0 = normal 1 = leichtgradig 2 = mittelgradig 3 = hochgradig Rüden und Hündinnen sind im Verhältnis 2:1 betroffen.

Schäferhund, Labrador Retriever, Neufundländer, Rottweiler, Berner Sennenhund, Bordeaux-Dogge und viele andere.
Die Vererbung der ED ist polygenetisch. Die beteiligen Gene sind zurzeit nicht bekannt, sodass kein Gentest für die Erkrankung vorliegt. Die Heritabilität ist für Rüden größer als für Hündinnen und wird je nach Rasse mit Werten zwischen 10 und 70 Prozent (beziehungsweise 30 und 60 Prozent) angegeben. Der Nachweis der Erkrankung kann bislang nur über Röntgenuntersuchungen des Einzeltieres erfolgen, weshalb viele betroffene Rassezuchtverbände Röntgenuntersuchungen wenigstens für die Zuchttiere verlangen. Die ED wird je nach Ausmaß der Erkrankung (Schweregrad der Arthrose über das Auftreten der Knochenzubildungen/Osteophyten) in vier klinische Stadien eingeteilt. Das Auftreten spezifischer Läsionen wird hierbei vermerkt, nicht jedoch für die Klassifizierung verwendet. Hunde mit ED sollten wegen der Vererbbarkeit der Erkrankung von der Zucht ausgeschlossen werden.

Osteochondrosis dissecans

Eine erbliche Erkrankung der Schulter-, Ellbogen- oder auch Kniegelenke ist die **Osteochondrosis dissecans** (**OCD**, Ge-

■ *Zur Zucht sollten immer nur die herausragenden Zuchttiere kommen.*

Skeletterkrankungen

lenkmaussyndrom, OD); eine Erkrankung des Gelenkknorpels mit Absplitterung von Knorpel- oder Knochenteilen, die sich dann frei im Gelenk bewegen und große Schmerzen verursachen. Davon betroffen sind alle großen und schweren Hunderassen. Verantwortungsbewusste Züchter versuchen auch hier, durch Röntgenbefunde kranke Tiere herauszufinden und aus der Zucht zu nehmen.

Hüftgelenksdysplasie

Die wohl bekannteste und am meisten untersuchte sowie von Zuchtmaßnahmen begleitete erbliche Erkrankung des Skeletts ist die **Hüftgelenksdysplasie** (**HD**). Sie kann bei schnellwüchsigen, großen Hunderassen durch übermäßige Eiweißfütterung, zu viel Vitamin A und D3 und Kalzium-Gaben sowie ein Übermaß an Bewegung verstärkt werden. Bei der HD handelt es sich um eine ein- oder beidseitige Abflachung der Hüftgelenkspfanne mit daraus resultierender Inkongruenz des Hüftgelenks, was zu unphysiologischen und unregelmäßigen Abnutzungserscheinungen am Oberschenkelkopf und an der Hüftgelenkspfanne führt, wodurch schmerzhafte Lahmheit und Beschwerden hervorgerufen werden.

Als Diagnosemöglichkeit für HD hat sich das Röntgen der Hüftgelenke bewährt. Hierbei wird die Kongruenz der Hüftgelenke, die Winkelmessung nach Norberg als allgemein gültige Norm (105° oder mehr bei gesunden Hunden) und Veränderungen krankhafter Art an Hüftgelenkspfanne und Oberschenkelkopf überprüft. Die ersten Anzeichen der Krankheit sind schwerfälliges Aufstehen, leicht schwankender, unsicherer Gang bis hin zu schwerer Lahmheit.

Die Hüftgelenksdysplasie wird in folgende **Stufen** eingeteilt:
- **HD-frei** (A1 und A2)
- **HD-Verdacht** (Übergangsform, B1 und B2)
- **HD-leicht** (C1 und C2)
- **HD-mittel** (D1 und D2)
- **HD-schwer** (E1 und E2)

Das günstigste **Röntgenalter** liegt bei zwölf bis 18 Monaten. Von HD betroffen sind alle großen, schweren und schnellwüchsigen Hunderassen. Die Landesverbände schreiben ihren Rassezuchtvereinen HD-Bekämpfungsmaßnahmen vor und lassen die Auswertung der Röntgenaufnahmen auch nur durch von ihnen bestellte Röntgengutachter zu. Diese HD-Kontrollmaßnahmen führen zu durchweg guten bis sehr guten Ergebnissen in der HD-Bekämpfung.

Als Beispiel soll hierfür die Hovawartzuchtgemeinschaft Deutschland e. V. dienen. Zurzeit dürfen zur Zucht nur Hunde eingesetzt werden, die HD-frei sind oder HD-Verdacht haben. Hat ein Zuchtpartner HD-Verdacht, so muss der andere Zuchtpartner HD-frei sein und aus einer HD-freien Linie stammen. Der Einsatz von HD-Verdachts-Hunden beschränkt sich inzwischen nur noch auf Ausnahmefälle. Zusätzlich ist die Zuchtwertschätzung eingeführt worden, die Verpaarungen mit Zuchtwerten über 100 ausschließt.

Skeletterkrankungen

Ergebnis der Hovawartzuchtgemeinschaft Deutschland e. V.; Jahrgänge 2002-2005

Jahr	2002	2003	2004	2005
geworfene Hunde	327	340	299	393
geröntgte Hunde	256 (78,29%)	246 (72,35%)	242 (80,94%)	284 (72,26%)
HD-frei (A)	219 (85,56%)	207 (84,15%)	210 (86,78%)	231 (81,69%)
HD-Verdacht (B)	21 (8,20%)	23 (9,35%)	15 (6,20%)	29 (10,20%)
HD-leicht (C)	14 (5,46%)	11 (4,58%)	13 (5,37%)	20 (7,04%)
HD-mittel (D)	1 (0,39%)	3 (1,25%)	4 (1,65%)	5 (1,77%)
HD-schwer (E)	1 (0,39%)	2 (0,83%)	1 (0,.41%)	0

Die Ergebnisse belegen eindeutig, dass HD-Bekämpfungsmaßnahmen sinnvoll und machbar sind. Für eine effektive Bekämpfung der HD ist es nicht nur notwendig, HD-kranke Tiere von der Zucht auszuschließen, sondern die Geschwistertiere und andere verwandte Hunde in die Zuchtplanung einzubeziehen (Zuchtwertschätzung) sowie Hunde, bei deren Nachkommen überproportional HD auftritt, aus der Zucht zu nehmen, da sie Träger kranker Gene sind.

Bisher wurde bei der Hüftgelenksdysplasie von einem multifaktoriellen Erbgang und Heritabilitäten vorwiegend im Bereich von h^2 = 20 bis 50 Prozent ausgegangen. Das bedeutet aber, dass 50 Prozent (mittlere Heritabilität) des Genotyps abgesehen von Dominanz- oder Schwellenwerteffekten durch Umwelteinflüsse (Ernährung und Bewegung) modifiziert und damit verschleiert werden. Durch Erbgangsanalysen konnte von der Tierärztlichen Hochschule Hannover beim Deutschen Schäferhund erstmals das Vorkommen eines dominanten Hauptgens neben einer weiteren polygenen Komponente für HD nachgewiesen werden. Damit bestehen deutlich bessere Möglichkeiten, über molekulargenetische Ansätze bedeutsame Gene für HD zu identifizieren.

Durch die Entschlüsselung des Genoms des Hundes ist die Erbsubstanz in ihrer Abfolge jetzt weitgehend bekannt und es stehen Marker zur Verfügung, mit denen die Weitergabe einzelner chromosomaler Segmente von den Eltern auf die Nachkommen beobachtet werden kann.

»Auf diese Weise ist es möglich, den Zusammenhang von bestimmten Krankheiten und Markern aufzuklären und damit erste Hinweise auf die Lage von Genen zu erhalten, die mit einer bestimmten Krankheit in Beziehung stehen. Für den Hund sind bereits gut ausgetestete Markersets verfügbar, die über das gesamte Genom sehr dicht und gleichmäßig verteilt sind. Diese Markersets eignen sich hervorragend für genomweite Suchen nach Genorten mit einem großen genetischen Einfluss (QTL) auf die HD, da sie neben der gleichmäßigen und dichten Genomabdeckung den Rückschluss, welcher Elternteil welche Chromosomenabschnitte an die Nachkommen übertragen

Skeletterkrankungen

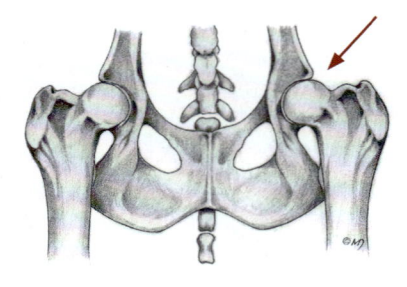

■ *Hüftgelenkdysplasie (HD): Ein HD-freies Hüftgelenk. Der Gelenkspalt ist regelmäßig und der Oberschenkelkopf wird von der gut ausgebildeten Gelenkspfanne deutlich überdacht.*

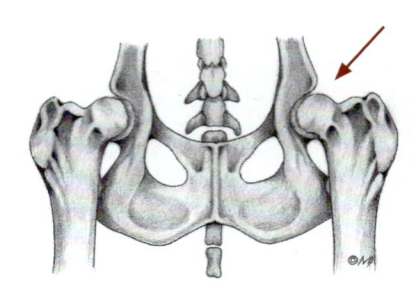

■ *HD-leicht: Gut erkennbar sind die leichten Abflachungen der Pfannenränder sowie die ersten krankhaften Veränderungen am Oberschenkelkopf.*

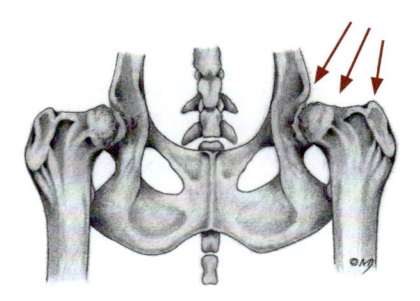

■ *HD-schwer: Das Bild zeigt eine schlecht ausgebildete Gelenkspfanne. Die Überdachung fehlt fast ganz, sodass der Oberschenkelkopf nur noch wenig Halt findet. Deutlich erkennbar sind die krankhaften Veränderungen am Oberschenkelkopf, Oberschenkelhals und in der Gelenkspfanne.*

hat, sehr gut zulassen.« (siehe Distl und Marshall, 2008, Literaturverzeichnis).

Bei eng zu einem QTL gekoppelten Markern kann dann eine markerunterstützte Selektion (MAS) in der Hundezucht eingeführt werden, die die bisherige Zuchtwertschätzung oder Selektion auf der Basis von Phänotypinformationen (HD-Röntgen) deutlich verbessern wird. Damit ist es dann möglich, bereits bei den geborenen Nachkommen die genetische Konstellation in Bezug auf die Hauptgenorte für HD mit einer gewissen Sicherheit zu erhalten.

Die Tierärztliche Hochschule in Hannover hat ein Markerset für HD (HD-Gentest, zurzeit nur für Deutsche Schäferhunde möglich) entwickelt. Für die Studie wurde das Erbgut von 1500 Deutschen Schäferhunden untersucht.

Distl erklärt dazu:»*Wir haben ein Marker-Set entwickelt, das eine größere Anzahl von verschiedenen Genen zusammenfasst, die die HD beeinflussen. Wir benötigen für den Test eine EDTA-Blutprobe (3-5 ml Blut). Welpen sollten daher schon einige Wochen alt sein. Der Test zeigt das individuelle Risiko des einzelnen Hundes. Umso mehr er von den mit HD assoziierten Genvarianten trägt, desto höher ist sein HD-Risiko. Je weniger er von diesen Varianten von den Eltern erhalten hat, desto niedriger sein Risiko an HD zu erkranken.*«

Skeletterkrankungen

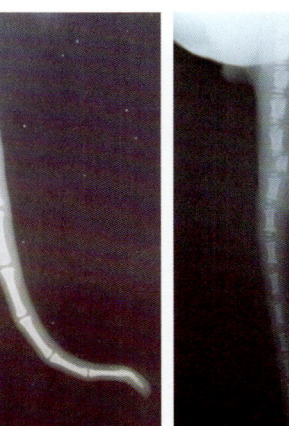

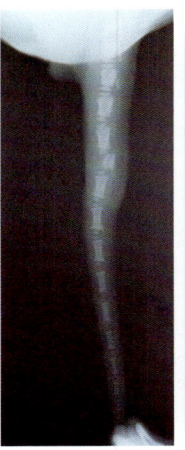

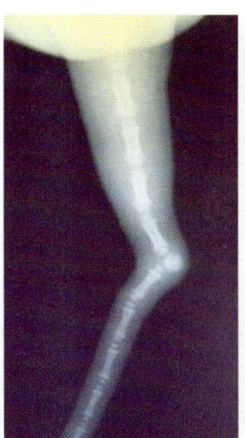

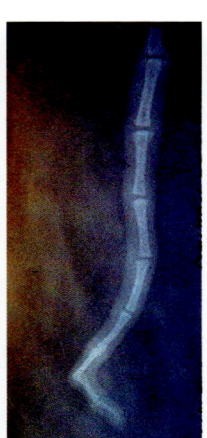

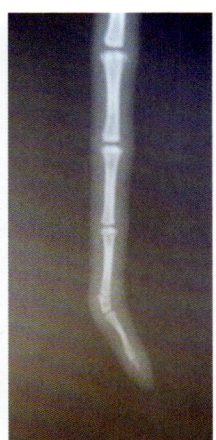

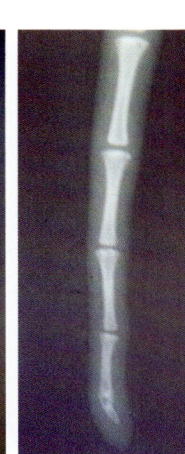

■ *Rutenanomalien*

Weitere Skeletterkrankungen

Das **Cauda Equina Syndrom** (Degenerative Lumbosakrale Stenose = DLSS) des Hundes kann verschiedene Ursachen haben wie entwicklungsbedingte Störungen, Anomalien, Trauma, Tumore oder degenerative Erkrankungen, die vor allem bei großen Hunderassen angetroffen werden. Es handelt sich um eine Erkrankung der diskovertebralen Verbindung der Lendenwirbelsäule zum Kreuzbein, bei der stets die Bandscheibe degeneriert ist und die schließlich zu einer Einengung des Wirbelkanals und der Wurzelkanäle mit Kompression der Cauda equina und der Nervenwurzeln verbunden mit starken Schmerzen führt. Die betroffenen Hunde verweigern Treppensteigen, den Sprung in das Auto oder Sprünge bei der Arbeit und entwickeln eine Lähmung einer oder beider Hintergliedmaßen sowie Lähmung des Dickdarm- und Blasenschließmuskels. Betroffen ist vor allem der Deutsche Schäferhund. Die Genetik der Erkrankung ist noch unbekannt.

Fehlen der Ruten (Anurie), **Stummelruten** (Brachyurie) und **Knickruten** (Rutenanomalien der Rutenwirbel oder Achsabweichungen der Rutenwirbel) führen in einigen Rassen zum Zuchtausschluss betroffener Tiere.

Schmetterlingswirbel (keilförmige statt viereckige Wirbel; Hemivertebrae) kommen vor allem bei kurzköpfigen (brachycephalen) Rassen vor und stören die Schließung der Verknöcherungszentren (Ossifikationszentren) der Wirbel und engen damit den Wirbelkanal ein. Der Rücken davon betroffener Hunde wirkt stark aufgewölbt.

Skeletterkrankungen

Übersicht zu Skeletterkrankungen

Bezeichnung	Art des Defekts	Erbgang
Brachygnathia inferior	Rückbiss (Verkürzung des Unterkiefers)	autosomal-rezessiv
Prognathia inferior	Vorbiss (Verkürzung des Oberkiefers)	nicht bekannt
Polyodontie	Zahnüberzahl	polygen
Oligodontie	Zahnunterzahl	rezessiv
Chondrodystrophie	Zwergwuchs (Einstellung des Längenwachstums)	autosomal-rezessiv
Nanismus pituitarius	Zwergwuchs (Einstellung der Somatropinproduktion)	autosomal-rezessiv
persistierende Fontanellen, Foramen magnum	offene oder durchscheinende Fontanellen, große Hinterhauptöffnung	unklar
Discusprolaps	Bandscheibenvorfall und Dackellähme	unklar
Patella-Luxation	Kniescheibenverrenkung	unklar (möglicherweise polygenetisch)
Calve-Perthes-Erkrankung	Degeneration des Femurs	autosomal-rezessiv
Osteochondrosis dissecans	Schulterlahmheit, Gelenkmaussyndrom	polygen und ernährungsbedingt
Hüftgelenksdysplasie		polygen und ernährungs- und/oder belastungsbedingt
Anurie	Fehlen der Rute	unklar
Brachyurie	Stummelrute	unklar
Knickrute		autosomal-rezessiv
Hemivertebra	keilförmige Rückenwirbel	unklar
Short spine	extrem verkürztes Rückgrat	autosomal-rezessiv
Spina bifida	offener Rücken	unklar
Polydaktylie	Wolfsklauen, Wolfskralle	unklar
Cleft palate	Spaltrachen, Lippen-, Kiefer-, Gaumenspalte	autosomal-rezessiv (?)

Beim **offenen Rücken** (Spina bifida) liegt ein angeborener mangelhafter oder fehlender Schluss der Wirbelbögen meist mit Ausstülpungen des Rückenmarks vor. Die Prognose beim offenen Rücken ist sehr schlecht. Betroffene Tiere sollten eingeschläfert werden.

Wolfskrallen, Wolfsklauen oder Afterkrallen (Polydaktylie) werden die fünften beziehungsweise sechsten Zehen beim Hund genannt. Erblichkeit für Afterkrallen ist nachgewiesen. Bei einigen Rassen (wie bei französischen Hütehunden) sind doppelte Wolfskrallen im Standard beschrieben. Beim erwachsenen Hund können Afterkrallen schwere Rissverletzungen hervorrufen.

Gaumenspalten, Lippen- oder Kieferspalten und Spaltrachen (Cleft palade) sind angeborene erbliche Defekte des Gaumens. Oft sind Welpen mit diesem Defekt bei der Geburt schon tot. Sonst sterben sie meist infolge ihrer Unfähigkeit zu saugen. Solche Welpen sollten sofort nach Erkennen des Mangels eingeschläfert werden.

Weichteilerkrankungen

Hierunter fallen genetische Defekte der **Verdauungs- und Ausscheidungsorgane**, der **Nieren**, der **Leber**, der **endokrinen Drüsen** und des **Stoffwechsels**. Alle Erkrankungen in diesen Bereichen haben wesentliche Auswirkungen auf die Lebensfunktionen und können die betroffenen Hunde in ihrer Lebensqualität erheblich einschränken oder unbehandelt sogar zu einem frühen Tod führen.

Eine Erkrankung, die sich meist nach Absetzen der Welpen von der Muttermilch und Umstellung auf feste Nahrung zeigt, ist die **Speiseröhrenerweiterung** (Ösophagusdilatation) oder die **spastische Verengung des Magenausgang**s (Pylorusspasmus). Der Welpe erbricht die Nahrung und verhungert. Da es sich um erbliche Erkrankungen handelt, sollten Merkmalsträger aus der Zucht genommen werden.

■ *Eine Schilddrüsenunterfunktion kommt auch häufig beim Golden Retriever vor.*

Weichteilerkrankungen

■ *Ein an Hypothyreose erkrankter Elo.*

■ *Der gleiche Hund nach Beginn der Substitutionstherapie.*

Brüche kommen als **Leistenbruch** (relativ selten) und **Nabelbruch** (Umbilikalhernien) vor und sind genetischen Ursprungs. Beide Hernien (Brüche) können, wenn sich die Bruchpforten nicht selbstständig schließen, nur durch Operationen beseitigt werden.

Bei den Nieren werden als erblich die **primäre Nierenaplasie** (meist ist eine Niere überhaupt nicht vorhanden oder ausgebildet) und die **Nierenrindenhypoplasie** (Teile der Nierenrinde sind unterentwickelt) beschrieben. Bei allen Nierenerkrankungen trinken die Hunde übermäßig viel (quälender Durst), magern ab und zeigen oft Verdauungs- und Fellprobleme.

Diabetes mellitus

Nicht allzu häufig tritt bei Hunden die **Zuckerkrankheit (Diabetes mellitus)** auf, eine Stoffwechselerkrankung mit genetischer Grundlage, die sich in vermehrter Wasseraufnahme äußert. Diabetes ist eine Folge mangelhafter oder fehlender Insulinproduktion. Der Zuckerstoffwechsel ist gestört. Anstatt in den Geweben verwertet zu werden, wird der Zucker über den Urin ausgeschieden. Der Nachweis von Zucker im Harn kann mit im Handel erhältlichen Teststäbchen vom Hundebesitzer leicht durchgeführt werden. Diabetes kann in jedem Lebensalter auftreten, ist jedoch im Alter als Altersdiabetes häufiger.

Weichteilerkrankungen

Hypothyreose (HYP) / Schilddrüsenunterfunktion	
Erkrankung	Schleichender Krankheitsverlauf; endokrine Störung (sehr häufig); autoimmune Schilddrüsenentzündung; gestörte Stoffwechselregulation; idiopathische Atrophie (Gewebsschrumpfung); Erschöpfung der Schilddrüsenhormone im Körper; Auftrittsalter Pubertät; Auftrittsalter von Symptomen ab erstem Lebensjahr Folgen: Tiereigenes Immunsystem greift Schilddrüsengewebe an und zerstört es; Beeinflussung und Reduzierung des Kohlenhydrat-, Fett- und Eiweißstoffwechsels; Beeinflussung des Wärmehaushalts; Eingriff in die Regulation anderer Hormone; gestörte Entwicklung der Föten (besonders Nerven- und Skelettsystem)
Symptome	Lethargie, Antriebsschwäche, Trägheit; Gewichtszunahme, Fettleibigkeit; Kälteunverträglichkeit; Infektionsanfälligkeit; Ängstlichkeit, Stimmungsschwankungen; »tragischer«, trauriger, alter Gesichtsausdruck; symmetrischer beidseitiger Haarverlust (Alopezie); Hautverdickung, wachsartige Haut; Rattenschwanz, Afghanenrute, Welpenfell; Unfruchtbarkeit, mangelnde Libido; verlangsamter Herzschlag, Herzrhythmusstörung; Verstopfung, Durchfall; trockene, schuppige Haut, glanzloses Fell
Diagnose	Bluttest; T4-Wert (Gesamt-Thyroxin); (c) TSH-Wert; erhöhtes Cholesterin Thyreoglobulin-Antikörper-Test; TRH – Stimulationstest (Funktionstest) Vorsicht bei Kortisongaben, Infektionen, hormoneller Beeinflussung
Therapie	Lebenslange Therapie mit Zuführung von Schilddrüsenhormon (L-Thyroxin = Forthyron)
Prognose	sehr gut
Genetik	Polygenetischer Erbgang wahrscheinlich; familiäre Häufungen; Pedigree-Analyse; zusätzlich Umweltfaktoren wie Ernährung, Impfungen, Giftstoffe (zum Beispiel Konservierungsstoffe); Infektionskrankheiten

Hypothyreose

Eine weitere Erkrankung, die wohl mindestens eine genetische Disposition hat, ist die **Schilddrüsenunterfunktion (Hypothyreose)**. Die Erkrankungsfälle sind beträchtlich angestiegen, wobei das Ansteigen mit dem gestiegenen Bewusstsein und den größeren Diagnosemöglichkeiten zusammenhängen kann. Die betroffenen Hunde werden meist erst in einem Alter von zwei bis fünf Jahren auffällig, wenn oft schon einige Würfe vorhanden sind. Dadurch wird das Merkmal stärker in den Rassen verbreitet als andere, sofort sichtbare oder feststellbare Erkrankungen. Die erkrankten Hunde sind oft weniger aktiv, ermüden schneller, schlafen mehr, neigen zur Fettleibigkeit (sind aufgeschwemmt) und haben massive Fellprobleme. Oft gehen Herzfunktions- sowie

Weichteilerkrankungen

Übersicht zu den Weichteilerkrankungen		
Bezeichnung	**Art des Defekts**	**Erbgang**
Ösophagusdilatation	Speiseröhrenerweiterung	unklar
Pylorusspasmus	Verengung des Magenausgangs	unklar
Umbilikalhernien	Nabelbrüche	autosomal-rezessiv
Nierenaplasie	Nierenanlage fehlt (meist einseitig)	unklar
Nierenrindenhypoplasie	Unterentwicklung von Teilen der Nierenrinde	unklar
Diabetes mellitus	Zuckerkrankheit	unklar
Hypothyreose	Schilddrüsenunterfunktion	unklar
Lebershunt	Aderstieg in oder vor der Leber	unklar
Uric acid excretion	Harnsäure wird nicht in Allantoin gewandelt, Steinbildung	unklar
Muskeldystrophie, Muskelatrophie	Erkrankung der Skelettmuskulatur als Folge einer Muskelrückbildung	autosomal-rezessiv

ernste Fruchtbarkeitsstörungen mit der Erkrankung einher. Die Hypothyreose ist gut behandelbar. Der betroffene Hund muss Zeit seines Lebens Schilddrüsenmedikamente einnehmen, erreicht aber behandelt ohne Einschränkung ein hohes Lebensalter.

Da die Schilddrüsenhormone viele verschiedene Funktionen im Körperstoffwechsel erfüllen, sind die Symptome der Schilddrüsenunterfunktion oft unspezifisch und entwickeln sich langsam oft über Jahre hinweg. Die Hypothyreose entsteht als Folge einer strukturellen Veränderung des funktionellen Schilddrüsengewebes durch eine Entzündung (Autoimmunthyreoiditis, etwa 90 Prozent der Erkrankungen) oder einen Untergang des funktionellen Gewebes (idiopathische Atrophie). Betroffene Rassen sind Golden Retriever, Labrador Retriever, Dobermann, Cocker Spaniel, Pointer, English Setter, Skye Terrier, Bobtail, Boxer, Malteser, Kuvasz, Großpudel, Leonberger und viele andere Rassen. Die Untersuchungen zur Schilddrüsenunterfunktion bestätigen eine erbliche Disposition in Verbindung mit einem polygenetischen Erbgang.

Weichteilerkrankungen

Portosystemischer Lebershunt (PSS)	
Erkrankung	fehlerhafte Verbindung zwischen Herzvene und Lebervenen
Folge	Nährstoffbeladenes Blut und Giftstoffe werden an der Leber vorbei direkt in den Körper geleitet, eine langsame Vergiftung erfolgt. Extrahepatisch = Shuntgefäß außerhalb der Leber Intrahepatisch = Shuntgefäß innerhalb der Leber
Symptome	unruhiges Verhalten; schnelle Ermüdung; viel Trinken und Urinieren; verzögertes Wachstum; Erbrechen, Durchfall; Blasenentzündung und Uratsteine; »Gehirn-Symptome« wie Speicheln, wie betrunken Laufen, Umfallen, zwanghafte Bewegungen (Kreislaufen, gegen die Wand laufen), Anfälle
Diagnose	Blutbild: erniedrigter Harnstoff, Blutarmut, Leberenzyme leicht erhöht; Ammoniak-Test; Gallensäurekonzentration; Ammoniak-Toleranz-Test; Portogram
Therapie	Diät (wenig bis kein tierisches Protein); Medikamente durch Operation mittels Ligatur Shunt schließen
Prognose	ohne Operation sehr schlecht
Genetik	polygene Vererbung wahrscheinlich; Vererbung sehr kompliziert; keine Familienhäufung

Lebershunt

Eine Erkrankung mit genetischer Grundlage, die zwei Organsysteme betrifft, ist der **Lebershunt**. Hierbei handelt es sich um ein im Normalfall nicht vorhandenes oder degeneriertes Aderstück (Steg oder Shunt) vor oder in der Leber, das das arterielle und venöse Blut mischt (ein so genannter extra- oder innerhepatischer Shunt). Die betroffenen Junghunde »mickern« nach dem Zufüttern von fester Nahrung und sterben meist bis zur Geschlechtsreife. Da hier wahrscheinlich ein Letalfaktor vorliegt, nehmen viele Zucht-Vereine die betroffenen Elterntiere sowie die Geschwister aus der Zucht.

Jeder Säugetierfetus hat einen großen Shunt (Ductus venosus), durch den das Blut durch die fetale Leber hindurch zum Herzen transportiert wird. Da die mütterliche Leber zu diesem Zeitpunkt die Aufgabe des Herausfilterns der Toxine, Speicherung von Zucker und die Herstellung von Proteinen für die ungeborenen Welpen übernimmt, wird die Leberfunktion dann im Fetus nicht benötigt.

Weichteilerkrankungen

Der Shunt (congenitaler portosystemischer Lebershunt = PSS) schließt sich normalerweise kurz vor oder nach der Geburt, wenn die Leber zu arbeiten beginnt. Bei einigen Welpen schließt sich dieser Shunt nicht mit der Folge, dass nährstoffbeladene Blutmengen nicht verwertet und Giftstoffe an der Leber vorbei direkt in den Körper geleitet werden. Bei erkrankten Welpen wird das hochgiftige Ammoniak im Körper nicht verstoffwechselt und der Hund somit langsam vergiftet. Die Diagnose erfolgt über einen Ammoniak-Test (NH3-Test), Ammoniak-Toleranztest sowie Gallensäuretest. Die Universitäten Utrecht in Holland und Bern in der Schweiz versuchen zurzeit über Genforschung (EDTA-Blut) herauszufinden, ob Lebershunt erblich ist und welchem Erbgang (rezessiv oder polygenetisch) die Erkrankung folgt.

Muskelschwund

Muskelschwund (Muskeldystrophie) geht mit Muskelschwäche und Muskelzittern einher und führt zum Zusammensacken des Hundes nach Bewegung. Vermutet wird bei dieser Erkrankung ein Zusammenhang mit Mangel an Vitamin E. Die Erkrankung führt zum Verlust des Muskeltonus und der Tod tritt dann durch Herzversagen ein (zum Beispiel Umfallen von Windhunden während des Rennens).

■ *Auch beim Tervueren kann idiopathische Epilepsie auftreten.*

Neurologische Erkrankungen

Hierunter fallen erbliche Erkrankungen des **Gehirns und des Zentralnervensystems**. Dieser Bereich ist noch wenig erforscht und deshalb liegen nicht viele Erkenntnisse vor.

Epilepsie

Die Fallsucht oder **Epilepsie** ist eine Erkrankung, die sich in Anfällen äußert und die eine Vielzahl von Ursachen haben kann. Die Epilepsie ist eine Störung des zentralen Nervensystems und eine vorübergehende elektrische Entladung des Gehirns. Ein Anfall kann sich als Krampf, in motorischen Störungen und Muskelzuckungen wie Laufbewegungen, in Bewusstseinsstörungen, mit reichlichem Speichelfluss, Urinieren und unkontrolliertem Kotabsatz sowie Verhaltensänderungen manifestieren. Die Verhaltensänderungen beinhalten Störungen des Wahrnehmungsverhaltens (der Hund erkennt den Besitzer nicht), Rastlosigkeit, Bellen, Heulen und unkontrolliertes Um-sich-Beißen. Der Hundebesitzer muss im Falle eines Krampfes oder Anfalls mit seinem Hund sehr vorsichtig sein, da der Hund in und nach diesen Situationen unberechenbar und meist nicht ansprechbar ist. Ein Anfallshund sollte immer durch einen Tierarzt sehr gründlich zur Abklärung der Ursachen untersucht werden.

Als Ursachen für Anfälle oder Krämpfe kommen Tumoren (Neoplasmen), Hirnhautentzündungen (Enzephalitis), Vergiftungen (zum Beispiel durch Schneckenköder oder Blei), Stöße gegen den Kopf, Unterzuckerung (Diabetes), Sauerstoffmangel im Gehirn, Leberfunktionsstörungen, Infektionskrankheiten, Stoffwechselstörungen oder Schädigungen durch Medikamente in Betracht.

Die wohl bekannteste erbliche neurologische Erkrankung ist die **idiopathische Epilepsie**. Sie ist ein Anfallsleiden, dass sich nicht durch bestimmte äußere oder innere Einflüsse wie Unfälle oder Gehirntumoren erklären lässt. Die Erkrankung kommt bei fast allen Hunderassen vor. Die epileptiformen Anfälle treten unterschiedlich häufig auf (von einmal wöchentlich bis einmal jährlich) und verlaufen in mehreren gleichartigen Stadien. Die Anfälle sind meist von kurzer Dauer (30 Sekunden bis zu 4 Minuten) und äußern sich in völliger Bewusstlosigkeit, Speichelfluss, Urinieren und Kotabsatz (unkontrolliert), steifen und zuckenden Gliedmaßen, Verdrehen der Augen und eventuell Jaulen oder Bellen. Zwischen den Anfällen machen die Hunde einen völlig normalen Eindruck. Die Erkrankung manifestiert sich ab einem Alter von sechs Monaten bis zu fünf Jahren.

Bei der idiopathischen Epilepsie treten neben den Anfällen keine weiteren Symptome auf. Die Hunde sind zwischen den Anfällen oder Anfallsserien klinisch absolut unauffällig. Betroffene Rassen sind unter anderem Deutsche Schäferhunde, Setter, Pudel, Cocker Spaniel, Zwerg-Rauhaardackel, Dalmatiner, Schipperke, Kromfohrländer, Tervueren, Wolfsspitz, Berner Sennenhund, Golden und Labrador Retriever und Boxer.

Neurologische Erkrankungen

■ *Beim Scottish Terrier wurde zum ersten Mal die periodische Tetanie festgestellt. Daher wurde die Erkrankung »Scottie-Krämpfe« genannt.*

1 Prozent der Menschen ist von Epilepsie betroffen. Die meisten Formen der humanen Epilepsie sind polygenetischen Ursprungs. Beim Hund tritt die Epilepsie fünf- bis zehnmal häufiger auf als beim Menschen und bietet den Forschern so die Möglichkeit, einen identifizierten Genlocus danach direkt beim Menschen zu testen und somit zur Klärung der Krankheit bei Hund und Mensch beizutragen. So wurden die verantwortlichen Gene der Lafora-Krankheit (Epilepsie bei Teenagern) untersucht und entschlüsselt, wobei man feststellte, dass die Gene der Epilepsie des Zwerg-Rauhaardackels (mehr als 5 Prozent der Rasse sind davon betroffen) identisch sind.

In der Schweiz wurden verschiedene Hunderassen auf Epilepsie untersucht und ein deutliches familiäres Auftreten, eine Prädisposition und eine genetisch bedingte Anfälligkeit für Epilepsie herausgefunden und nachgewiesen. Bei Mäusen, wo eingehende genetische Studien möglich sind, wurden bereits für die Epilepsie verantwortliche Gene (mindestens 13) auf zehn verschiedenen Chromosomen lokalisiert.

In amerikanischen Studien bei Tervueren wurde eine hohe Heritabilität von 0,77 oder 77 Prozent für die Prädisposition zur Epilepsie berechnet. Ob bei anderen betroffenen Rassen ähnlich hohe Werte gefunden werden, müssen weitere Untersuchungen zeigen. Die laufenden Studien zur Epilepsie sollen Informationen zur Häufigkeit innerhalb der betroffenen Rassen, die Erweiterung des Verständnisses der unterschiedlichen Formen der Epilepsie, das Aufzeigen und Erlangen von Erkenntnissen über den Vererbungsmo-

Neurologische Erkrankungen

dus (rassespezifisch oder nicht) und daraus resultierende Zuchtempfehlungen erbringen. Alle entschlüsselten Epilepsie-Gene der betroffenen Hunderassen sollen dann mit dem Erbgut des Menschen verglichen werden.

Wasserkopf

Erwähnung finden soll hier auch der **Wasserkopf** (Hydrozephalus) der so genannten »Pet«-Rassen (Schoßhunde), der als »Apfelkopf« verniedlicht wird und der proportional mit der Verzwergung solcher Rassen zunimmt. Hier sollte zum Wohle gesunder Rassehunde durch Änderungen des Standards (Mindestgröße und Mindestgewicht) entgegengewirkt werden.

Periodische Tetanie

Eine Erkrankung, die zuerst beim Scottish Terrier festgestellt wurde und was dieser Erkrankung auch einen Namen gab, ist die **periodische Tetanie**, auch »Scottie-Krämpfe« genannt. Hierbei handelt es sich um eine Zunahme des Muskeltonus und der elektrischen Aktivität in den Muskeln, die durch eine Störung im Zentralnervensystem begründet zu sein scheint und mit einer Krümmung des Rückens beginnt. Das Gangwerk des Hundes ist dabei unkontrolliert und er ermüdet rasch. Die Krankheit betrifft oft jüngere Hunde unter zwei Jahren, die Krampfneigung verschwindet gewöhnlich mit wachsendem Alter.

Schwimmer-Syndrom

Ein Symptom, das vielen Züchtern bekannt ist, ist das **Schwimmer-Syndrom** (Quadriplegie). Hierbei handelt es sich um eine zurzeit noch relativ unerforschte erbliche Erkrankung, bei der die Welpen ohne Hilfe nicht stehen können und nur flach daliegen wie eine Robbe beim Schwimmen. Oft kommen Kopfzucken, ruckartige Bewegungen, Anfälle und Sehstörungen hinzu. Die Hunde sterben teilweise noch im Welpenalter. Bei einigen Rassen gibt es jedoch immer wieder »Schwimmer«, die

Übersicht zu den neurologischen Erkrankungen

Bezeichnung	Art des Defekts	Erbgang
idiopathische Epilepsie	Anfallsleiden	multifaktoriell (polygen), genetische Disposition, teilweise autosomal-rezessiv
Hydrozephalus	Wasserkopf	unklar
periodische Tetanie	Scottie-Krämpfe	unklar
Quadriplegie	Schwimmer-Syndrom	autosomal-rezessiv

sich normal entwickeln und im ausgewachsenen Stadium normal im Entwicklungsstand und im äußeren Erscheinungsbild sind. Als züchterische Maßnahme sollten solche Hunde jedoch von der Zucht ausgeschlossen werden.

Blut- und Herz-Kreislauf-Erkrankungen

Hier sollen Defekte des Herz-Kreislauf-Systems und des Blutes angesprochen werden. Beim Menschen, bei dem solche Erkrankungen eine große Rolle spielen, hat man herausgefunden, dass Probleme am Herzen meist daraus resultieren, dass sich in der Embryonalzeit Zellen fehlerhaft falten, was willkürlich geschieht, während Gefäßmissbildungen fast immer erblich sind.

Beim Hund kommen **sieben Blutgruppen-Systeme** vor, die mit A, B, C, D, E, F und G bezeichnet und autosomal-dominant vererbt werden. Heute werden die Blutgruppenantigene des Hundes als DEA (engl.: dog erythrocyte antigen) bezeichnet und mit fortlaufenden Zahlen (zum Beispiel DEA 1.1 für die Blutgruppe A) bezeichnet und voneinander unterschieden. Viele Hunde haben bei Blutübertragungen kaum oder keine Probleme, da Hunde die beim Menschen bekannte Blutgruppenunverträglichkeit wegen fast fehlender natürlicher Antikörper nicht zeigen.

Loch im Herzen

Die häufigste genetische Herzerkrankung beim Hund ist das **Loch im Herzen (Ductus arteriosus Botalli persistens)**. Das Loch im Herzen ist eine Verbindung zwischen

Persistierender Ductus arteriosus Botalli (PDA)	
Erkrankung	fehlerhafte Verbindung von der Hauptschlagader (Aorta) mit der Lungenschlagader (Pulmonalarterie); kein Verschluss direkt nach der Geburt
Symptome	Kurzatmigkeit; Husten; Leistungsschwäche meist bei Impfung festgestellt; 65 Prozent Linksherzversagen (Entwicklung eines Lungenödems); Tod innerhalb des 1. Lebensjahres
Diagnose	klinische Untersuchung; Röntgen; EKG; Echo Kardiografie
Therapie	Operation am offenen Brustkorb; Verschluss mittels Katheter (Coil Verschluss)
Prognose	gut
Genetik	polygen mit Schwellenwert; daher große Bandbreite von Zwischenformen

Blut- und Herz-Kreislauf-Erkrankungen

Aortenstenose / Subaortenstenose AS / SAS	
Erkrankung	Gefäßverengung; Folge: Zunahme der Herzmuskelmasse (Hypertrophie); Blutausstoß vermindert, sodass der Körper nicht ausreichend mit Blut versorgt wird; unzureichende Sauerstoffzufuhr zum Gehirn
Symptome	schnelle Ermüdung; Atemnot; Blauverfärbung der Zunge; Ohnmachtsanfälle; Kollapsneigung (Synkopen); Husten (Lungenödem); unregelmäßiger Herzrhythmus
Diagnose	Erkennung meist bei Impfuntersuchung durch Herzgeräusche; EKG; Röntgen; Herzultraschall (Doppler-Ultraschall); drei Grade: leicht (mild), mittel (moderat), schwer
Therapie	Behandlungsmöglichkeiten begrenzt; Herzmedikamente (Beta-Blocker); gegebenenfalls Vorsorgeuntersuchung bei einjährigen Hunden
Prognose	bis zu 80 Prozent der Hunde sterben in den ersten drei Lebensjahren (Sekundentod)
Genetik	wahrscheinlich polygener Erbgang (Beteiligung eines Hauptgens); frühestens im Alter von 24 Tagen nachweisbar

Pulmonalstenose (PS)	
Erkrankung	Verengung im Bereich der Pulmonalklappe (missgebildete Pulmonalklappe); Blut muss gegen einen erhöhten Widerstand gepumpt werden, dadurch Vergrößerung von rechter Herzkammer und rechtem Vorhof
Symptome	verminderte Belastbarkeit; Atemnot; Blaufärbung der Zunge; Flüssigkeitsansammlungen (Bauchwassersucht); Ohnmacht
Diagnose	Erkennung meist bei Impfuntersuchung durch Herzgeräusche; Röntgen; Herzultraschall (Doppler-Ultraschall) drei Grade: leicht (mild), mittel (moderat), schwer
Therapie	Erweiterung oder Aufbrechen der Engstelle mittels Katheter und Ballon; Erfolg bei über 80 Prozent
Prognose	gut
Genetik	Vererbung weitgehend unbekannt; Welpe ist kleiner und/oder weniger agil

Blut- und Herz-Kreislauf-Erkrankungen

der Körper- (Aorta) und der Lungenschlagader im fetalen Zustand. Normalerweise soll sich das Loch um den Zeitpunkt der Geburt schließen. Wenn es sich nicht schließt, spricht man vom »offenen Loch« oder vom Persistierenden Ductus arteriosus Botalli. Es bewirkt, dass sich der Druck in der Aorta gegenüber dem in der Lungenarterie erhöht und arterielles, also sauerstoffreiches Blut in das Lungensystem gepumpt wird. Schließt sich das Loch nicht ganz, so entsteht eine mildere Form der Erkrankung, die als **Ductus diverticulum** bezeichnet wird. Es liegt eine polygene Vererbung mit Schwellencharakter vor, die aus den Stufen normal, halbgeschlossen und offen besteht und ein Normalverteilungsmuster zwischen den Stufen zeigt. Wegen der Schwere der Erkrankung sollten Merkmalsträger (Eltern und Geschwister) aus der Zucht genommen werden.

Stenosen

Stenosen sind Verengungen meist im Bereich des Adersystems. Als **Pulmonalstenose** bezeichnet man einen Defekt, bei dem die Entleerung der rechten Herzkammer gestört ist. **Aortenstenose** ist eine Verengung der Ausflussbahn aus der linken Herzkammer. Die Herzklappen sind hier nicht der Ausgangspunkt des Problems, sondern die Verengungen, die eine genetische Grundlage haben.
Für Aorten- und Pulmonalstenosen liegen eindeutige Rassendispositionen vor. Zu den am häufigsten betroffenen Rassen bei Aortenstenosen gehören Boxer, Deutscher Schäferhund, Golden Retriever, Neufundländer und Irish Setter. Die Pulmonalstenosen treten am häufigsten bei Terrierrassen wie West Highland White Terrier und Staffordshire Terrier, aber auch bei Boxer, Bulldogge, Schnauzer und Beagle auf.

Der Deutscher Schäferhund gehört zu den Rassen, die eine klare Disposition für Aortenstenose aufweisen.

Herzmuskelschwäche

Die **Herzmuskelschwäche** oder **Dilatative Kardiomyopathie** (Dilated Cardiomyopathy = DCM oder DKM) ist eine Erkrankung des Herzmuskels mit Erweiterung (Dilatation)

Blut- und Herz-Kreislauf-Erkrankungen

Dilatative Kardiomyopathie (DCM)	
Erkrankung	Erkrankung des Herzmuskels (Pumpschwäche); primäre und sekundäre DCM Primäre DCM: wahrscheinlich genetischer Defekt in Stoffwechsel und Herzmuskelzellen, der die Herzkraft deutlich reduziert Sekundäre DCM: entsteht aufgrund systemischer Erkrankungen wie Schilddrüsenunterfunktion, Medikamente, Infektionskrankheiten, Mangelversorgung (Taurin/Carnitin)
Symptome	herabgesetzte Kontraktilität des Herzens; zu niedriger Blutdruck (Umfallen); Mehrbelastung des Herzens durch Flüssigkeitsresorption in der Niere Folgen sind Hypertrophie des Herzmuskels, blasse Schleimhäute, Gewichtsverlust
Diagnose	klinische Untersuchung; Röntgen; EKG (24 Stunden); Herzultraschall; Blutuntersuchung
Therapie	ACE-Hemmer und andere Medikamente
Prognose	unsicher
Genetik	erworbene Herzerkrankung in mittlerem Lebensalter; genetische Komponente (unvollständig ausgeprägter autosomal dominanter oder rezessiver Erbgang), daher häufiger erkrankte Linien, mehr Rüden (Sekundentod)

der linken und rechten Herzkammer. Die Erkrankung betrifft verstärkt mittelgroße und große Hunderassen wie Irischer Wolfshund, Deutsche Dogge, Dobermann, Neufundländer, Boxer, Deutscher Schäferhund, Rottweiler, Afghane und Bernhardiner, aber auch Cocker Spaniel, Springer Spaniel und Foxhound. Die Entstehungsweise dieser Erkrankung ist bisher nur unvollständig geklärt und zeigt genetische, ernährungsbedingte, infektiöse oder toxinbedingte Ursachen. Die Erkrankung endet beim Hund rasch tödlich.

In einer US-Studie wurde durch Untersuchungen bei erkrankten Deutschen Doggen ein autosomal rezessiver Erbgang, bei Boxern ein autosomal dominanter Erbgang ermittelt. Erbgangsanalysen haben bisher also unterschiedliche Ergebnisse zur Genetik der DCM geliefert. Ebenfalls konnten bisher auch noch keine mit DCM korrelierenden Genmutationen beim Hund nachgewiesen werden. Da beim Menschen bereits verschiedene DCM verursachende Genmutationen aufgedeckt wurden, versuchen weltweit mehrere Forschergruppen, ähnliche Mutationen beim Hund zu finden.

Blut- und Herz-Kreislauf-Erkrankungen

Übersicht zu den Blut- und Herz-Kreislauf-Erkrankungen		
Bezeichnung	**Art des Defekts**	**Erbgang**
Ductus arteriosus Botalli persistens	Loch im Herzen, offen	polygen mit Schwellenwert
Ductus diverticulum	nicht ganz offenes Loch im Herzen	polygen mit Schwellenwert, Zwischenstufe
Pulmonalstenose	Verengung, dadurch gestörte Entleerung rechte Herzkammer, Herzgeräusche	polygen mit Schwellenwert
Aortenstenose	Verengung der großen Körperschlagader	polygen mit Schwellenwert (?)
zyklische Hämatopoese, zyklische Neutropenie, CCH	Grauer-Collie-Syndrom, kein Immunsystem, mit grauer Fellfarbe gekoppelt	autosomal-rezessiv
Hämophilie A und B	Bluterkrankheit	X-Chromosom-gebunden rezessiv
Von-Willebrand-Disease	Blutgerinnungskrankheit	autosomal rezessiv

Hämatopoese

Eine nur bei Collies vorkommende tödliche Erbkrankheit ist die **zyklische Hämatopoese** (zyklische Neutropenie, Grauer-Collie-Syndrom oder CCH), bei der der Welpe keinerlei Immunsystem aufbauen kann. Die Menge der roten Blutkörperchen und Blutplättchen nimmt plötzlich ab. Vitamin K kann nicht gebildet werden. Die Erkrankung ist mit der grauen Fellfarbe gekoppelt. Merkmalsträger (beide Elterntiere) sollten aus der Zucht genommen werden (Letalfaktor).

Hämophilie

Die bei Hunden häufigste erbliche **Blutgerinnungsstörung** ist die **Hämophilie A und B** (Bluterkrankheit). Hierbei handelt es sich um das Unvermögen des Blutes, normal zu gerinnen, da kein Fibrin, ein wesentlicher Bestandteil beim Gerinnungsvorgang, gebildet werden kann. Es handelt sich (wie beim Menschen) um eine geschlechtsgekoppelte Vererbung, das heißt, die betroffenen männlichen Träger sterben meist vor der Geschlechtsreife. Weibliche Überträger, die ein rezessives Gen auf einem X-Chromosom tragen, sind selbst klinisch nicht erkrankt, da das übereinstimmende Gen auf dem anderen X-Chromosom das dominante gesunde Allel ist und das fehlerhafte, rezessive Gen deshalb nicht zum

Blut- und Herz-Kreislauf-Erkrankungen

■ *Bei Shelties kommt vor allem der Typ 3 der Von-Willebrand-Krankheit, einer vererbten Blutgerinnungserkrankung, vor.*

Ausdruck kommt. Bei Rüden fehlt (durch das Y-Chromosom, das bei geschlechtsgebundener Vererbung kein Partnergen hat) das dominante Allel, sodass geschlechtsgebundene Merkmale immer zum Ausdruck kommen müssen, unabhängig davon, ob sie dominant oder rezessiv sind. Hämophilie A gibt es deshalb nur bei Rüden. Hier ist es wichtig, die Überträgerhündinnen zu erkennen und aus der Zucht zu nehmen.

Von-Willebrand-Krankheit

Eine weitere Blutgerinnungserkrankung mit erblichem Faktor ist die **Von-Willebrand-Krankheit** bei Hunden. Auch hier liegt eine verlängerte Blutgerinnungszeit vor. Die Blutgerinnung ist bei Verletzungen, aber auch bei chirurgischen Eingriffen und Zahnextraktionen deutlich verzögert. Die dabei auftretenden Blutverluste können beträchtlich sein. Die Blutungen betreffen die Schleimhautoberflächen und verschlimmern sich durch physischen oder psychischen Stress und andere Krankheiten. Die häufig englisch bezeichnete Von-Willebrand-Disease (VWD) ist die häufigste vererbte Blutgerinnungsstörung von unterschiedlichem Schweregrad, die aus einem defekten oder gar fehlenden Von-Willebrand-Faktor (VWF) im Blut resultiert.

Man unterscheidet drei verschiedene Formen der Erkrankung (Typ1 bis 3), wobei Typ 3 die schwerste Form der Erkrankung darstellt.

Erkrankungen der Geschlechts- und Fortpflanzungsorgane

Typ 1 beruht auf einem autosomal-dominanten Erbgang mit variabler Penetranz, Typ 2 und 3 auf einem autosomal rezessiven Erbgang. Nach derzeitigem Stand der Forschung sind Dobermann, Manchester Terrier, Pudel, Deutscher Pinscher, Berner Sennenhund und Welsh Corgi Pembroke von Typ 1, der milden Form der Erkrankung, Deutsch Drahthaar von Typ 2 und Sheltie und Scotch Terrier von Typ 3 betroffen.

Durch einen Gentest mittels PCR (Polymerase Chain Reaction) ist es heute möglich, das mutierte Gen genau zu identifizieren und dadurch Anlageträger durch eine einfache Blutuntersuchung zweifelsfrei zu erkennen und somit Zuchtmaßnahmen durchführen zu können (Zuchtausschluss oder Zuchtauflagen für betroffene Hunde).

Erkrankungen der Geschlechts- und Fortpflanzungsorgane

Bei den erblichen Erkrankungen der Geschlechts- und Fortpflanzungsorgane ist der **Kryptorchismus** wohl am bekanntesten. Kryptorchismus ist geschlechtsbegrenzt (nur bei Rüden auftretend) und bedeutet, dass ein oder beide Hoden nicht in den Hodensack absteigen (unilateral = einseitig oder bilateral = beidseitig). Rüden mit nur einem Hoden sind Monorchiden (Einhoder) oder Kryptorchiden mit nur einem abgestiegenen Hoden, bei denen die körperliche und sexuelle Entwicklung normal verläuft. Das Fehlen von beiden Hoden (Anorchie) führt

Übersicht zu den Erkrankungen der Fortpflanzungsorgane

Bezeichnung	Art des Defekts	Erbgang
Anorchie	völliges Fehlen von Hoden	Entwicklungsfehler (?)
Monorchie	Fehlen eines Hoden	wie oben
Kryptorchismus	Nichtabsteigen nur eines oder beider Hoden	Schwellenwert
Dystokie	Wurfschwierigkeiten	unklar
Hermaphrodismus, Intersexualität	Zweigeschlechtlichkeit, Zwittertum	(?)
Inversion	eingezogene Zitzen	unklar
Mammatumore	Zitzentumore, Brustkrebs	unklar

zu eunuchoidemem, weiblichem Erscheinungsbild. Ging man früher von einem autosomal-rezessivem Erbgang aus, so wird heute eine polygenetische Grundlage vermutet. Bei Wander- oder Pendelhoden (noch nicht im Hodensack fixierte Hoden) empfiehlt es sich, das Gonadotropin-Releasing-Hormon zwei- bis sechsmal im Abstand von zwei bis sechs Tagen vom Tierarzt spritzen zu lassen, um den Abstiegsprozess der Hoden zu fördern. Da nicht abgestiegene Hoden entweder im Leistenkanal oder in der Bauchhöhle stecken und die Bildung von Neoplasmen (Tumore, hier meist die bösartigen Sertoli-Zelltumore) begünstigen, müssen solche Hoden immer operativ entfernt werden (Kastration).

Bei Hündinnen kann eine erbliche **Inversion** (eingezogene Zitzen) vorliegen. Familiengehäuft kann bei weiblichen Tieren außerdem eine genetisch bedingte Disposition zu **Mammatumoren** (Zitzentumore) auftreten, die sich als Karzinome, Fibrome oder Mischtumore darstellen. Mammatumore können gutartig (benigne) oder bösartig (maligne) sein. Das Durchschnittsalter für Zitzentumore beträgt neun Jahre. 62 Prozent der Mammatumore entwickeln sich in den hinteren zwei Zitzenpaaren. Trächtigkeiten haben keinen Einfluss auf die Entstehung von Mammatumoren. Wiederholte Behandlungen mit gewissen Progestagenen erhöhen das Risiko der Tumorbildung. Durch Kastration einer Hündin vor der zweiten Läufigkeit kann das Risiko für die Entstehung von Mammatumoren verglichen mit der Gesamtpopulation auf etwa 25 Prozent reduziert werden. Zitzentumore müssen operativ entfernt werden.

Hunde, die sowohl Hoden- als auch Eierstockgewebe aufweisen, nennt man **Hermaphroditen**. Diese Chromosomenanomalie wird verursacht durch die Verschmelzung von XX-Chromosomen mit XY-Chromosomen im Stadium der Zygote und es entsteht ein zweigeschlechtlicher Hund (Zwitter, Intersex).

Dystokien sind Geburtsschwierigkeiten, die auch familiengehäuft auftreten können und die man nach in der Mutter oder den Feten begründbaren Ursachen einteilen kann.

Andere Erbkrankheiten

Tumore (Neoplasmen) lassen sich in **gutartige, grundsätzlich harmlose** (benigne) und **bösartige, krebsbildende** (maligne) Tumore einteilen. Einige Rassen und Zuchtfamilien scheinen ein größeres Tumorrisiko aufzuweisen als andere. Ein Beispiel für relativ häufig betroffene Rassen ist der Deutsche Boxer. Die Anfälligkeit gegenüber Neoplasmen wächst mit dem Lebensalter kontinuierlich, das »Krebsalter« des Hundes beginnt mit etwa sechs Jahren. Lediglich bei **Leukose** (Leukämie, Blutkrebs) liegt die höchste Anteilsgruppe zwischen vier und sechs Jahren.

Tumorerkrankungen befallen praktisch alle Organbereiche des Körpers. Brustdrüsentumore (Mammatumore) sind bei Hunden die verbreitetsten Neoplasmen. Sehr große Rassen neigen vor allem zu Tumoren der

Andere Erbkrankheiten

Gliedmaßenknochen. Weiterhin kommen vor Schilddrüsenkarzinome, Hauttumore, Lymphome, Mastzellenkrebs, Melanome und Milztumore.

Immer häufiger werden heute Berichte von Hunden bekannt, die ohne erkennbaren Grund überaggressiv reagieren. Hier scheint es sich um angeborene Schäden (primäre oder sekundäre Hirnschäden) zu handeln, die solch unmotivierten, anfallsweise auftretenden Attacken gegen Artgenossen oder den eigenen Besitzer begründen. Diese **idiopathische Aggressivität** ist ein abnormes, unerklärliches Verhalten. Solche Erkrankungen müssen in ihrer Diagnose genau abgeklärt werden, da sie auch durch Hirntumore oder Hirnerkrankungen ausgelöst sein können.

Urolithiasis bedeutet Erkrankung mit Harnsteinbildung in Nieren oder ableitenden Harnwegen. Die Häufigkeit der Harnsteinerkrankung hängt von genetischen Faktoren, von Stoffwechselstörungen sowie Umgebungs- und Fütterungsfaktoren ab.

Übersicht

Bezeichnung	Art des Defekts	Erbgang
idiopathische Aggressivität	unmotiviert, anfallsweise auftretend	unklar
Karzinome	bösartige Tumore	Prädisposition
Urolithiasis	Steinbildung (Nieren-/ Blasensteine)	unklar

10. Bekämpfung von Erbkrankheiten

■ *Soll ein Hund für die Zucht zugelassen werden, müssen so viele Zuchtinformationen wie möglich zusammengetragen werden.*

Im vorherigen Kapitel sind viele Mängel und Abweichungen vom gesunden beziehungsweise normalen Erscheinungsbild dargestellt, von denen man annimmt, dass sie erblich sind. Bei einigen Erkrankungen ist dies eindeutig nachgewiesen, bei anderen besteht nur der Verdacht der Erblichkeit.

Ob eine **Krankheit erblich bedingt** ist oder nicht und deshalb durch geeignete Maßnahmen **bekämpft** werden muss, lässt sich durch entsprechende genetische Untersuchungen unter Einbeziehung mathematisch-statistischer Unterlagen in möglichst großer Zahl und von möglichst vielen Würfen überprüfen. Zusätzlich können die Erfahrungen bei vergleichbaren Rassen, Entstehungsrassen, gegebenenfalls auch anderen Tierarten oder des Menschen in die Überlegungen mit einbezogen werden.

Erbfaktoren können einerseits bestimmte Krankheitszustände und Abweichungen vom Normalen allein verursachen (Erbkrankheiten), andererseits jedoch auch an der Ausbildung einer Vielzahl von Krankheiten und Abweichungen gemeinsam mit beeinflussenden Umweltfaktoren (Erb-Umwelt-Krankheiten) beteiligt sein.

Nicht alles, was uns als Erbkrankheit erscheint, ist auch eine. Hier müssen vor der Abgabe eines solchen Urteils alle anderen möglichen Faktoren wie Infektionserreger, Gifte und Umweltgifte, Strahlenbelastungen, Auswirkungen von zu viel oder zu wenig Nährstoffen in bestimmten Wachstumsphasen, Medikamentengaben und so weiter geprüft werden.

Entscheidende Voraussetzungen für das Erkennen, Erforschen und Bekämpfen von Erbkrankheiten sind das Sammeln von Zuchtinformationen durch den Züchter und den Rassezuchtverein, deren Auswertung sowie das Einhalten der Mindestanforderungen an jede Hundezucht.

Sammeln von Zuchtinformationen

Die **Bekämpfung von Erbfehlern** sowie erblich bedingter Krankheiten sollte durch den Züchter aufgrund der hier noch einmal aufgeführten Zuchtinformationen erfolgen:

❱ die Selektion (Zuchtauswahl)
❱ die Stammbaumdaten/Ahnentafelinformationen
❱ die Eigenleistungen des Zuchthundes wie Körungen, Prüfungen, Zuchtschauen
❱ die Bewertung der Vorfahren
❱ die Bewertung verwandter Tiere
❱ die Bewertung der Nachkommen
❱ die Erbwertermittlung durch Zuchtwertschätzung oder Selektionsindex
❱ die richtige Anwendung der Zuchtverfahren und Zuchtmethoden

Alle genannten Maßnahmen zielen auf die Erfassung aller für die Zucht wesentlichen

Sammeln von Zuchtinformationen

Informationen hin. Diese ist jedoch nur dann möglich, wenn die Unterlagen auch zur Verfügung stehen, was gerade in der Hundezucht nicht immer einfach ist.

Die meisten Züchter fürchten Konsequenzen, wenn sie Abnormitäten oder Defekte in ihren Würfen mitteilen. Krankheiten oder sonstige Abweichungen bei den Zuchttieren werden lieber verschwiegen oder möglichst unauffällig etwa durch Operationen oder andere Manipulationen beseitigt. Der so seines Fehlers optisch korrigierte Hund (genetisch ist die Erbanlage vorhanden) wird vielleicht sogar auf Zuchtschauen Champion und deshalb besonders häufig in der Zucht eingesetzt. Damit wird der **genetische Fehler**, der optisch »geschönt« wurde, in der Zucht verbreitet.

Wir können in der Zucht aber nur gegen die Fehler und Defekte angehen, die wir kennen! Alles, was verschwiegen wird, beraubt uns wichtiger Zuchtinformationen und gefährdet, weil gewisse Züchter (Vermehrer) Mängel zu verschleiern suchen, unsere eigene Zucht und die unserer geliebten Rasse. Züchter und Zuchtvereine müssen ihre Aufzeichnungen erweitern. Für jeden bei oder direkt nach der Geburt verstorbenen Welpen sind korrekte Angaben darüber zu machen, warum der Welpe verstarb. Ist man zur Angabe eines konkreten Grundes nicht in der Lage, sollte der tote Welpe dem Tierarzt vorgelegt werden, damit dieser entscheidet, ob eine **Obduktion** sinnvoll ist oder er die Todesursache zweifelsfrei angeben kann. Farbvarianten, die zur Zucht nicht zugelassen sind, sind ebenfalls genau zu dokumentieren.

Gehen während der Aufzuchtsphase Welpen ein, sollte immer durch eine **pathologische Untersuchung** die Todesursache festgestellt werden. Das ist auch für Sie als Züchter und zum Schutz Ihres Zwingernamens wichtig. Hierfür zwei Beispiele:

Eine Züchterin hatte einen hervorragenden Wurf von fünf Welpen. Die Welpen kamen, als sie alt genug waren, in den großen Gartenauslauf. Mit 7 1/2 Wochen verstarb ein Welpe laut Tierarzt an Herzversagen. Kurz nach der Welpenabgabe verstarb ein weiterer Welpe. Diagnose: Herzversagen! Ein weiterer Welpe »mickerte« und litt laut ärztlicher Aussage an einem Herzfehler! Die Züchterin war deprimiert. Ein toter Welpe wurde in der Pathologie genau untersucht. Das Ergebnis lautete ebenfalls: Tod durch verschiedene Veränderungen am Herzen. Dieser Befund mit allen Daten und einem Begleitbrief kam zur Zuchtleiterin des Vereins. Da in dieser Rasse Herzfehler relativ selten sind und hier eine ungewöhnliche Häufung vorlag (drei Welpen von fünf!) übersandte die Zuchtleiterin die Unterlagen an einen Herzspezialisten. Als Ergebnis kam zurück: Der Welpe war an einer Infektion am Herzen verstorben, die wohl durch Kontakt mit Vögeln hervorgerufen worden war. Die Zuchtleiterin rief die Züchterin an und fragte nach. Was war passiert? In dem großen Gartenauslauf brütete ein Taubenpaar und zog ebenfalls seine Brut groß. Die Welpen leckten, ohne dass die Züchterin sich Gedanken machte, auch die Exkremente der Vögel auf. Hierdurch infizierten sie sich und verstarben.

Sammeln von Zuchtinformationen

■ *Spielmöglichkeiten und die Entdeckung der Umwelt fördern die Entwicklung der Welpen.*

Diese Züchterin hat noch einmal Glück gehabt. Beinahe hätte dieser Vorfall sie den bis dahin guten Ruf ihrer Zuchtlinie gekostet. So aber konnte sie alle Mutmaßungen über Erbkrankheiten bei ihren Tieren durch das Gutachten des Herzspezialisten eindeutig widerlegen.

Ein anderer Züchter hat sich nicht mehr von dem »Rufmord« erholt; er gab das Züchten auf. Was war geschehen? Der Züchter hatte einen normalen Wurf mit acht Welpen. Die Geburt verlief problemlos und die Hündin versorgte rührend die Welpen. Mit 2 ½ Wochen verstarb ohne viel Vorgeschichte ein Welpe. Der tote Welpe wurde an ein Institut übersandt und der Züchter erfuhr, der Welpe sei an Lebershunt (einer tödlich verlaufende Erbkrankheit) eingegangen. Ein zweiter Welpe verstarb. Jetzt hieß es überall, bei diesem Züchter sei Lebershunt in der Linie! Keiner wollte mehr von ihm Welpen kaufen. Als zwei weitere Welpen starben, schaltete sich die Zuchtleiterin ein und verlangte nach vielen Gesprächen eine neue Untersuchung, da sie an Lebershunt als Ursache nicht glaubte. Und sie behielt recht, wie die neue Expertise ergab: Die Welpen waren in Wahrheit an Coli-Bakterien (eine Infektionskrankheit) verstorben. Eine Erbkrankheit konnte ausgeschlossen werden. Der Ruf des Züchters allerdings blieb geschädigt.

Jeder Züchter wird irgendwann auf ähnliche Probleme stoßen. Wichtig für die Zucht ist, dass auftretende Fehler richtig benannt

Sammeln von Zuchtinformationen

werden. An den aufgezeigten Beispielen wird klar, warum viele Züchter tote oder von ihnen »ausgemerzte« Welpen verschweigen. Wir alle tragen mit unserem Verhalten und der gerechten Einstufung von Ereignissen dazu bei, dass in der Zucht Ehrlichkeit Einzug hält. Es ist kein »kriminelles Delikt«, einen Fehler in seiner Zucht zu haben. Es ist allerdings unverantwortlich, Fehler zu verschleiern oder zu verschweigen. Hierdurch wird die Zucht von Rassehunden nachhaltig geschädigt!

Checkliste 1: Quellen für Zuchtinformationen

- Stammbaum/Ahnentafel
- Schau-Ergebnisse, Richterberichte (des eigenen Zuchthundes und möglichst vieler Verwandter)
- Prüfungsergebnisse (des eigenen Zuchthundes und möglichst vieler Verwandter)
- Körergebnisse, Körbögen (des eigenen Zuchthundes und möglichst vieler Verwandter)
- Zuchtwertzahlen (des eigenen Hundes und möglichst vieler Verwandter)
- HD-Ergebnisse (des eigenen Zuchthundes und möglichst vieler Verwandter)
- tote, aus medizinischen Gründen euthanasierte oder verendete Welpen in der Linie und bei Nachzuchten (Grund)
- verstorbene Verwandte (Grund)
- Inzuchtzahlenwerte (des eigenen Zuchthundes und des Deckrüden)
- Listen des Vereins über Zuchtfehler (ist die eigene Linie oder die des Deckpartners betroffen?)
- Deckrüdenblätter
- Zuchtbücher
- Aussagen von Zuchtwarten und Körmeistern
- Ergebnisse von Vaterschaftstests
- Bücher über Zucht, Genetik und so weiter
- Rassezeitschriften
- Veröffentlichungen der Rassezuchtvereine
- Sammlung von Fotos von Zuchthunden (denen dann Informationen zugeordnet werden)

Wichtig für den Erfolg Ihrer Zucht ist die Ehrlichkeit im Umgang mit den gewonnenen Informationen. Hinterfragen Sie immer wieder neu, was an Fehlern in Ihrer Rasse und gegebenenfalls in Ihrer Zuchtlinie aufgetreten ist. Überlassen Sie diese Arbeit nicht nur Ihrem zuständigen Zuchtwart. Sie haben die volle Verantwortung für den kommenden Wurf im züchterischen Sinne und den künftigen Welpenkäufern gegenüber. Geben Sie sich nicht zufrieden damit, wenn Ihr Verein keine Auskünfte erteilen kann oder will.

Da bei vielen Erkrankungen die Umwelt eine große Rolle spielt, sollten Sie darüber hinaus bestmögliche Bedingungen für die Aufzucht Ihrer Welpen schaffen. Hier sind neben der gesunden Umwelt viele verschiedenartige Spielmöglichkeiten genauso wichtig wie verschiedene Untergründe der Bodenbeschaffenheit und natürlich häufiger, mehrfacher täglicher, gezielter Kontakt zum Menschen und Sozialspiele mit Artgenossen und Menschen. Somit nehmen Sie Einfluss auf die »Intelligenzleistung« Ihrer Welpen und machen sozialverträgliche Partner aus ihnen. Auch beim Futter muss für die Welpen das Beste gerade gut genug sein, damit Sie Mangelerkrankungen vermeiden und Krankheitsdispositionen sich gar nicht ausprägen lassen. Achten Sie jedoch darauf, dass nicht zu viele Vitamine oder spezielle Mineralstoffe in den Futternapf gelangen. Über die richtige Ernährung der Welpen sollten Sie sich ausführlich informieren.

Auswertung der gewonnenen Zuchtinformationen

Das Auswerten der Zuchtinformationen ist für den Züchter wie für den Zuchtverein gleichermaßen von Interesse. Die Auswertung beginnt mit dem korrekten Ausfüllen der Wurfmeldescheine und des hoffentlich in jeder Rasse üblichen Wurfabnahmeprotokolls für jeden einzelnen Welpen. Hier ist wieder die uneingeschränkte Ehrlichkeit jedes einzelnen Züchters sowie Qualität und Wissen des beurteilenden Zuchtwartes gefordert. Diese Ehrlichkeit muss immer wieder gefördert werden und zwar ohne Hohngelächter und Mit-dem-Finger-Zeigen. Fehler und Defekte, Anomalien und Erbkrankheiten wird es immer geben. Wir müssen gemeinsam einen Weg finden, damit vernünftig umzugehen. Fehler, die bekannt sind, können beachtet und so Risikoverpaarungen vermieden werden.

Um unsere Rassehundezucht zu verbessern, müssen:

- sorgfältige, ehrliche und ausführliche Aufzeichnungen,
- objektive Analysen auch der Erbfehler, Abweichungen und Defekte,
- richtige Einschätzung der Eigenschaften und Leistungen des Einzelhundes,
- strenge Auslese der Zuchttiere,
- Berücksichtigung der Stammbäume/Ahnentafeln,
- Test des Nachwuchses/der Nachkommen sowie
- Züchtungen nur mit herausragenden Zuchttieren (bei ausreichend großer Zuchtbasis)

vorgenommen werden. Die Ergebnisse müssen immer wieder infrage gestellt und neu überdacht werden. Wissenschaftler sind, so weit möglich und machbar, einzuschalten. Der VDH hat für solche Aufgaben einen wissenschaftlichen Beirat und die Kynologische Gesellschaft gegründet, der alle Rassehundezuchtvereine angehören sollten. Hier wird Fragen wie der Erblichkeit bestimmter Krankheiten gezielt nachgegangen. Ähnlich ist man um die Erfassung und wissenschaftliche Begleitung bei Erbkrankheiten im ÖKV und der SKG bemüht.

Mindestanforderungen an Hundezuchten

Die »Kunst« des Züchters besteht im Wesentlichen in der **Auswahl der Zuchtpartner**, die besonders gut zueinander passen und Nachkommen hervorbringen, die über dem Rassedurchschnitt liegen und damit die Zucht

Mindestanforderungen an Hundezuchten

■ Welpen sollten unbedingt verschiedenen Umweltreizen ausgesetzt werden, da es sich positiv auf die gesamte Entwicklung auswirkt.

verbessern. Der Züchter sollte den Erfolg seiner Zucht nach dem **durchschnittlichen Leistungsstand** seiner Welpen beurteilen, nicht nach dem einen erfolgreichen, brillanten Hund in einer Menge von züchterischen »Nieten«, die den Durchschnitt der Rasse niemals erreichen. Ein Züchter, dessen schlechteste Welpen seiner vierten oder fünften Generation genauso schlecht sind wie die schlechtesten seiner ersten Welpengeneration, hat für seinen Zwinger und für die Rasse keinen Fortschritt erzielt, selbst wenn er einen einzelnen Siegerhund gezüchtet hätte.

Um die Zucht zu verbessern, sollte ein Züchter sich jeweils nur auf die Verbesserung einiger weniger Merkmale konzentrieren. Wesentliche Merkmale sind:

❱ Widerstandsfähigkeit gegen Krankheiten (Resistenz)
❱ Fruchtbarkeit
❱ Langlebigkeit
❱ gutes bis hervorragendes Wesen
❱ das Fehlen genetischer Abnormitäten oder Krankheiten.

Checkliste 2: Mindestvoraussetzungen für die Zucht

Hat sich ein Züchter entschieden, seine Hündin decken zu lassen, sollten folgende Voraussetzungen gegeben sein.
❱ Hündin erfüllt Zuchtvoraussetzungen des Rassezuchtvereins

- Zuchthündin befindet sich in hervorragendem allgemeinen Gesundheitszustand
- Positive HD- und ED-Ergebnisse sowie Augenüberprüfungen bei der Hündin
- Überragende Wesenseignung (Körergebnisse, Richterberichte und so weiter) der Hündin
- Die Standardvorzüge und -nachteile (Typ, Gebäude usw.) der Hündin wurden eingeschätzt
- Der Inzuchtzahlenwert oder Ahnenverlustkoeffizient wurde ermittelt
- Die Zuchtwertzahlen zur Erbwertermittlung wurden geprüft
- Mögliche Besonderheiten in der Zuchtlinie wurden geklärt wie Erbkrankheiten, Fruchtbarkeit, Langlebigkeit usw.
- Es wurde eine Entscheidung für ein Zuchtverfahren getroffen (Fremdzucht, weite Linienzucht usw.)
- Der Deckrüde genügt den gleichen Kriterien.

Eine zusätzliche Hilfe für den Züchter bei der Erkennung von Erbkrankheiten wird schon in naher Zukunft die so genannte **Genanalyse** sein, die Merkmalsträger von Erbkrankheiten vor einer Zuchtverwendung aufdeckt. Für wenige Erbfehler ist das auch heute schon möglich. So kann das Auftreten gerade rezessiver Erbkrankheiten durch das Erkennen des kranken Gens und damit das Verdoppeln solcher Anlagen vermieden und die gesunde Zucht von Rassehunden gefördert und möglich gemacht werden.

Möglichkeiten der Zuchtvereine

Die Züchter sind bei ihren Recherchen auf die Zusammenarbeit ihres Rassehundezuchtvereins angewiesen. Die Zuchtvereine tragen die Verantwortung für gesunde, sozialverträgliche, wesensfeste Rassehunde und stellen mit ihren Zuchtordnungen, Rassestandardfestlegungen, Beschlüssen zur Ergänzung der Zuchtordnungen, den Körordnungen und vielem mehr die Weichen für die künftige Zuchtarbeit und den Fortbestand der Rassen. Vereine und Züchter sollten sich aus Respekt vor dem uns anvertrauten Tier verantwortlich für die gesunde Weiterzucht von Hunden fühlen. Sie sollten gemeinsam versuchen, die Häufung bestimmter Abnormitäten in verschiedenen Hunderassen zu vermeiden und die Zucht dadurch dauerhaft zu verbessern.

Folgenden Entwicklungen gilt es, Einhalt zu gebieten:
- Inzucht oder zu viel Inzucht ohne Beachtung der daraus erwachsenden Gefahren – etwa die Dopplung rezessiver krank machender Gene
- Missachtung der negativen gesundheitlichen Auswirkungen angestrebter, übertriebener und krank machender Rassemerkmale bei der Festlegung des Rassestandards oder der Zuchtordnungen
- Änderung bestehender Rassestandards, die gesundheitliche Mängel oder sonstige Schäden für die Hunde mit sich bringen
- Verbreitung von Fehlern durch verstärkten,

Möglichkeiten der Zuchtvereine

unkontrollierten Einsatz von Spitzenrüden (Championzucht), die Merkmalsträger sind, ohne den Fehler selbst zu zeigen
- Verbreiterung der Zuchtbasis durch Deckzahlbeschränkung
- Zucht auf extravagante (wie zu große oder zu kleine Hunde) Ausstellungshunde unter Missachtung krank machender, körperlicher und psychischer Defekte
- Erweiterung der Rassestandards oder der Zuchtordnungen neben Erscheinungsbild auch Berücksichtigung von Gesundheit, Vitalität, Fruchtbarkeit und Wesenseigenschaften
- Massenproduktionen von Modehunden ohne Rücksicht auf die körperliche und seelische Gesundheit der Welpen

Wichtige Maßnahmen von Zuchtvereinen sollten sein:
- Nutzung neuer Möglichkeiten bei der Erkennung von Erbkrankheiten (Genanalysen) oder bei der Selektion von Merkmalsträgern (Zuchtwertschätzung)
- Anwendung der Auslese (Selektion), Erbwertermittlung und Kontrolle der Anwendung der geeignetsten Verpaarungssysteme
- Aus- und Fortbildung der Züchter und Deckrüdenbesitzer
- Verfügbarkeit von ausreichendem Informationsmaterial für Züchter und Deckrüdenbesitzer

Der Rassehundezuchtverein sollte die **Ehrlichkeit in der Zucht** fördern und »Gerede« unterbinden. Für aufgetretene Schäden, Abnormitäten oder Abweichungen muss als Erstes eine genaue Diagnose gestellt und bestätigt werden. Liegt ein Mangel bei einem Welpen vor, heißt das noch nicht, dass dieser genbedingt ist. Tritt ein Mangel erst im fortgeschrittenen Alter auf, bedeutet das umgekehrt aber auch nicht, dass dieser zwangsläufig umweltbedingt ist. Die Tatsache, dass ein Mangel in bestimmten Zwingern oder Blutlinien auftritt, ist ein Hinweis auf einen möglichen genetischen Hintergrund, aber kein Beweis.

Alle großen oder auch nur für HD anfälligen Hunde (eines jeden Jahrgangs) sollten in einem geeigneten Alter auf HD geröntgt werden. Da die Durchsetzung dieser begründeten Forderung in den Rassezuchtvereinen nicht unbedingt selbstverständlich ist, obwohl es dies sein sollte, müssen die Rassehundezuchtvereine über geeignete Maßnahmen zur Durchsetzung nachdenken.

Halten Sie sich bitte zurück mit voreiligen Analysen oder Verdächtigungen beim Auftreten von Mangelerscheinungen in einer Zucht. Besonders Richter, Körmeister, Zuchtwarte und Vereinsverantwortliche sollten dies beherzigen. Behandeln Sie bitte andere so, wie Sie als betroffener Züchter behandelt werden möchten.

Möglichkeiten der Zuchtvereine

■ Der gezielte Einsatz von Deckrüden sowie Deckzahlbeschränkungen wirken der Genverarmung in den Rassen entgegen.

Die Zuchtvereine können durch Beschlüsse auch den **Einsatz der Deckrüden** steuern. Wenn wie bei den Schäferhunden hundert Deckeinsätze oder mit viel Schwierigkeiten sechzig Einsätze pro Deckrüde und Jahr erlaubt sind, so ist dies aus genetischer Sicht zu viel. Es kommt zu einer **Genverarmung** in der Rasse, weil ja vorwiegend die bekanntesten Champions oder Spitzenhunde mit Bundesleistungssiegerprüfungen eingesetzt werden. Auch hier kann der Verein durch Beschlüsse die genetische Vielfalt zu erhalten versuchen, indem Deckzahlbeschränkungen auf wenige Deckakte (zum Beispiel fünf Deckakte im Leben eines Deckrüden bei großen Vereinen und ausreichender genetischer Vielfalt) und gezielte Zuchtüberwachung stattfinden.

Die Vereine sollten sich nicht scheuen, zur Gesunderhaltung der Rassen auch wenig **populäre Entscheidungen** und Beschlüsse zu fassen. Denn die beste Antwort, die Züchter und Zuchtvereine auf die heftigen Diskussionen in Politik und Medien über »gefährliche Hunde« geben können, ist, für an Körper und Wesen gesunde Hunde zu sorgen.

> Bei nachgewiesenen erblichen Erkrankungen sollten die Rassehundezuchtvereine die Merkmalsträger, in besonders schweren Fällen auch die möglichen Überträger (wenn nachweislich erkannt), mit entsprechenden züchterischen Maßnahmen belegen und die Ausbreitung von Erkrankungen dadurch einschränken oder gar verhindern.

Schlusswort und Danksagung

Ich habe in diesem Buch versucht, Ihnen in leicht verständlicher Weise den Einstieg in die schwierige Materie der Vererbung beim Hund näher zu bringen. Ich hoffe, dass Sie bei Ihren Zuchtplanungen die vorstehenden Ausführungen berücksichtigen und gesunde, sozialverträgliche und wesensfeste Welpen haben werden. Die Käufer Ihrer Hunde werden es Ihnen danken, wenn sie sich täglich über deren gutes Wesen freuen dürfen und dadurch Vitalität und Langlebigkeit an ihrem Hausgenossen schätzen lernen. Insgesamt werden Sie sich durch eine ehrliche, gesunde und erfolgreiche Zucht einen guten Namen machen. Haben Sie auch den Mut, in Ihrem Rassezuchtverein einige Veränderungen und Verbesserungen einzubringen und lassen Sie sich nicht durch erste Misserfolge entmutigen. Züchten heißt, bereit zu sein, Verantwortung zu übernehmen und zu tragen zum Wohle der eigenen Hunde und der Rasse, für die Sie mit Ihrem Namen stehen.

Ich bedanke mich recht herzlich bei dem Tierarzt Herrn Klaus Walter Kaune, der seit vielen Jahren in Ilsede bei Hannover praktiziert, selbst Körmeister und Hundefreund ist und der alle tierärztlichen Teile des Buches Korrektur gelesen hat. In vielen schwierigen Einzelfragen hat er mich beraten und sein Fachwissen beigesteuert. Ich danke auch meiner Züchterfreundin Frau Martina Sterba, die aus der Sicht eines Züchters unermüdlich viele Fragen gestellt und mich dadurch immer wieder veranlasst hat, schwierige Sachverhalte zu überdenken oder verständlicher zu formulieren. Für alle Hilfestellungen am Computer danke ich meinem Mann, der nie die Geduld verlor.

Inge Hansen

Glossar

Additive Polygenie: Ausprägung eines Merkmals durch viele sich ergänzende und beeinflussende Allele.
Aguti-Serie: ursprüngliche Wildfärbung.
Allele: Zustandsformen von Genen, die durch Mutationen ineinander übergeführt werden können. Für jedes Allel gibt es ein entsprechendes oder homologes Partnergen.
Allelpaar: zwei für ein bestimmtes Merkmal zuständige Gene.
Ausdehnungs-Serie: betrifft die Ausdehnung des schwarzen Pigments bei der Maske.

Basentriplett: die kleinste Einheit der genetischen Information.

Chromatid: halbes, geteiltes Chromosom, wobei beide Hälften völlig identisch miteinander und mit dem Ausgangschromosom sind.
Chromosomen: Kernfäden, die aus DNS bestehen; sind im Zellkern immer vorhanden.

DNS: Desoxyribo-Nuklein-Säure.
Diaster: Tochterstern – in der Telophase verlagern sich die getrennten Chromatiden in Richtung Zentralkörperchen und bilden die Grundlage für die Tochterzellen.
Dilutions-Gen: Gen für Farbschwächung oder Farbverdünnung.
Dilutions-Serie: Farbschwächungs- oder Farbverdünnungs-Serie.
diploider Chromosomensatz: paarweiser oder doppelter Kernfadensatz, wie er in allen Körperzellen vorkommt.
Domestikation: Haustierwerdung.
Dominant: ist ein stärkeres Gen, welches das Erscheinungsbild bestimmt.
Doppelhelix: doppelte Molekülkette der DNS.

Epistasie: Interaktion von Genen.
Erblichkeitsgrad: siehe Heritabilität.
Eumelanin: dunkles, schwarzes oder braunes Pigment.
Evolution: Entwicklungsgeschichte.
Extensions-Serie: siehe Ausdehnungs-Serie.

F1-Generation: erste Nachkommengeneration.
F2-Generation: zweite Nachkommengeneration.

Glossar

Gene: Träger der Erbanlagen.
Genort oder Genlocus: ein spezifischer Abschnitt eines Chromosoms, auf dem zwei Allele lokalisiert sind.
Genpackung: anderer Ausdruck für Allelpaar.
geschlechtsgebundene Vererbung: Merkmale werden über Gene auf einem Geschlechtschromosom weitergegeben.

haploider Chromosomensatz: einfacher Kernfadensatz, wie er in Geschlechtszellen vorkommt.
Helix: Molekülketten der DNS.
Heritabilität: Art der Erblichkeit eines Merkmals, auch Erblichkeitsgrad.
Heterosiseffekt: Erhöhung des Grads der Mischerbigkeit durch Fremdanpaarung.
Heterozygot oder mischerbig: ein Allelpaar, dessen Allele unterschiedliche genetische Informationen besitzen.
Homolog: übereinstimmend, entsprechend.
Homozygot oder reinerbig: ein Allelpaar, dessen Allele dieselbe genetische Information besitzen.
Hypostasie: Interaktion von Genen.

Kopplung: gemeinsame Weitergabe von Genen.

Meiose: Teilung von Fortpflanzungszellen, auch Reifeteilung oder Reduktionsteilung genannt.
Melanin: Farbstoff, Pigment.
Melanophilin-Gen: Gen für Farbschwächung oder Farbverdünnung.
Mikrosatelliten: genetische Marksteine.
Mitose: Teilung von Körperzellen.
Monaster: Mutterstern – in der Metaphase entstehende sternförmige Figur in der Zellmitte der sich teilenden Ursprungszelle. .
Multiple Allele: Gene, die in vielen Allelen vorkommen; vielfältige Genmöglichkeiten an einem Genort.
Mutation: Veränderung des genetischen Materials.

Glossar

Normalverteilung: Abweichungen in festgelegten Grenzen vom Idealbild.
Nukleotidbasen: organische Bausteine der DNS.
Nukleus: Zellkern.

Oligodontie: Zahnunterzahl.
Out-Crossing: Auszüchten durch Fremdzucht.

Penetranz: Ausprägungswahrscheinlichkeit eines Merkmals oder Durchdringungsvermögen.
Phänokopien: durch Umwelteinwirkungen entstandene Missbildungen.
Polygenie: multifaktorielle Vererbung, wobei mehrere Gene ein Erbmerkmal beeinflussen.
Polyodontie: Zahnüberzahl.
populationsgenetische Rassengröße: die für eine Weiterzucht geeignete Rassengröße.

Replikation: Verdopplung oder Vervielfachung von DNS.
Rezessiv: ein unterdrücktes, schwächeres Gen, welches das Erscheinungsbild nur bestimmt, wenn es homolog als Allelpaar vorkommt.

Schwellenwert: eine Mindestanzahl von Gene, bei der sich ihr Merkmal erst im Erscheinungsbild bemerkbar macht.

Triplett: drei kombinierte Basen der DNS, siehe Basentriplett.

Zentriolen: Zentralkörperchen der Zelle.
Zytoplasma: Zellleib.

Literaturverzeichnis

Bücher

Beuing, Reiner: Zuchtstrategien in der Kynologie, 1993, 2005.
Bodingbauer, Joseph: Wesensanalyse für Welpen und Junghunde, 1984.
Burns, Marca und Margaret N. Fraser: Die Vererbung des Hundes, 1968.
Denis, Bernhard: Die Haarfarben des Hundes, 1990.
Distl, O. und Y. Marschall, 2008
Feddersen-Petersen, Dorit: Hundepsychologie, 1986, 2004.
Feddersen-Petersen, Dorit: Hunde und ihre Menschen, 1992, 2001.
Hansen, Inge: Handbuch der Hundezucht, 2006.
Räber, Hans: Brevier neuzeitlicher Hundezucht, 1978.
Schleger, Walter und Irene Stur: Hundezüchtung in Theorie und Praxis, 1986.
Seiferle, Eugen und Emil Leonhardt:
Vanderlip, Sharon Lynn: Hundezucht, 1985.
Wesensgrundlagen und Wesensprüfung des Hundes, 1984.
Wachtel, Hellmuth: Hundezucht 2000, 1997.
Wegner, Wilhelm: Kleine Kynologie, 1986.
Weidt, Heinz: Der Hund mit dem wir leben: Verhalten und Wesen, 1999.
Wienrich, Volker: Grundlagen der Vererbung und Züchtung beim Hund, VKSK.
Willis, Malcolm B.: Züchtung des Hundes, 1984.
Willis, Malcolm B.: Genetik der Hundezucht, 1994.
Zimen, Erik: Der Wolf, 1980.
Zimen, Erik: Der Hund, 1988.

Zeitschriften

»Hundewelt/ Breeder Spezial« 1/2007 bis 3/2008
Rundschreiben der GKF (Gesellschaft zur Förderung Kynologischer Forschung)
Nr. 13 bis 18 sowie Info. Nr. 20 bis 25 (2001–2007)
»Unser Rassehund« (Verband für das Deutsche Hundewesen)
Jahrgänge 2007 bis 05/2008
»Der Hund« Jahrgang 2007 bis 05/2008
Schreiben Laboklin »Gentests beim Hund«, »Allergien«, 2008

Sachregister

A

Abstammung	10
Abstammungsnachweis	97
Additive Polygenie	43
Adulte Erbfehler	138
Afterkrallen	169
Aggressives Verhalten	77
Aguti-Serie	58
Ahnentafel	97
Ahnenverlustkoeffizient	127
Albinismus	61, 157
Albino-Serie	61
Alpha-Wölfin	71
Anaphase	19, 21
Angstbeißen	79
Anlagenbild	101
Anorchie	184
Anurie	167, 168
Aortenstenose	179, 181
Apfelkopf	177
Arbeitsprüfungen	105
Artspezifisches Verhalten	75
Atopie	156
Aufzuchtbedingungen	83
Augenerkrankungen	149, 154
Augenfachtierärzte	149
Augenfarbe	69
Ausdauerprüfungen	107
Ausdehnungs-Serie	59
Auslese	93
Aussonderung	101
Ausstellung	12, 107
Auswahl der Zuchtpartner	191
Auswertung der Zuchtinformationen	191
AVK (Ahnenverlustkoeffizient)	127

B

Bandenmuster	19
Bandscheibenvorfall	160
Basisfarben	58
Bekämpfung von Erbfehlern	188
Best Linear Unbiased Prediction	115 ff
Beurteilung des Wesens	74 ff
Blaufärbung	155, 157
BLUP	115 ff
Bluterkrankheit	182
Blutgerinnungsstörung	182, 183
Blutgruppen	178
Blutkrankheiten	178
Blutkrebs	185
Bluttransfusion	178
Blutübertragung	178
Brachyurie	167

C

Calve-Perthes-Erkrankung	161
Canis lupus	11
Chondrodystrophische Rassen	160
Chromatid	21
Chromosomen	17
Cleft palade	168, 169
Collie-Augen-Anomalie (CAA oder CEA)	151, 153, 154
Crossing-over	22

D

Dackellähme	160
Deckhaar	55
Deckrüdenblätter	99
Dermoidzysten	150, 154
Desoxyribo-Nuklein-Säure	18

Diabetes mellitus	170	Erbliche Defekte	101
Diaster	21	Erblichkeit	51
Dilutions-Serie	60	Erblichkeitsgrad	52
Diploider Chromosomensatz	17	Erb-Umwelterkrankungen	139
Distichiasis	150, 154	Erbwertermittlung	113
DNS	18	Erfassung von Zuchtinformationen	188
Domestikations	10	Ergrauungs-Serie	161
Dominant	27	Erwartungswert	114
Doppelhelix	18	Eumelanin	55
Dortmunder Kreis	149	Exophthalmie	149, 154
Ductus arteriosus Botalli persistens	178	Extensions-Serie	59
Ductus diverticulum	180	Extremformen	15
Durchdringungsvermögen	39	Extremwert	44
Durchschnittlicher Leistungsstand	193		
Durchschnittswert der Rasse	115	**F**	
		Fallsucht	175
E		Farbbeurteilung	57
Ehlers-Danlos-Syndrom	155	Farbschwächungs-Serie	60
Ehrlichkeit der Zuchtinformationen	189	Farbverdünnungs-Serie	60
Eigenleistungen	100	FCI	12
Einhoder	185	Fellfarben, Vererbung von	54
Eintritt der Läufigkeit	71	Fingerprint	17, 88
Eisprung	71	Fortbestand der Rassen	194
Eizellen	22	Fortpflanzungsmerkmalen, Vererbung von	70
Ektropium	150, 154	Farballele	57
Ellenbogengelenk-Dysplasie	161 ff	Fremdzucht	132
Elternleistungen	108	Fruchtbarkeit	73
Entropium	150, 154	Furcht	79
Entwicklungsphasen	80 ff		
Epilepsie	175 ff	**G**	
Epistasie	40	Gaumenspalten	168, 169
Erbanlagen, Bewertung der	99	Gebiss	159
Erbfehler	136	Gelenkmaussyndrom	164
– geschlechtsbegrenzte	139	Genausstattung	99
– geschlechtsgekoppelte	139	Genbild	49
– geschlechtsunabhängige	139	Generationsintervall	112
– pränatale	138	Genetischer Fingerabdruck	88
Erbkrankheiten	142		

Literaturverzeichnis

Genfrequenzänderung	94
Genkarten	19
Genmarker	146
Genotyp	99
Genpackung	26
Genverarmung	137
Geräuschüberempfindlichkeit	77
Gesamtindexzahl	113
Gesamtwahrscheinlichkeit	125
Geschlechterverhältnis	73
Geschlechtschromosomen	41
Grannen	55
Grauer-Collie-Syndrom	182
Grisonnement	61
Großelterngeneration	109
Gründertiere	124

H

Haarart	54
Haarfarben	57
Haarfarbengene	58
Haarfarbenvererbung	54
Haarlosigkeit	155, 157
Halbgeschwister	110
Halbierungsvorgang	124
Hämophilie	182, 183
Haploider Chromosomensatz	25
Harlekin-Serie	62
Haushundtypen	12
Haustierwerdung	10
Hauterkrankungen	154 ff
HD (Hüftgelenksdysplasie)	47, 164 ff
Helix	18
Hemivertebrae	167
Heritabilität	51 ff
Herkunftsgleiche Gene	125
Herzerkrankungen	178 ff
Heterose	132
Heterozygot	27
homolog	22
Homozygot	27
Hüftgelenksdysplasie, s. HD	47, 164 ff
Hunderassen	11
Hüteeigenschaft	107
Hydrozephalus	177
Hypostasie	40
Hypothyreose	171 ff

I

Idiopathische Aggressivität	168
Idiopathische Epilepsie	175 ff
IK (Inzuchtkoeffizient)	124
Intelligenz	78, 79
Intensität der Pigmentierung bestimmende Serien	60
Inversion	185
Inzestzucht	123
Inzucht	123 ff
Inzuchtdepression	131
Inzuchtkoeffizient	124
Inzuchtschäden	132
Inzuchtdepressionsmerkmale	131

J

Jagdprüfungen	105
Juvenile Erbfehler	138

K

Karzinome	186
Katarakt	151 ff
Keimzelle	22
Kernfäden	17
Knickruten	167
Kniescheibenverrenkung	161
Kombinationsgesetz	36
Kombinationsviereck	38

Kompensatorische Paarung	114
Kopiervorgang	21
Kopplung	40
Körperformen	53
Körpermerkmalen, Vererbung von	53
Körungen	101
Kreislauferkrankungen	178 ff
Kryptorchismus	72, 185

L

Läufigkeitsintervall	71
Läufigkeitsperiode	71
Läufigkeitssynchronisation	71
Lebershunt	173 ff
Leistenbruch	170
Leistungsprüfung	104
Leistungsüberlegenheit	100
Letalfaktor	138
Leukämie	185
Leukose	185
Linienzucht	132
Linsenluxation	151, 154
Lippenspalten	169
Loch im Herzen	178

M

Mammatumore	185
Marmorierungs-Serie	62
Meiose	22
Melanin	55
Mendel, Gregor	34
Merkmalszucht	134
Merlefärbung	62
Merle-Serie	62
Metaphase	21
Mikrophthalmie	149
Mikrosatelliten	19, 87
Mindestleistungen	113
Mischerbig	27
Missbildungen	137
Mitose	19
Mittelwert	44
Molekülketten	18
Monaster	21
Monorchide	184
Multiple Allele	40
Muskelschwund	174
Muskeldystrophie	174
Mutation	49
Mutterstern	21

N

Nabelbruch	170
Nachgeburtsphase	80
Nachzucht, Bewertung der	111
Nasenfarbe	70
Neoplasmen	186
Nervosität	79
Netzhautablösung	153, 154
Neurologische Erkrankungen	175
Niedrige Reizschwelle	106
Nierenaplasie	170
Nierenrindenhypoplasie	170
Normalverteilung	43
Nukleotidbasen	18
Null-Allel	47

O

Obduktion	189
Oberkieferverkürzung	179
OCD, OD, ED	161 ff
Offener Rücken	168, 169
Organische Bausteine	18
Ösophagusdilatation	169
Osteochondrosis dissecans	162, 163

Literaturverzeichnis

Outcross	132	Rassenbildung	115
Out-Crossing	132	Rassenvielfalt	11
		Rassespezifisches Verhalten	77
P		Rassestandard	12, 107
Paarungsauflagen	120	Reduktionsteilung	22
Paarungsstrategie	114	Reifeteilung	22
Paarungswert	113	Reinerbig	27
Panmixie	123	Remontierungsquote	97
Patella-Luxation	161	Retina-Dysplasie	153, 154
Pathologische Untersuchung	189	Rezessivität	27 ff
Pedigree-Analyse	141	Riesenwuchs	160
Pendelhoden	185	Ringelmuster	59
Penetranz	39	Risikoverpaarungen	118, 192
Perinatale Erbfehler	138	Röntgenalter	164
Phänotyp	27		
Phäomelanin	55	**S**	
Pigment	55	Samenzellen	22
Plus-Allel	47	Scheckungs-Serie	65
Polydaktylie	169	Scheidenvorfall	71
Polygenie	42	Schilddrüsenunterfunktion	171 ff
Polyodontie	159	Schmetterlingswirbel	167
Populationsdurchschnitt	101	Schönheitsvorstellungen	137
PRA		Schönheitswettbewerbe	107
(Progressive-Retina-Atrophie)	151, 152	Schussscheuheit	77
Prägungsphase	82	Schwarz-Serie	60
Prophase	22	Schwellenwert	45
Prüfungen	104 ff	Schwimmer-Syndrom	177
Pulmonal-Stenose	180, 181, 182	Scottie-Krämpfe	177
Puwo	11	Selektion	93
Pylorusspasmus	169	Selektionserfolg	95
		Selektionsindex	113 ff
		Semiletalfaktor	138
Q		Short spine	168
Quadriplegie	177	Skeletterkrankungen	158 ff
Qualzuchten	137	Spalthälfte	22
		Spaltrachen	171
R		Spaltungsregel	35
Rasse- oder Zuchtfehler	137	Speiseröhrenerweiterung	169
Rassedisposition	139, 147		

Spezialbegabungen	107	Vererbungsgesetzmäßigkeiten	34 ff
Spezialleistungen	107	Vererbungsmodalitäten	53
Spina bifida	168, 169	Verflachergen	48
Sprenkelungs-Serie	66	Verhalten, erlerntes	76
Stammbaum	97	Verhaltensentwicklung	11
Standardannäherung	101	Verhaltensmerkmalen, Vererbung von	74
Steigerung der Homozygotie	129	Verpaarungssysteme	122
Steinbildung	186	Verwandte Tiere, Bewertung	110
Stenose	179 ff	Verwandtschaft	123
Stummelruten	167	Verwandtschaftsgrad	124
Subvitalfaktor	138	Verwandtschaftsverhältnis	122
		Vollgeschwister	110
T		Vollzahniges Gebiss	159
Teilung von Fortpflanzungszellen	22	Von-Willebrand-Krankheit	183
Teilung von Körperzellen	19	Vorfahren, Bewertung der	107
Telophase	21		
Tetanie, periodische	177	**W**	
Tochterstern	21	Wahrscheinlichkeit	124
Trainingswillen	105	Wasserkopf	177
Triplett	18	Weichteilerkrankungen	169 ff
Tumore	185	Weißfärbung, extrem	155
Tüpfelungs-Serie	66	Weißtiger	156
		Wesen	74
U		Wesenseigenschaften, Vererbung von	74
Übergangsphase	81	Wesensfestigkeit	74
Überlegenheit der Nachkommen	111	Wesensmangel	74
Umbilikalhernien	170, 172	Wesensprüfung	101
Unabhängigkeitsregel	36	Wesensstandard	102
Uniformitätsregel	35	Wesenstest	74
Unterkieferverkürzung	158	Wildfärbung	58
Unterwolle	55	Wolf	10
Uric acid excretion	172	Wolfskrallen, Wolfsklauen	169
		Wurfgrößen	72
V			
Varianz, genetische	92	**Z**	
Variationsbreite	11, 12	Zahnstellungsfehler	160
VDH	97	Zahnüberzahl	159
Verengung des Magenausgangs	169	Zahnunterzahl	159

Literaturverzeichnis

Zelle	16	Zuchtplan	120
Zellkern	17	Zuchtprogramm	127
Zellleib	17	Zuchtschauen	107
Zentralkörperchen	21	Zuchttauglichkeitsprüfungen	101
Zentralnervensystem	175	Zuchtverantwortung	194
Zentriolen	21	Zuchtverwendung	94
Zitzen, eingezogene	185	Zuchtwahl	92 ff
Zitzentumore	185	Zuchtwertschätzung	114 ff
Zuchtauswahl	102	Zuchtziel	93, 102
Zuchtbasis	94	Zuckerkrankheit	170
Zuchtfortschritt	95	Zwergwuchs	160
Zuchtinformationen	188	Zyklische Hämatopoese	182
Zuchtordnungen	101	Zytoplasma	17

Bildnachweis

Arthur Bremer: S. 43, 94; Holger Dilk: S. 72, 110; Inge Duwensee: S. 65, 103; Doris Eckert: S. 77, 97; Beatrix Feix: S. 69, 82, 196; Tordis Finster: S. 148; Käthe Gronau: S. 21; Inge Hansen: S. 16, 26, 72, 96, 100, 106, 108, 133, 159, 167, 187; Ilse Hochheim: S. 80, 128; Mareike Irskens: S. 13; Christian Kaack: S. 131, 170; Klaus Kaune: S. 10; Heinke Keil: S. 61, 61; Dr. Gabriele Lehari: S. 14, 39, 45, 52, 55, 56, 57 rechts, 58, 59, 62, 64, 65 oben, 66, 70 unten, 73, 75, 76, 78, 84, 86, 89, 95, 104, 119, 127, 134, 136, 143, 144, 147, 150, 151, 155, 160, 162, 169, 174, 176, 181, 183; Detlef Loeck: S. 139; Jolanda Lüdtke: S. 48, 190; Manfred Müller: S. 24, 38, 40, 44, 98, 129; Britta Sellmer: S. 56, 74; Anja Sendes-Domin: S. 81; Julia Skerstupp: S. 57, 79, 90, 163; Kristina Thauer: S. 34, 41, 46, 67, 70, 72, 92, 105, 122, 193.